TRAINING Grundwissen LATEIN

Elisabeth Metzger

Latein II im 2. Lernjahr

Latein als 2. Fremdsprache
Aufgaben mit Lösungen

STARK

Umschlagbild: © J. Fischer, Augsburg

ISBN: 3-89449-654-1

D-85318 Freising · Postfach 1852 · Tel. (08161) 1790

Inhalt

Autorin: Elisabeth Metzger

Gleich geht's los

Der Stoff des 2. Lernjahres Latein als zweite Fremdsprache ist in erster Linie von **Aktion** bestimmt: Das Verb und seine verschiedenen Formen stehen im Mittelpunkt, vor allem **unregelmäßige Verben**. Die einzelnen Gruppen dieser Verben sind mit ihren **Stammformen** übersichtlich in Listen abgedruckt, die du zur Wiederholung verwenden kannst. Dazu gibt es jeweils viele Übungen zum Trainieren der Verbgruppen und ihrer Konjugation.

Außerdem bietet dir dieser Band Trainingsmaterial für die gründliche Wiederholung und Einübung der wichtigsten lateinischen Konstruktionen: **AcI, NcI, Participium coniunctum** und **Ablativus absolutus**. Zudem kannst du anhand zahlreicher Übungen trainieren, häufig vorkommende **Kasus** wie z. B. den Dativus finalis sowie wichtige **Pronomina** zu erkennen und richtig zu übersetzen.

Beim **Trainieren** der unregelmäßigen Verben gehst du am besten folgendermaßen vor: Ziehe dich mit der jeweiligen Verbenliste an einen ungestörten Ort zurück und mache dich mit den Verben und ihren Stammformen vertraut. Wiederhole sie mehrfach! Sie müssen richtig gepaukt werden. Am besten schreibst du jedes Verb mit seinen Stammformen und allen deutschen Bedeutungen auf **Karteikarten**. Dazu gehört viel Ausdauer, aber die Arbeit lohnt sich: Wenn du in den Verbformen sicher bist, hast du den wichtigsten Schlüssel zum Verständnis lateinischer Texte.

Der Stoff des zweiten Lernjahrs Latein verlangt dir also einige Lerndisziplin ab, bringt aber auch bunte Abwechslung in die lateinischen Sätze.

Viel Spaß und Erfolg beim Wiederholen und Üben!

Incipiamus!

Fangen wir an!

1 Wiederholung der Präpositionen

Einer Präposition folgt im Lateinischen entweder der Akkusativ oder der Ablativ. Die Präpositionen mit Ablativ kannst du dir mithilfe folgenden Spruchs merken: „*ab, de, sine, pro, cum, ex* regieren immer den Fall sechs“ (also den Ablativ). Alle übrigen Präpositionen regieren den Akkusativ.

Präpositionen mit Akkusativ		Präpositionen mit Ablativ	
ad	zu, an, bei	**ā/ab**	von, von … her
ante	vor	**dē**	von … herab, über
post	hinter, nach	**sine**	ohne
propter	wegen	**prō**	vor, für, anstelle
per	durch, hindurch	**cum**	mit
iuxtā	neben	**ē/ex**	aus … heraus, von … aus

Nur bei ***in*** und ***sub*** gibt es zwei Möglichkeiten: Der Ablativ steht auf die Frage „wo?“, der Akkusativ auf die Frage „wohin?“.

Präpositionen mit Akkusativ und Ablativ: in und sub

Den Präpositionen **in** (in, an, auf) und **sub** (unter) folgt
- auf die Frage **„wohin?“** der **Akkusativ**, — in hortum: in den Garten
- auf die Frage **„wo?“** der **Ablativ**. — in horto: im Garten

Beispiele

Sie gehen in den Wald.	→ **wohin?**	Akkusativ	**In** silv**am** eunt.
Sie sind im Wald.	→ **wo?**	Ablativ	**In** silv**a** sunt.

Übung 1 In folgender Übung kommen alle dir bekannten Präpositionen vor, die den Akkusativ regieren. Übersetze die Ausdrücke ins Deutsche!

1. iuxta portam
2. ante domum
3. prope urbem
4. per silvam
5. post mortem
6. ad murum
7. apud Caesarem
8. circa urbem
9. contra hostes
10. erga amicam
11. inter se
12. propter milites

2 Die Komposita von esse

Das Verb *esse* (sein) ist das am häufigsten vorkommende lateinische Verb. Wiederhole die Verbformen regelmäßig!

esse (sein)	
Präsensstamm	**es-/su-**
Präs. Indikativ	sum, es, est, sumus, estis, sunt
Präs. Konjuktiv	sim, sīs, sit, sīmus, sītis, sint
Imperf. Indikativ	eram, erās, erat, erāmus, erātis, erant
Imperf. Konjunktiv	essem, essēs, esset, essēmus, essētis, essent
Futur	erō, eris, erit, érimus, éritis, erunt
Infinitiv Präsens	esse
Perfektstamm	**fu-**
Perf. Indikativ	fúī, fuistī, fuit, fúimus, fuistis, fuērunt
Perf. Konjunktiv	fúerim, fúeris, fúerit, fuérimus, fuéritis, fúerint
Plusquamperf. Indikativ	fúeram, fúerās, fúerat, fuerāmus, fuerātis, fúerant
Plusquamperf. Konjunktiv	fuissem, fuissēs, fuisset, fuissēmus fuissētis, fuissent
Infinitiv Perfekt	fuisse

Die Formen von *esse* allein ergeben noch kein vollständiges Prädikat, sie brauchen noch ein Adjektiv (oder Substantiv), um eine Satzaussage zu werden:

Beispiele

Arbor **alta est**.
Der Baum ist hoch.

Urbs **magna est**.
Die Stadt ist groß.

Paulus **frater est**.
Paulus ist mein Bruder.

Canes **periculosi sunt**.
Die Hunde sind gefährlich.

Wenn du *esse* mit einem Präfix (Vorsilbe) verbindest, erhältst du ein **Kompositum** von *esse*. Der Begriff „Kompositum“ ist von *componere,* zusammenstellen, abgeleitet. Meist besteht die Vorsilbe aus einer Präposition, die dem Verb eine gewisse „Richtung“ verleiht.

Ein **Kompositum** ist ein zusammengesetztes Verb.
Es besteht aus einer **Vorsilbe** und einem **Verbum simplex** (einfachen Verb).

Tipp: Die Bedeutung eines Kompositums kann man sich oft von der Bedeutung der Präposition, die die Vorsilbe bildet, und der Bedeutung des Verbum simplex ableiten.

Beispiele

ad-esse:

ad	*esse*
Präposition	Verb
„zu, an, bei“	„sein“

Bedeutung: dasein, helfen

ab-esse:

ab	*esse*
Präposition	Verb
„von, von weg“	„sein“

Bedeutung: abwesend/entfernt sein

Merke dir die Komposita von *esse* und ihre jeweilige deutsche Bedeutung gut:

Die Komposita von esse

abesse	absum	āfuī	–	abwesend sein, entfernt sein
adesse	adsum	affuī (adfuī)	–	dasein, helfen
prōdesse	prōsum	prōfuī	–	nützlich sein, nützen
inesse	īnsum	–	–	darin sein, stecken in
praeesse *m. Dat.*	praesum	praefuī	–	vorgesetzt sein, leiten
superesse	supersum	superfuī	–	übrig sein, überleben
interesse *m. Dat.*	intersum	interfuī	–	dabei sein, teilnehmen
deesse	dēsum	dēfuī	–	fehlen, mangeln

Das Kompositum ***prodesse*** (jemandem nützen) hat in seiner Konjugation eine Besonderheit: Vor einem Konsonanten steht unverändert die Präposition *pro-: pro-sum, pro-sint, pro-fui.* Vor *-e-* wird zwischen Präposition und *esse* aber ein *-d-* eingefügt, was die Aussprache erleichtert: *pro-d-esse, pro-d-es, pro-d-essent, pro-d-ero.* Die Regel ist einfach zu merken: ***-d-* vor *-e*!**

Es wäre gut, wenn du dir angewöhnt hättest, einen **Zettelkasten** (Karteikärtchen) zu führen, der dir das Wortschatzlernen und -wiederholen sehr erleichtert. Falls du das noch nicht getan hast, ist es nicht zu spät, einen anzulegen.
Schreibe beim Wiederholen alle Vokabeln auf Karteikarten. Wiederhole sie regelmäßig!

Übung 2 Diese wirksame Übung kennst du schon: die Tempusreihe. Du führst eine Verbform aus dem Präsens Indikativ in alle möglichen Zeiten und Modi, z. B.:

	Indikativ	Konjunktiv
Präsens	es du bist	sis du mögest sein
Imperfekt	eras du warst	esses du würdest sein, wärest
Futur I	eris du wirst sein	
Perfekt	fuisti du bist gewesen	cum fueris als du gewesen bist
Plusquam-perfekt	fueras du warst gewesen	fuisses du wärst gewesen

Bilde nun die Tempusreihe von prodest! Denke an die Regel: -d- vor -e!

	Indikativ	Konjunktiv
Präsens	prodest er, sie, es nützt	
Imperfekt		
Futur I		
Perfekt		cum
Plusquam-perfekt		
Futur II		

Übung 3 Suche aus den folgenden Sätzen die Komposita von *esse* heraus und
- bestimme die jeweilige Verbform,
- setze das Verb in den Infinitiv Präsens,
- übersetze den Infinitiv,
- übersetze schließlich den gesamten Satz!

z. B. Disciplui sumus: sumus: 1. Pers. Pl. Präs. Ind.; esse, sein
Wir sind Schüler.

1. Parentes adsunt.
2. Pater filio suo affuit.
3. Post convivium multi cibi supersunt.
4. Aeneas post multas tempestates superfuit.
5. Imago pulchra in hoc libro inest.
6. Hoc anno parentes non aberant.
7. Etiam muri alti eis non profuerunt.
8. Auxilium deorum Romanis et eorum familiis non deerat.
9. Romae avus familiae praeest.

Übung 4 Setze folgende Präsensformen ins Perfekt:

1. praesum ____________________
2. abes ____________________
3. adest ____________________
4. desitis ____________________
5. insumus ____________________
6. prodest ____________________
7. supersunt ____________________

Übung 5 Suche aus folgenden Verbformen die Formen des Perfektstammes (Perfekt, Plusquamperfekt, Futur II) heraus und übersetze sie ins Deutsche (1.) bzw. ins Lateinische (2.):

1. absum, afuit, affui, cum affueritis, inerant, interfuerunt, deessent, defuistis, interfueramus, praefuero, supererunt, superfuimus.
2. ich bin, ich bin gewesen, als ich geholfen habe, er war dabei, du hast teilgenommen, sie waren übrig geblieben, es ist im Überfluss vorhanden gewesen, ihr seid nützlich, sie hätten teilgenommen.

Übung 6 Welchen Komposita von *esse* kannst du folgende Fremdwörter im Deutschen zuordnen? Erkläre aus der Bedeutung der Komposita die Bedeutung der Fremdwörter!

1. Interesse
2. Absenz
3. präsent
4. Prosit

Blick auf den zentralen Platz des Forums von Nordosten. Rechts von der Bildmitte die Rostra (die augusteische Erneuerung der Rednertribünen), dann der Triumphbogen des Septimius Severus und am Bildrand die Kurie.

3 Das Verb īre und seine Komposita

Das Verb *īre,* gehen, hat wie *esse* oder *posse* ein eigenes, besonderes Konjugationsschema. Merke dir gut:

Der **Präsensstamm** von ire ist ein einziger Vokal: **ī/i-**.
Der **Perfektstamm** sieht bei ire aus wie der Präsensstamm, ist also auch **i-**.
Im **Präsensstamm** lautet dieses **i- vor einem Vokal** zu **e-** ab.
Im **Perfektstamm** verschmilzt **ii- vor s** zu einem langen **ī-**

Beispiele

statt *i-o:* ***e**-o* (ich gehe)
statt *i-am:* ***e**-am* (ich möge gehen)
statt *iisti:* ***ī**sti* (du bist gegangen)
statt *iissem:* ***ī**ssem* (ich wäre gegangen)

Aufgepasst: Manche Präsensformen von *ire (eo, eam, eas, is)* sehen genauso aus wie Formen des Demonstrativpronomens *is, ea, id.*

īre (gehen)	
Präsensstamm	**i-**
Präs. Indikativ	eō, īs, it, īmus, ītis, eunt
Präs. Konjunktiv	eam, eās, eat, eāmus, eātis, eant
Imperf. Indikativ	ībam, ībās, ībat, ībāmus, ībātis, ībant
Imperf. Konjunktiv	īrem, īrēs, īret, īrēmus, īrētis, īrent
Futur	ībō, ībis, ībit, ībimus, ībitis, ībunt
Infinitiv Präsens	īre
Perfektstamm	**ī-**
Perf. Indikativ	iī, īstī, iit, iimus, īstis, iērunt
Perf. Konjunktiv	ierim, ieris, ierit, ierimus, ieritis, ierint
Plusquamperf. Indikativ	ieram, ierās, ierat, ierāmus, ierātis, ierant
Plusquamperf. Konjunktiv	īssem, īssēs, īsset, īssēmus, īssētis, īssent
Futur II	ierō, ieris, ierit, iérimus, iéritis, ierint
Infinitiv Perfekt	īsse

Partizipien von īre (gehen)

PPA	**iēns, euntis**	gehend; einer, der geht
PFA	**itūrus, -a, -um**	einer, der gehen will; einer, der die Absicht hat zu gehen

Auch die Komposita von *ire* kommen häufig vor.

Komposita von īre (gehen)

trāns-īre	hinübergehen, überschreiten
ad-īre	(her)antreten, aufsuchen
ab-īre	weggehen
in-īre	hineingehen, betreten, beginnen
ex-īre	herausgehen, ausgehen
per-īre	zugrundegehen (eigentlich: durch das Leben bis zum Ende gehen)
red-īre[1]	zurückgehen, zurückkehren
praeter-īre	vorbeigehen, übergehen

1 Das eingefügte -d- erleichtert die Aussprache.

Wenn du die Komposita in ihre Bestandteile zerlegst (Vorsilbe und das Grundverb), kannst du leicht ihre Bedeutung herleiten, da du die Bedeutung der Präpositionen kennst (vgl. S. 1). Die Vorsilbe *re-* bedeutet „zurück“, manchmal auch „wieder“.

Übung 7 Konjugiere lateinisch und deutsch in den angegebenen Tempora und Modi:

1. *transire,* überschreiten, im Präsens Indikativ und im Präsens Konjunktiv
2. *exire,* herausgehen, im Imperfekt Indikativ und im Imperfekt Konjunktiv
3. *perire,* zugrundegehen, im Futur

Übung 8 Bestimme und übersetze!
Vorsicht: Einige Formen des Demonstrativpronomens *is, ea, id* sind mit Formen von *ire* identisch. Bestimme und übersetze in diesen Fällen beide Möglichkeiten!

1. eas
2. isti
3. is
4. ibam
5. eo
6. ibo
7. eant
8. it
9. irent
10. eam

Übung 9 Erarbeite dir schrittweise die deutsche Übersetzung des Textes:

a) Kläre die Bedeutung **unbekannter Wörter**!
b) Prüfe: Gibt es neben dem **Hauptsatz** noch untergeordnete **Nebensätze**?
c) Stelle in allen Sätzen das **Prädikat** und das zugehörende **Subjekt** fest!
d) Untersuche, ob ein **Participium coniunctum** vorliegt!
e) Übersetze!

1. Nuper mercator tanta voce clamavit, ut omnes homines prope[1] laborantes statim eum adirent.

   1 prope: in der Nähe

2. „Anulum[2] gemmis[3] ornatum videre non possum!
   Num vir scelestus affuit?
   Peribo, nisi iste vir redibit."

   2 anulus, -i, m.: Ring; 3 gemma, -ae, f.: Edelstein

3. Denique amicus illuc properavit: „Non peribis! Utinam tacuisses!"

4. Postquam mercator ab illo admonitus est, ipse anulum in humo iacentem vidit.

Der edelsteinbesetzte Goldschmuck einer römischen Frau: Collier, Ohrgehänge, Armreifen, Fingerringe.

Übung 10 Schau beim Übersetzen immer ganz genau hin! Im folgenden Text ist in jedem Satz mindestens ein Druckfehler! Kannst du ihn (bzw. sie) finden? Übersetze die korrigierten Sätze!

1. Olim Roma ipsa, caput orbis terrarium, in magis periculis erat.
2. Gentes feri Gallorum, ut a scriptoribus claris narratum sunt, urbem adierant et eam diu oppugnabant.
3. Postquam muri urbis ab hostes superati sunt, Romani solum arcem in Capitolio alto tener poterant.
4. Sed auxilius deorum Romanis et eorum familiis non deerat.
5. Cum Gallis pecuniam dedissent, illi in patriam redirent.

Übung 11 Ergänze in folgender Tabelle die fehlenden Verbformen: Personen und Modus bleiben immer gleich:

Präsens	Imperfekt	Perfekt	Plusquam-perfekt	Futur I
abeo				
		rediimus		
	obires			
		subieritis		
			interissetis	
				transibit
adeunt				
	exibas			
			perieramus	
				praeteribunt

4 Die Stammformen des Verbs

Jede Konjugation hat Verben, die den **Perfektstamm** nicht regelmäßig bilden. Es gibt also z. B. Verben der a-Konjugation, die kein v-Perfekt haben oder Verben der e-Konjugation, die kein u-Perfekt bilden.
Für das Lernen der **Stammformen** dieser Verben brauchst du viel Ausdauer, aber die Arbeit lohnt sich: Wenn du in den Verbformen sicher bist, hast du den wichtigsten Schlüssel zum Verständnis lateinischer Texte.

Für die Bildung aller möglichen Verbformen brauchst du drei Formen des Verbs als Grundbausteine:

1. den Präsensstamm z. B. *monē-*
2. den Perfektstamm z. B. *monu-*
3. das Partizip Perfekt Passiv z. B. *móni-tum*

Damit kannst du alle Formen des Verbs im Aktiv und Passiv bilden:

Die Stammformen

1. Der **Präsensstamm** bildet Präsens, Imperfekt und Futur I im **Aktiv und Passiv** sowie das **PPA** (Partizip Präsens Aktiv).
2. Der **Perfektstamm** bildet Perfekt, Plusquamperfekt und Futur II im **Aktiv**.
3. Das **PPP** (Partizip Perfekt Passiv) bildet Perfekt, Plusquamperfekt und Futur II im **Passiv** sowie das **PFA** (Partizip Futur Aktiv).

Diese drei Grundbausteine des Verbs liefern dir die „Stammformen“: Den Präsensstamm gibt dir die 1. Pers. Sg. Ind. Präs. Aktiv an, den Perfektstamm die 1. Pers. Sg. Ind. Perf. Aktiv. Als letzte Stammform folgt das PPP:

Beispiele

laudāre	laudō	laudāvī	laudātum
monēre	moneō	monuī	mónitum

Du kennst auch schon Verben mit unregelmäßigem Perfektstamm, z. B.

stāre	stō	stetī	statūrus

5 Unregelmäßige Verben der a-Konjugation

Die unregelmäßigen Verben der a-Konjugation zerfallen in drei Gruppen:

- Verben mit u-Perfekt
- Verben mit Dehnungsperfekt
- Verben mit Reduplikationsperfekt

Was bedeutet das?

- Das **u-Perfekt** kennst du schon aus der e-Konjugation:
  *monēre, moneō, mon**u**ī, mónitum* (mahnen)
- Beim **Dehnungsperfekt** gibt es auf den ersten Blick kein Perfektsignal:
  iuvāre, iuvo, iūvī (helfen)
  Die Präsensendung wird scheinbar einfach durch die Perfektendung ersetzt. Der **Stammvokal** *-u-* wird jedoch im Perfekt **gedehnt**, deshalb „Dehnungsperfekt": Das kann man aber nur hören, beim Lesen sieht man keine Veränderung. Die Dehnung eines Vokals kann durch einen Balken gekennzeichnet sein, den man über den gedehnten Vokal zeichnet:
  iuv-ō: ich helfe
  *i**ū**v-ī:* ich habe geholfen (das *-u-* ist nun lang: *-ū-*)
- Beim **Reduplikationsperfekt** (von *duplicare,* verdoppeln) wird der erste Konsonant unter Hinzufügung des Vokals -e- verdoppelt:
  ***d**āre, dō,* ***de-d**ī* (geben)

5.1 Verben der a-Konjugation mit u-Perfekt

Ein fehlendes Partizip Perfekt Passiv bedeutet, dass dieses Partizip selten oder gar nicht vorkommt.

Verben der a-Konjugation mit u-Perfekt				
cubāre	cubō	cubuī	–	liegen
sonāre	sonō	sonuī	–	tönen, erklingen
domāre	domō	domuī	domitum	zähmen, bändigen
increpāre	increpō	increpuī	increpitum	schelten, schimpfen
vetāre	vetō	vetuī	vetitum	verbieten
secāre	secō	secuī	sectum	schneiden

Diese Verben haben neben dem u-Perfekt auch die PPP-Endung *-itum* von *monere* übernommen:

domare	domo	dom**u**i	dom**itum**
vgl. monere	moneo	mon**u**i	mon**itum**

Ausnahme:

secare	seco	sec**u**i	sec**tum**

Die Unregelmäßigkeiten musst du einfach auswendig lernen.

Übung 12 Bestimme folgende Verbformen mündlich und übersetze sie dann schriftlich:

1. cubo
2. cubabo
3. cubui
4. cubabunt
5. cubuerunt
6. sonat
7. sonuit
8. sonuerat
9. sonuisset
10. sonabamus
11. sonabitis
12. sonuisti
13. domem
14. domarem
15. cum domuerim
16. domuissem
17. domitus eris
18. increpuistis
19. increpatis
20. increpiti eritis
21. increpueramus
22. increpuissent
23. cum vetuerit
24. vetuisti
25. vetuerunt
26. vetuerant
27. secor
28. secabar
29. sectus erat

Übung 13 Übersetze die folgenden deutschen Verbformen ins Lateinische:

1. wir sind gelegen
2. ich habe mich genähert
3. du wirst gerufen werden
4. er möge geraubt werden
5. sie hatten zerstört
6. ihr wurdet verwundet
7. als wir gelobt worden sind
8. sie hat gehorcht
9. hoffentlich ist sie gesund

Übung 14 Bestimme folgende Verbformen und übersetze sie:

1. cubo
2. vetiti sunt
3. domuerunt
4. sonent
5. sonuissent
6. increpita est
7. secturus
8. secabant
9. cum domitus sit
10. vetem
11. cum vetuerint
12. vetuerant
13. increpuit
14. increpant
15. increpabo

Übung 15 Bilde aus den angegebenen Silben die lateinische Form folgender Verbformen! Die gekennzeichneten Buchstaben ergeben ein lateinisches Sprichwort.

A – A – AD – AMA – BAT – BU – CANT – CU – DA – ERA – E – E – ERI – ERO – ERO – ERUNT – ERUNT – EST – FU – I – I – IM – ISTI – ISTIS – IU – LAUD – LAUDA – MON – MUR – MUS – MUS – NS – PLE – POT – PROD – PRAE – PER – RE – RE – SSES – STIT – TI – TIS – TUS – TUM – V

1. lasst uns loben

	8			2			

2. es ist nützlich

					5	

3. wir waren abwesend gewesen

								4

4. gebend

		10	

5. ihr werdet singen können

11		3				

	21							

6. wir würden gemahnt werden

1								16

7. sie werden gelobt worden sein

	6					

			7	

8. angefüllt (n.)

9							

9. ihr seid gelegen

					18			

10. du wärest gegangen

			17	

Die Maxentius-Basilica auf dem Forum Romanum. Eine Basilica diente als Markthalle und Gerichtsgebäude. Fast alle großen Kirchen haben die Maxentius-Basilika zum Vorbild.

11. ich (männlich) werde unterstützt worden sein

										12

12. sie haben erwiesen

14											20	

13. du hast geliebt

19							

14. er ging zugrunde

		13				

15. ich werde sein

		15

Lösung:

1	2	3	4		5	6	7	8		9	10	

11	12	13	14	15	16	17		18	19	20	21	!

Übung 16 Gegeben sind lateinische Formen im Präsens, gesucht sind die entsprechenden Formen im Perfekt (mit Übersetzung):

1. increpas
2. ambulo
3. sonant
4. secat
5. vetatis
6. monstras
7. domamus

5.2 Verben der a-Konjugation mit Dehnungsperfekt

Einige Verben der a-Konjugation haben Dehnungsperfekt.

Verben der a-Konjugation mit Dehnungsperfekt				
iuvāre *m. Akk.*	iuvō	iūvī	iūtum	unterstützen, erfreuen
adiuvāre *m. Akk.*	ádiuvō	adiūvī	adiūtum	unterstützen, helfen
lavāre	lavō	lāvī	–	waschen

Auf den ersten Blick unterscheidet sich der Perfektstamm nicht vom Präsensstamm. Die Veränderung ist nur zu hören: Bei *iuvare* ist das *-u-* im Präsensstamm kurz (*iŭv-:* das Kennzeichen für einen kurzen Vokal ist ein kleiner Bogen über dem Vokal), im Perfektstamm ist es gedehnt (*iūv-:* das Kennzeichen für den langen Vokal ist der Balken über dem Vokal).

Ein wichtiger Hinweis zum Satzbau bei *iuvare* und *adiuvare:* Im Lateinischen haben *iuvare* und *adiuvare* den Akkusativ nach sich (man sagt: das Verb „regiert" den Akkusativ), das deutsche „helfen" verlangt aber den Dativ.

Beispiele

iuvo **te** (Akk.)	adiuvamus **vos** (Akk.)
ich helfe dir (Dat.!)	wir helfen euch (Dat.!)

In solchen Ausnahmefällen steht in den Verblisten der vom lateinischen Verb regierte Kasus unter dem Indikativ Präsens (hier z. B.: *m. Akk.*), damit du Sätze richtig abfragen kannst!

Übung 17 Übersetze folgende Verbformen:

1. ich habe erfreut
2. er hat mir geholfen
3. iuvisset
4. iuta esset
5. iuvi
6. laveris
7. vos adiuverunt
8. iuvamini
9. lava
10 te adiuvabo
11. iuvisse
12. iutum esse

5.3 Verben der a-Konjugation mit Reduplikationsperfekt

Einige Verben der a-Konjugation haben Reduplikationsperfekt. Das bedeutet: Der erste Konsonant redupliziert, das heißt verdoppelt sich im Perfekt: *st-o, ste-ti* (aus *ste-st-i:* das zweite -s- ging verloren).

Verben der a-Konjugation mit Reduplikationsperfekt

stāre	stō	stetī	stātūrus*	stehen
obstāre	obstō	obstitī	obstātūrus	im Wege stehen, hindern
cōnstāre	cōnstō	cōnstitī	cōnstātūrus	bestehen, kosten
īnstāre	īnstō	īnstitī	īnstātūrus	bevorstehen, drohen
praestāre *m. Dat./Akk.*	praestō	praestitī	praestātūrus	*m. Dat.:* voranstehen, übertreffen *m. Akk.:* leisten, erweisen

* Ist statt des Partizips Perfekt Passiv das Partizip Futur Aktiv angegeben, bedeutet das, dass das PPP von diesem Verb nicht gebildet werden kann.

Achte bei *praestare* immer genau darauf, mit welchem Kasus es verwendet ist, da es je nachdem eine andere Bedeutung hat.

Beispiele

exercitui praestare	beneficium praestare
exercitu**i**: **Dat.**	benefici**um**: **Akk.**
dem Heer **voranstehen**	einen Gefallen **erweisen**

Übung 18 Übersetze:

1. Tibi beneficium praestitimus.
2. Pompeius complures annos exercitui magno praestabat.
3. Unusquisque consulum in bello unum diem copiis praestat.
4. Caesar clementia omnibus imperatoribus praestabat.
5. Romae saepe magna pericula instabant.
6. Sed milites Romani hostibus obstantes Romam etiam atque etiam servabant.

Übung 19 Prüfe, ob die folgenden Endungen zum Präsensstamm oder zum Perfektstamm passen, bilde die entsprechende Verbform von *praestare* und übersetze!

1. -bant
2. -i
3. -issent
4. -et
5. -bit
6. -erant
7. -ret
8. -ero

Übung 20 Fülle die Kästchen mit den angegebenen lateinischen Verbformen: Die Buchstaben in den dunkelblauen Feldern ergeben von oben nach unter gelesen den Anfang eines lateinischen Sprichwortes. Wie heißt das vollständige Sprichwort und was bedeutet es?

Das Porträt eines älteren Mannes. 4. Jh. v. Chr., der sog. Philosoph von Antikythera.

1. du bist gelobt worden
2. ich habe erfreut
3. er ist gescholten worden
4. bestehen, kosten
5. sie umgeben
6. ihr habt getönt
7. ich habe gegeben
8. sie übertrafen
9. sie hatten gedroht
10. ich verbiete
11. du bist gelegen

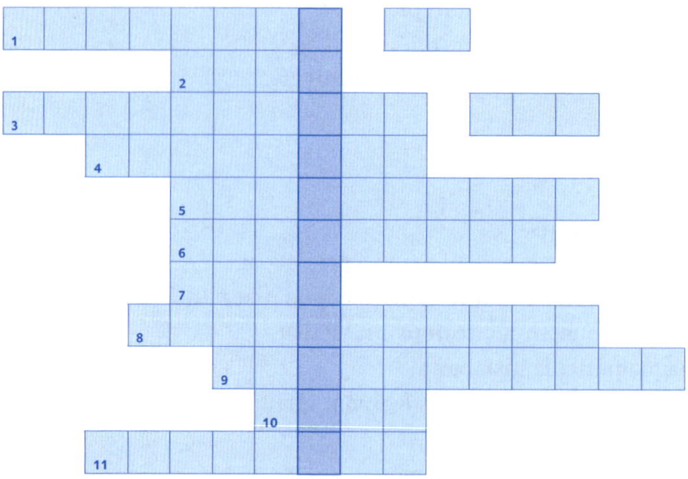

Sprichwort: ______________________________

____

6 Unregelmäßige Verben der e-Konjugation

6.1 Verben der e-Konjugation mit unregelmäßigem PPP

Die folgenden beiden Verben sind im Perfekt zwar regelmäßig, haben aber ein unregelmäßiges Partizip Perfekt Passiv:

Verben der e-Konjugation mit unregelmäßigem PPP

cēnsēre	cēnseō	cēnsuī	cēnsum	schätzen, meinen
miscēre	misceō	miscuī	mixtum	mischen

6.2 Verben der e-Konjugation mit s-Perfekt

Das -s- als Perfektsignal ist sehr häufig, fast so häufig wie -v- *(lauda-v-i, audi-v-i)*. Es wird dir noch bei vielen Verben der 3. Konjugation begegnen.

Verben der e-Konjugation mit s-Perfekt

ārdēre	ārdeō	ārsī	ārsūrus	brennen, glühen
augēre	augeō	auxī	auctum	vermehren, fördern
haerēre	haereō	haesī	haesūrus	hängen, stecken
iubēre	iubeō	iussī	iussum	befehlen, beauftragen
manēre	maneō	mānsī	mānsūrus	bleiben, (er)warten
suādēre	suādeō	suāsī	suāsum	raten, zureden
persuādēre *m. Dat.*	persuādeō	persuāsī	persuāsum	überreden, überzeugen
rīdēre	rīdeō	rīsī	rīsum	lachen, verlachen
torquēre	torqueō	torsī	tortum	drehen, foltern
urgēre	urgeō	ursī	–	drängen, bedrängen

Übung 21

1. Bilde lateinisch und deutsch die Personalformen der 2. Person Singular und Plural des Indikativ Perfekt Passiv von *augere,* fördern! Nimm beim Partizip die maskuline Endung!
2. Denke dir nun, dass eine bzw. mehrere Mädchen gefördert werden. Wie verändern sich die Formen?
3. Setze nun vor die beiden Indikativformen aus 1. und 2. ein *cum* (als). Damit brauchen wir den Konjunktiv Perfekt. Bilde die beiden Konjunktivformen!

Übung 22

1. Bilde lateinisch und deutsch die Personalformen im Indikativ Plusquamperfekt Singular von *torquere,* foltern!
2. Setze diese Indikativ-Plusquamperfekt-Formen lateinisch und deutsch in den Konjunktiv!

Übung 23

1. Welche Fremdwörter im Deutschen kennst du, in denen sich folgende lateinische Verben erhalten haben?

   a) continere
   b) censere
   c) florere
   d) torquere
   e) abstinere
   f) augere
   g) permanere
   h) sedere
   i) miscere

2. Erkläre die Fremdwörter Prohibition und Abstinenz!
   Von welchen lateinischen Wörtern stammen sie?
   Was bedeuten die Fremdwörter?

Wein war im alten Rom ein sehr beliebtes Getränk. Caesar soll seinen Soldaten täglich einen Liter Wein verschrieben haben als Schutz vor Krankheiten. Tavernenschild, Ostia.

6.3 Verben der e-Konjugation mit Reduplikationsperfekt

Beim Reduplikationsperfekt wird der erste Konsonant verdoppelt, z. B. bei *pendere: **p**endeo → **pe-p**endi.*

Verben der e-Konjugation mit Reduplikationsperfekt

pendēre (ex)	pendeō	pependī	–	hängen, schweben (an)
impendēre	impendeō	–	–	hängen, bevorstehen
spondēre	spondeō	spopondī	spōnsum	geloben, versprechen
respondēre	respondeō	respondī	respōnsum	antworten

6.4 Verben der e-Konjugation mit Dehnungsperfekt

Beim Dehnungsperfekt wird der kurze Stammvokal im Perfekt lang, z. B. bei *cavēre: caveo → c**ā**vi.*

Verben der e-Konjugation mit Dehnungsperfekt

cavēre	caveō	cāvī	cautum	achtgeben, sich hüten
favēre[1] *m. Dat.*	faveō	fāvī	–	gewogen sein, begünstigen
movēre	moveō	mōvī	mōtum	bewegen
commovēre	commoveō	commōvī	commōtum	bewegen, erregen, veranlassen
permovēre	permoveō	permōvī	permōtum	bewegen, erregen, veranlassen
removēre	removeō	remōvī	remōtum	entfernen, wegschaffen
submovēre	submoveō	submōvī	submōtum	entfernen, wegschaffen
sedēre	sedeō	sēdī	–	sitzen
obsidēre	obsideō	obsēdī	obsessum	belagern
possidēre	possideō	possēdī	possessum	besitzen
vidēre	videō	vīdī	vīsum	sehen
prōvidēre *m. Akk./Dat.*	prōvideō	prōvīdī	prōvīsum	*m. Akk.:* vorhersehen, *m. Dat.:* sorgen (für)
invidēre[2] *m. Dat.*	invideō	invīdī	invīsum	missgönnen, beneiden

1 faveo tibi: ich begünstige dich, 2 invideo tibi: ich beneide dich

Übung 24 Die Endungen des Indikativ Perfekt Aktiv tanzen ja ziemlich aus der Reihe: *-i, -isti, -it, -imus, -istis, -erunt.*

Übersetze ins Lateinische!

1. du hast bewegt
2. er hat sich gehütet
3. wir haben versprochen
4. es hat erregt
5. sie sind gesessen
6. ihr habt gesehen
7. ich habe besessen
8. du hast beneidet
9. sie haben belagert
10. wir haben geantwortet
11. ich bin gehangen
12. ihr habt Acht gegeben

Übung 25 Silbenrätsel:

AM – AT – BU – BU – BU – CA – CU – CU – DE – DE – DE – E – ERA – ERO – ERUNT – GNA – IAC – ISSE – LA – LE – MAN – MUR – MUS – NE – NO – NT – NT – NTUR – O – PLA – PU – RA – RA – RE – RI – RI – S – S – SPE – SPE – TA – TEMP – TIS – V – VA – VI –VISSE

Bilde aus den oben angeführten Silben lateinisch folgende Verbformen:

1. sie gehen spazieren ____________________
2. sie werden getötet werden ____________________
3. gekämpft zu haben ____________________
4. du würdest hoffen ____________________
5. sie sind verzweifelt ____________________
6. wir werden versucht ____________________
7. ich liege ____________________
8. sie werden sehen ____________________
9. ihr hättet gefallen ____________________
10. verlacht (zu) werden ____________________
11. wir hatten geschadet ____________________
12. er möge gesund sein ____________________
13. ich werde geblieben sein ____________________

bung 26 Übersetze ins Lateinische:

1. die von Soldaten umlagerten (Wach-)Feuer
2. sie hätten versprochen
3. wir haben uns gehütet
4. du hättest gesehen
5. die umlagerte Stadt
6. als ihr entfernt worden seid
7. ihr habt geantwortet
8. als das Unwetter drohte
9. ich werde entfernen
10. damit wir nicht gesehen werden
11. von Furcht bewegt (m., Pl.)
12. es wird geantwortet
13. sie hätten uns begünstigt
14. die (am Baum) hängenden Früchte
15. sie haben entfernt
16. ich würde begünstigen
17. sie möge belagert werden
18. sie werden besitzen
19. er war bewegt worden
20. ich hätte beneidet
21. hüte dich vor dem Hund!

bung 27 Übersetze den folgenden Text, wobei du in folgenden Schritten vorgehst:

- Klammere die **Nebensätze** ein!
- Unterstreiche und übersetze die **zusammengesetzten Verbformen** (ZV)!
- Unterstreiche evt. vorkommende **Partizipialausdrücke** und übersetze sie mithilfe eines Relativsatzes (P)!
- **Übersetze** jeden Satz, wobei du sorgfältig auf die Endungen achtest (Ü)!

Das Leben der Etrusker

1. Nobis invides, quia tam multa nobis a magistro de Etruscis antiquis narrata sunt.
2. Cur autem memoria illorum hominum non periit, cur vita eorum etiam nobis nota est?
3. Vita vivorum etiam hodie ante oculos clare pendet, quia viri docti sepulcra mortuorum investigaverunt.

4. Pietate moti Etrusci enim prope urbem semper necropolim* habebant, ubi sepulcra pro mortuis aedificata erant. * necropolis, is, f.: die Totenstadt
5. Illa sepulcra multis rebus ornata mortui quasi domus suas possidebant.

Übung 28 Übersetze den folgenden zusammenhängenden Text:

Herkules, der Held und Helfer der Götter

1. Hercules ab hominibus semper vir fortis appellabatur.
2. Dei ei vitam aeternam spoponderant.
3. A deis admonitus per omnes terras ibat et multos labores tolerabat.
4. Ita uno die ex stabulo[1] Augiae[2], regis divitis, ingentem copiam stercoris[3] removit.

1 stabulum, -i: Stall; 2 Augias, -ae: Eigenname; 3 stercus, -oris: Mist

5. Etiam leonem in silvis occultatum necavit.
6. Etiam deis Hercules valde prodesse potuit.
7. Cum dei olim contra Gigantes pugnarent, fortuna belli diu pendebat.
8. Precibus Minervae deae commotus Hercules deis auxilium spopondit.
9. Cum Hercules pugnae interesset, Gigantibus clades impendebat.
10. Quia Hercules deos adiuvabat, Gigantes postremo fugari poterant.
11. Gloria Herculis semper lucebit.

Herkules kämpft mit der Hydra. Bronzegruppe vom Herkulesbrunnen des Adriaen de Vries (1556–1626), Maximilianmuseum, Augsburg

7 Die i-Konjugation

Der Stamm der a-Konjugation endet auf *-ā,* der der e-Konjugation auf *-ē.* Wie du dir also beim Namen „i-Konjugation" denken kannst, lautet der **Stamm** dieser Konjugation auf ***-ī*** aus, z. B. ist der Stamm von *audī-re,* hören: *audī-*.

7.1 Aktiv und Passiv im Präsensstamm

Die einzige Besonderheit beim **Indikativ Präsens**: In der **3. Pers. Pl.** schiebt sich ein ***-u-*** zwischen Stamm und Endung.

Das Signal für den **Konjunktiv Präsens** ist ***-a-*** wie bei der e-Konjugation.

i-Konjugation

Indikativ Präsens Aktiv		Konjunktiv Präsens Aktiv	
audi-ō	ich höre	audi-**a**-m	ich möge hören
audī-s	du hörst	audi-**ā**-s	du mögest hören
audi-t	er, sie, es hört	audi-**a**-t	er, sie, es möge hören
audī-mus	wir hören	audi-**ā**-mus	wir mögen hören
audī-tis	ihr hört	audi-**ā**-tis	ihr mögt hören
audi-**u**-nt	sie hören	audi-**a**-nt	sie mögen hören

Für alle **Passivformen** im Präsensstamm brauchst du immer nur die Aktiv- gegen die **Passivendung** auszutauschen: *audi-e-ba-**r**, audi-re-**r**, audi-a-**r*** usw.

Beim **Indikativ Imperfekt** tritt ein ***-e-*** zwischen den Stamm und das Imperfektsignal -ba-, sodass sich die Endung ***-eba-*** ergibt.

Der Konjunktiv Imperfekt wird wie gewohnt durch Anhängen des Signals *-re-* gebildet: Der Stamm sieht immer wie der Infinitiv Aktiv aus (hier: *audī-re-*).

Indikativ Imperfekt Aktiv		Konjunktiv Imperfekt Aktiv	
audi-**ē-ba**-m	ich hörte	audī-**re**-m	ich würde hören
audi-**ē-bā**-s	du hörtest	audī-**rē**-s	du würdest hören
audi-**ē-ba**-t	er, sie, es hörte	audī-**re**-t	er, sie, es würde hören
audi-**ē-bā**-mus	wir hörten	audī-**rē**-mus	wir würden hören
audi-**ē-bā**-tis	ihr hörtet	audī-**rē**-tis	ihr würdet hören
audi-**ē-ba**-nt	sie hörten	audī-**re**-nt	sie würden hören

Im **Futur** wird das von a- und e-Konjugation gewohnte Futursignal *-bi-* *(lauda-bi-; mone-bi-)* durch das **Futursignal *-e-*** ersetzt. Nur in der **1. Pers. Sg.** steht ***-a-*** statt *-e-:* Diese Form sieht damit aus wie der Konjunktiv Präsens.

Futur I Aktiv	
audi-**a**-m (!)	ich werde hören
audi-**ē**-s	du wirst hören
audi-**e**-t	er, sie, es wird hören
audi-**ē**-mus	wir werden hören
audi-**ē**-tis	ihr werdet hören
audi-**e**-nt	sie werden hören

Der **Imperativ** wird ganz regelmäßig gebildet. Beim **Partizip Präsens Aktiv** (PPA) haben wir wieder den Bindevokal ***-e-***.

Imperativ	audī!	höre!	audī-te!	hört!
PPA	audi-**ē**-ns, -ntis	hörend, eine(r), die (der) hört		

7.2 Aktiv im Perfektstamm

Das Perfekt Aktiv der i-Konjugation hat dasselbe Perfektsignal wie die a-Konjugation: ein ***-v-*** wird an den Stamm gehängt. Damit kannst du schon alle Formen des Perfektstamms Aktiv bilden: Perfekt, Plusquamperfekt und Futur II.

i-Konjugation	
Perfektstamm Aktiv	**audī-v-**
Perfekt Indikativ	audī-**v-ī**, audī-**v-istī**, audī-**v-it**, audī-**v-imus**, audī-**v-istis**, audī-**v-ērunt**
Perfekt Konjunktiv	audī-**v-erim**, audī-**v-eris**, usw.
Plusquamperfekt Indikativ	audī-**v-eram**, audī-**v-erās**, usw.
Plusquamperfekt Konjunktiv	audī-**v-issem**, audī-**v-issēs**, usw.
Futur II	audī-**v-erō**, audī-**v-eris**, usw.
Infinitiv Perfekt	audī-**v-isse** gehört (zu) haben

7.3 Passiv im Perfektstamm

Im **Präsensstamm** ist die Bildung der Passivformen einfach: Du ersetzt einfach die Aktivendungen durch die **Passivendungen**. Für die Formen des Perfektstamms im Passiv aber, also für das Perfekt, Plusquamperfekt und Futur II brauchst du das Partizip Perfekt Passiv (PPP).

Zur Bildung des **PPP** hängst du bei den regelmäßigen Verben der i-Konjugation die Endung ***-tus, -a, -um*** an den Stamm. In Verbindung mit der entsprechenden Form von ***esse*** ergeben sich **alle Passivformen im Perfektstamm**.

Wenn du das PPP kennst, kannst du auch das **Partizip Futur Aktiv** (PFA) bilden. Du hängst einfach die PFA-Endung ***-tūrus, -a, -um*** an den **PPP-Stamm**:

Bildung des **PPP der i-Konjugation: Stamm+ -tus, -a, -um**
z. B. audī-tus, -a, -um gehört, einer, der gehört worden ist

Bildung des **PFA der i-Konjugation: Stamm+ -tūrus, -a, -um**
z. B. audī-tūrus, -a, -um einer, der hören will; einer, der die Absicht hat / im Begriff ist, zu hören

bung 29 Bilde eine Tempusreihe in der i-Konjugation im Aktiv und Passiv:

Aktiv	Indikativ	Konjunktiv
Präsens	munit er befestigt	
Imperfekt		
Futur I		
Perfekt		cum
Plusquamperfekt		
Futur II		

Die Akustik in den römischen Veranstaltungsstätten (hier die Arena von Nîmes, eines der besterhaltenen römischen Bauwerke), ist ausgezeichnet. Selbst auf den hintersten Zuschauerrängen ist ein im Bühnenraum bzw. in der Arena geflüstertes Wort noch deutlich zu hören.

Passiv	Indikativ	Konjunktiv
Präsens		
Imperfekt		
Futur I		
Perfekt		cum
Plusquam-perfekt		
Futur II		

Übung 30 Übersetze folgende Formen!

1. auditus sum
2. auditus eram
3. auditus ero
4. cum auditus sim
5. auditus essem

bung 31 Übersetze folgende Verbformen und bestimme jede Form nach Tempus und Modus!

1. monebit
2. muniet
3. audiunt
4. occultavit
5. laudaverat
6. sciverant
7. nescit
8. finiant
9. obtineamus
10. puniveris
11. dormivissent
12. molliam
13. audivisset

bung 32 Fülle den Kreis mit der Übersetzung der folgenden Wörter aus. Trage den ersten Buchstaben jeweils in das äußerste Kästchen mit der Ziffer ein, jeden weiteren Buchstaben ein Kästchen weiter nach innen zur Mitte des Kreises. Der letzte Buchstabe jedes Wortes ist S.
Die Anfangsbuchstaben im Uhrzeigersinn gelesen ergeben das Lösungswort.

1. schwer
2. du mögest verborgen sein
3. du mögest hören
4. du mögest Schmerz empfinden
5. einer, dem befohlen worden ist (PPP)
6. brennend (PPA)
7. die Zeit (Nom.)
8. das Werk (Gen.)
9. recht, richtig (Adv.)

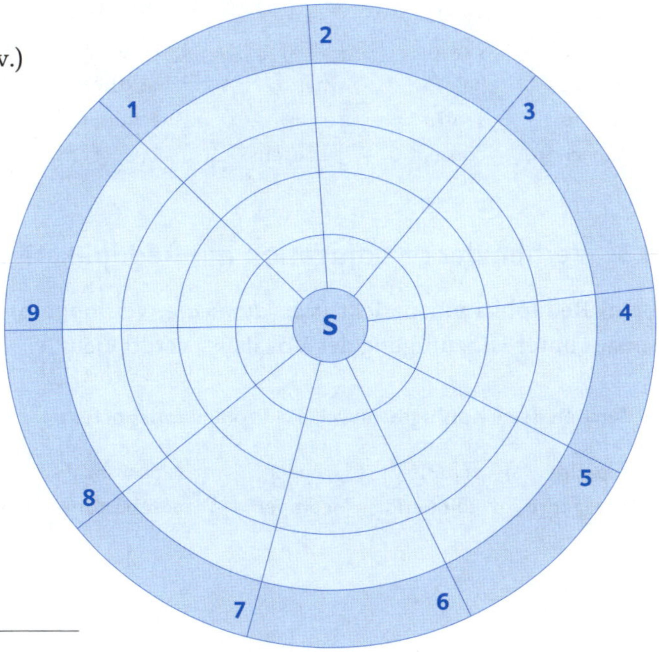

Lösungswort:

____

8 Unregelmäßige Verben der i-Konjugation

8.1 Verben der i-Konjugation mit u-Perfekt

Folgende Verben der i-Konjugation bilden das Perfekt wie die Verben der e-Konjugation mit *-u-*:

Verben der i-Konjugation mit u-Perfekt

aperīre	aperiō	aperuī	apertum	öffnen, eröffnen, aufdecken
operīre	operiō	operuī	opertum	bedecken, verschließen
dēsilīre	dēsiliō	dēsiluī	–	herabspringen

8.2 Verben der i-Konjugation mit s-Perfekt

Ein *-s-* im Perfektstamm haben folgende Verben der i-Konjugation:

Verben der i-Konjugation mit s-Perfekt

saepīre	saepiō	saepsī	saeptum	einzäunen, umhegen
sancīre	sanciō	sānxī	sānctum	heiligen, festsetzen
vincīre	vinciō	vīnxī	vīnctum	fesseln, binden
haurīre	hauriō	hausī	haustum	schöpfen, trinken
sentīre	sentiō	sēnsī	sēnsum	fühlen, meinen
cōnsentīre	cōnsentiō	cōnsēnsī	cōnsēnsum	übereinstimmen

8.3 Verben der i-Konjugation mit Reduplikationsperfekt

Beim Reduplikationsperfekt (von *duplicare,* verdoppeln) wird der erste Konsonant unter Hinzufügung des Vokals *-e-* verdoppelt.

Verben der i-Konjugation mit Reduplikationsperfekt

reperīre	reperiō	répperī	repertum	finden
comperīre	comperiō	cómperī	compertum	erfahren

Ursprünglich heißt das Perfekt von *reperire re-pe-peri:* Obwohl ein Kompositum (mit dem Affix *re-*) vorliegt, wird der erste Konsonant redupliziert. Bei den Komposita entfällt normalerweise die Reduplikation. Auch *comperire* bildet nach dieser Regel das Perfekt: *comperi.*

8.4 Verben der i-Konjugation mit Dehnungsperfekt

Beim Dehnungsperfekt gibt es kein sichtbares Perfektsignal, du ersetzt also einfach die Präsensendung durch die Perfektendung.
Der **Stammvokal** wird im Perfekt (nur hörbar) gedehnt, deshalb „Dehnungsperfekt". Die Dehnung eines Vokals ist hier durch einen Balken über dem gedehnten Vokal gekennzeichnet.

Unregelmäßige Verben der i-Konjugation mit Dehnungsperfekt

venīre	veniō	vēnī	ventum	kommen
circumvenīre	circumveniō	circumvēnī	circumventum	umzingeln, bedrängen
convenīre	conveniō	convēnī	conventum	zusammenkommen, zusammenpassen, antreffen
invenīre	inveniō	invēnī	inventum	finden, erfinden
pervenīre	perveniō	pervēnī	perventum	(ans Ziel) gelangen

Übung 33 Konjugiere lateinisch und deutsch aperire im Indikativ Perfekt Aktiv und setze die Formen anschließend ins Passiv!

Übung 34 Bilde das PPA, PPP, PFA der angegebenen Verben!

	PPA	PPP	PFA
1. saepire			
2. audire			
3. haurire			
4. sentire			
5. vincire			

Übung 35 Übersetze!

1. vinciret
2. saepiebant
3. vinctus
4. cum sciverit
5. haurietur
6. punirem
7. venit
8. sie werden fühlen
9. es ist festgesetzt worden
10. sie werden umzingelt worden sein
11. wir haben erfunden

Übung 36 Übersetze folgende Verbformen und setze sie lateinisch und Deutsch ins Passiv!

1. invenit
2. reperiebat
3. saepies
4. finiretis
5. scivisset
6. aperiunt
7. erudiemus
8. pervenit (Präsens)
9. vinxisti

Übung 37 Bilde die entsprechende Form von *audire* und *reperire* zu:

1. laudant
2. laudabunt
3. laudavero
4. laudabamur
5. laudati estis
6. laudavissem

Übung 38 Gehe bei der Übersetzung in folgenden Schritten vor:

- Schreibe alle **Prädikate** (Personalformen des Verbs) aus dem Text heraus, bestimme und übersetze sie (V)!
- Unterstreiche alle **Partizipien mit ihrem Bezugswort** und übersetze die Partizipialausdrücke (P)!
- Suche im Text vorkommende **Nebensätze** heraus und klammere sie ein (N)!
- **Übersetze** den gesamten Text (Ü)!

1. Theseus cum Minotaurum saevientem necavisset, Ariadnae[1] persuasit, ut secum iret.

   1 Ariadne, die Tochter des kretischen Königs Minos, hatte sich in Theseus verliebt.
2. Sed cum mare transirent, Theseus amore Phaedrae, sororis Ariadnae, inflammatus est.
3. Ariadnam dormientem in Naxo insula reliquit (er hat sie zurückgelassen), virgo sola in insula mansit.
4. Nunc autem Bacchus deus feminam pulchram vidit et eam coniugem suam fecit[2].

   2 coniugem fecit: er hat … zu seiner Frau gemacht
5. Sic Ariadna a Theseo relicta coniunx felix dei potentis erat.

9 Die 3. oder konsonantische Konjugation

9.1 Das Konjugationsschema

Die 3. Konjugation heißt auch konsonantische Konjugation, weil die ihr angehörigen Verben auf einen **Konsonanten** auslauten.

Beispiel

régere (lenken, leiten)
reg-e-re
Stamm: re**g-**

Im Gegensatz zur e-Konjugation *(monēre)*, wo der Stamm auf ein langes *-ē* auslautet *(monē)*, lautet hier der Stamm auf den Konsonanten ***g*** aus. Das ***-e-*** vor der Infinitivendung gehört nicht zum Stamm, es ist ein **kurzer, unbetonter Bindevokal** *(rég-**ĕ**-re)*.

Wichtig ist die **Betonung des Infinitivs**: Während der Infinitiv Präsens der Verben der e-Konjugation auf dem Stammvokal betont wird, dem langen *-ē-* des Stammes *(monḗre)*, werden die Verben der 3. Konjugation im Infinitiv Präsens **auf der drittletzten Silbe** betont: *régere.*
Du musst also, wenn dir ein Verb zum ersten Mal begegnet, darauf achten, wie es vom Lehrer betont wird: Betont er die vorletzte Silbe, das *-ē-*, gehört es zur e-Konjugation, betont er die drittletzte Silbe, gehört es zur dritten Konjugation. Du erkennst die Konjugation natürlich auch an den Stammformen.

Weil es in der 3. Konjugation **keinen einheitlichen Perfektstamm** gibt, gehören **alle Verben** dieser Konjugation zu den **unregelmäßigen Verben**:
Es gibt Verben der 3. Konjugation, die v-Perfekt, u-Perfekt, s-Perfekt, Reduplikationsperfekt, Dehnungsperfekt und Perfekt ohne Stammveränderung haben. Die häufigste Gruppe ist die mit s-Perfekt.

Die Stammformen von regere lauten:
régere *regō* *rē**x**i* *rē**c**tum* lenken, leiten

Bei regere liegt das so häufige **s-Perfekt** vor: Der Endkonsonant *-g* und das *-s-* des Perfektstammes werden in der Schreibung zu *-x-* verschmolzen:
statt *rē**g-s-**i* also *rē-**x-**i.*

Vor dem harten *-t-* der Partizip-Perfekt-Passiv-Endung *-tus, -a, -um* wird das *-g* hart gesprochen, der Laut gleicht sich an, „assimiliert“ sich an das *-t-* und wird deshalb zum harten *-c:* statt *rē**g-t**um* also *rē**c-t**um.*

Lerne das Konjugationsschema der 3. Konjugation anhand des Musterbeispiels *regere* auswendig. Achte darauf, dass im Indikativ Präsens meist der Bindevokal *-i-* zwischen Stamm und Endung steht.

Wie bei der i-Konjugation ist das Signal für den Konjunktiv Präsens *-a-*, im Imperfekt wird der Bindevokal *-e-* eingeschoben.

3. oder konsonantische Konjugation

Präsensstamm reg-

	Aktiv		Passiv	
Präsens Indikativ	reg-ō reg-**i**-s reg-**i**-t rég-**i**-mus rég-**i**-tis reg-**u**-nt	ich leite usw.	reg-or rég-**e**-ris rég-**i**-tur rég-**i**-mur reg-**i**-minī reg-**u**-ntur	ich werde geleitet usw.
Präsens Konjunktiv	reg-**a**-m (!) reg-**ā**-s reg-**a**-t reg-**ā**-mus reg-**ā**-tis reg-**a**-nt	ich möge leiten usw.	reg-**a**-r (!) reg-**ā**-ris reg-**ā**-tur reg-**ā**-mur reg-**ā**-minī reg-**a**-ntur	ich möge geleitet werden usw.
Imperfekt Indikativ	reg-**ē**-**ba**-m reg-**ē**-**bā**-s reg-**ē**-**ba**-t reg-**ē**-**bā**-mus reg-**ē**-**bā**-tis reg-**ē**-**ba**-nt	ich leitete usw.	reg-**ē**-**ba**-r reg-**ē**-**bā**-ris reg-**ē**-**bā**-tur reg-**ē**-**bā**-mur reg-**ē**-**bā**-minī reg-**ē**-**ba**-ntur	ich wurde geleitet usw.
Imperfekt Konjunktiv	rég-**e**-**re**-m reg-**e**-**rē**-s reg-**e**-**re**-t reg-**e**-**rē**-mus reg-**e**-**rē**-tis reg-**e**-**re**-nt	ich würde leiten usw.	rég-**e**-**re**-r reg-**e**-**rē**-ris reg-**e**-**rē**-tur reg-**e**-**rē**-mur reg-**e**-**rē**-minī reg-**e**-**re**-ntur	ich würde geleitet werden usw.

Tempuszeichen für das Futur I ist *-e-* wie bei der i-Konjugation.

	Aktiv		Passiv	
Futur I	reg-a-m (!) reg-ē-s reg-e-t reg-ē-mus reg-ē-tis reg-e-nt	ich werde leiten usw.	reg-a-r (!) reg-ē-ris reg-ē-tur reg-ē-mur reg-ē-minī reg-e-ntur	ich werde geleitet werden usw.
Infinitiv Präsens	rég-e-re	leiten	reg-ī	geleitet werden
Imperativ	reg-e rég-i-te	leite! leitet!		
PPA	reg-ē-ns, reg-e-ntis	leitend		

Die Stammformen von *regere* lauten: *rego, rexi, rectum.* Der Perfektstamm lautet also *rex-*, an diesen hängst du einfach die entsprechenden Endungen. Im Passiv verbindest du das PPP *rectus, -a, -um* mit dem Hilfsverb *esse:*

Perfekstamm rēx-				
	Aktiv		Passiv	
Perfekt Indikativ	rēx-ī rēx-istī rēx-it rēx-imus rēx-istis rēx-ērunt	ich habe geleitet usw.	rēc-tus sum rēc-tus es rēc-tus est rēc-tī sumus rēc-tī estis rēc-tī sunt	ich bin geleitet worden usw.
Perfekt Konjunktiv	rēx-eri-m rēx-eri-s rēx-eri-t rēx-eri-mus rēx-eri-tis rēx-eri-nt	ich habe geleitet usw.	rēc-tus sim rēc-tus sīs rēc-tus sit rēc-tī sīmus rēc-tī sītis rēc-tī sint	ich sei geleitet worden usw.

	Aktiv		Passiv	
Plusquam- perfekt Indikativ	rēx-era-m rēx-erā-s rēx-era-t rēx-erā-mus rēx-erā-tis rēx-era-nt	ich hatte geleitet usw.	rēc-tus eram rēc-tus erās rēc-tus erat rēc-tī erāmus rēc-tī erātis rēc-tī erant	ich war geleitet worden usw.
Plusquam- perfekt Konjunktiv	rēx-isse-m rēx-issē-s rēx-isse-t rēx-issē-mus rēx-issē-tis rēx-isse-nt	ich hätte geleitet usw.	rēc-tus essem rēc-tus essēs rēc-tus esset rēc-tī essēmus rēc-tī essētis rēc-tī essent	ich wäre geleitet worden usw.
Futur II	rēx-er-ō rēx-eri-s rēx-eri-t rēx-eri-mus rēx-eri-tis rēx-eri-nt	ich werde geleitet haben usw.	rēc-tus erō rēc-tus eris rēc-tus erit rēc-tī erimus rēc-tī eritis rēc-tī erunt	ich werde geleitet worden sein usw.
Infinitiv Perfekt	rēx-isse	geleitet (zu) haben	rēc-tum esse	geleitet worden (zu) sein
PPP			rēc-tus, -a, -um	geleitet, ein geleiteter
PFA	rēc-tūrus, -a, -um	einer, der die Absicht hat zu leiten; einer, der leiten will		
Infinitiv Futur	rēc-tūrum esse	leiten (zu) werden		

Besonderheiten

- Sieh dir nochmals den **Infinitiv Präsens Passiv** an! Er heißt *reg-ī* und wird damit anders gebildet als bisher gewohnt. Erinnere dich an die Bildung des Infinitivs Präsens Passiv bei den vokalischen Konjugationen, z. B.:

laudā-r-ī	gelobt (zu) werden
monē-r-ī	gemahnt (zu) werden
audī-r-ī	gehört (zu) werden

  Die Infinitiv-Präsens-Passiv-Endung lautet eigentlich *-i*. Bei den vokalischen Konjugationen (a-, e-, i-Konjugation) prallte aber der Stammvokal unschön auf die **Infinitivendung *-ī*** (z. B. *laudā-ī*), weshalb ein bindendes *-r-* dazwischengeschoben wurde *(laudā-r-ī)*. Bei den konsonatischen Verben wird das bloße *-i* an den konsonatischen Stamm (z. B. *reg-*) angehängt, das *-r-* ist nicht nötig, da der Stamm nicht auf einen Vokal endet.

reg-**ī**	geleitet (zu) werden
sin-**ī**	zugelassen (zu) werden
stern-**ī**	hingestreckt (zu) werden

- Aufgepasst auch beim **Präsens Indikativ Passiv**: In der **2. Pers. Sg.** steht als Bindevokal ***-e-*** statt *-i- (rég-**e**-ris)*!

- Im **Futur I** steht dasselbe Signal wie in der i-Konjugation (*audi**ē**s:* du wirst hören), ein ***-ē-***.
  Nur in der **1. Pers. Sg.** steht wieder ***-a-*** statt *-e-: reg-**a**-m* bzw. im Passiv *reg-**a**-r*. Damit sieht diese Form genauso aus wie die 1. Pers. Sg. Konjunktiv Präsens!

  Merke dir also:

  reg**am**: • ich möge leiten • ich werde leiten

  reg**ar**: • ich möge geleitet werden • ich werde geleitet werden

- Im **Futur I Passiv** sieht auch die **2. Pers. Sg.** aus wie die Form Indikativ Präsens, da aber das *-ē-* im Futur lang ist, wird sie anders betont:

Indikativ Präsens Passiv:	r**é**gĕris	du wirst gelenkt
Futur I Passiv:	reg**ḗ**ris	du wirst gelenkt werden

  Bei der nur geschriebenen Form sieht man keinen Unterschied.

  Merke dir also:

  reg**eris**: • du wirst gelenkt • du wirst gelenkt werden

9.2 Verben der 3. Konjugation mit v-Perfekt

Folgende Verben der 3. Konjugation haben v-Perfekt.

Verben der 3. Konjugation mit v-Perfekt

sínere	sinō	sīvī	situm	lassen, zulassen
dēsínere	dēsinō	dēsiī*	dēsitum	ablassen (von), aufhören
térere	terō	trīvī	trītum	(auf)reiben, abreiben, Zeit vergeuden
sérere	serō	sēvī	sătum	(aus)säen, pflanzen, verbreiten
spérnere	spernō	sprēvī	sprētum	zurückweisen, verachten, verschmähen
cérnere	cernō	–	–	sichten, sehen
dēcérnere	dēcernō	dēcrēvī	dēcrētum	entscheiden, beschließen
discérnere	discernō	discrēvī	discrētum	(unter)scheiden
stérnere	sternō	strāvī	strātum	hinbreiten, hinstrecken
pétere	petō	petīvī	petītum	erstreben, erbitten, fordern, angreifen
appétere	áppetō	appetīvī	appetītum	begehren, herankommen
repétere	répetō	repetīvī	repetītum	zurückfordern, wiederholen
quaerere	quaerō	quaesīvī	quaesītum	suchen, fragen (ex)
requīrere	requīrō	requīsīvī	requīsītum	aufsuchen, verlangen
arcéssere	arcessō	arcessīvī	arcessītum	herbeiholen
lacéssere	lacessō	lacessīvī	lacessītum	reizen, herausfordern

* Hier ist im Perfekt das -v- entfallen.

Übung 39 Setze folgende Verbformen ins Perfekt! Achte auf den Modus!

1. sinitis ____________ 4. spernit ____________
2. terunt ____________ 5. decernimus ____________
3. seras ____________ 6. sternatis ____________

Übung 40 Setze ins Plusquamperfekt!

1. appeto ____________ 4. requiramus ____________
2. repetas ____________ 5. arcessunt ____________
3. quaeritis ____________ 6. lacessit ____________

Übung 41 Bilde jeweils die 2. Pers. Sg. Futur I! Achtung: Bei den folgenden Verbformen finden sich auch Verben anderer Konjugationen!

1. audire ____________ 5. repetere ____________
2. terere ____________ 6. arcessere ____________
3. petere ____________ 7. spernere ____________
4. lenire ____________ 8. mollire ____________

Übung 42 Setze ins Präsens Passiv, 1. Pers. Sg.!

1. scire ____________ 5. domare ____________
2. sentire ____________ 6. regere ____________
3. sinere ____________ 7. monere ____________
4. aperire ____________ 8. terrere ____________

Übung 43 Setze in die 3. Pers. Pl. Perfekt Passiv!

1. reperire ____________ 5. petere ____________
2. sternere ____________ 6. punire ____________
3. invenire ____________ 7. discernere ____________
4. saepire ____________ 8. spernere ____________

Übung 44 Bilde jeweils die 2. Pers. Pl. Konjunktiv Imperfekt Passiv!

1. terere ____________ 6. delere ____________
2. serere ____________ 7. admonere ____________
3. cernere ____________ 8. sinere ____________
4. regere ____________ 9. exspectare ____________
5. laudare ____________

Übung 45 Setze in die 3. Pers. Pl. Futur II Aktiv!

1. audire ____________ 6. serere ____________
2. videre ____________ 7. quaerere ____________
3. regere ____________ 8. manere ____________
4. domare ____________ 9. repetere ____________
5. decernere ____________ 10. custodire ____________

Übung 46 Bilde die Infinitive im Präsens Passiv und Perfekt Passiv von:

1. dare ____________ ____________
2. timere ____________ ____________
3. audire ____________ ____________
4. regere ____________ ____________

Übung 47 Bilde die Partizipien!

	PPA	PPP	PFA
1. sperare			
2. quaerere			
3. delere			
4. scire			
5. lenire			
6. petere			

Übung 48 Übersetze folgende Verbformen ins Lateinische!

1. sie überlebten
2. sie verachteten
3. er hatte verboten
4. es ist gemischt worden
5. als sie gefoltert worden waren
6. du wirst entscheiden
7. er würde bleiben
8. du hast geantwortet
9. sie hätten wiederholt
10. ihr seid gesucht worden
11. sie haben gefüllt

Übung 49 Jetzt kannst du schon viele Fremdwörter erklären!
Von welchen lateinischen Verben stammen folgende Fremdwörter im Deutschen? Schreibe jeweils das lateinische Verb mit seiner deutschen Bedeutung auf!

1. Veto
2. Mixtur
3. Prohibition
4. Aperitif
5. Konsens
6. Dezernat
7. Munition
8. Petition

Übung 50 Unterstreiche vor der Übersetzung jeden vorkommenden AcI!

1. Cum olim exercitus Romanus ab hostibus urgeretur, cives Cincinnatum dictatorem creaverunt.
2. Scriptores narrant eum trans Tiberim parvum agrum habuisse.
3. Ibi legati senatus eum arantem requisiverunt.
4. Cincinnatus cum legatos venire videret, uxorem togam statim e villa portare iussit.
5. Cum se lavisset et toga ornatus esset, mandata* senatus audire petivit.
   * mandatum, -i, n.: Auftrag
6. Senatus Cincinnatum imperatorem exercitus Romani esse et hostes arcere iusserat.
7. Cum Cincinnatus profecto hostes brevi superavisset, eum statim ad agrum suum redisse scriptores narrant.

9.3 Verben der 3. Konjugation mit u-Perfekt

Folgende unregelmäßigen Verben der 3. Konjugation haben u-Perfekt:

Verben der 3. Konjugation mit u-Perfekt

pōnere	pōnō	posuī	positum	legen, setzen, stellen
compōnere	compōnō	composuī	compositum	zusammenstellen, ordnen, schlichten
dēpōnere	dēpōnō	dēposuī	dēpositum	niederlegen, ablegen
dispōnere	dispōnō	disposuī	dispositum	verteilen, ordnen
expōnere	expōnō	exposuī	expositum	aussetzen, darlegen
impōnere	impōnō	imposuī	impositum	hineinlegen, aufbürden, auferlegen
prōpōnere	prōpōnō	prōposuī	prōpositum	vorlegen, in Aussicht stellen, (sich) vornehmen
gígnere	gignō	genuī	genitum	zeugen, gebären, hervorbringen
álere	alō	aluī	altum	nähren, fördern
cōnsúlere *m. Akk./Dat.*	cōnsulō	cōnsuluī	cōnsultum	*m. Akk.:* befragen, beraten; *m. Dat.:* sorgen (für)
cólere	colō	coluī	cultum	bebauen, pflegen, (ver)ehren
incólere	íncolō	incoluī	–	bewohnen, besiedeln
sérere	serō	seruī	sertum	reihen, ordnen
cōnsérere	cōnserō	cōnseruī	cōnsertum	aufreihen, kämpfen
dēsérere	dēserō	dēseruī	dēsertum	verlassen, im Stich lassen
dissérere	disserō	disseruī	(disputātum)	besprechen, sprechen über, erörtern

Hier begegnen dir auch sehr viele Komposita. Deren Bedeutung kannst du dir meist leicht aus der Bedeutung des Verbum simplex (bloßes Verb ohne Vorsilbe) und dem Sinn der Vorsilbe herleiten:

Beispiele

ducere: führen
ab-ducere: **weg-**führen

ponere: stellen, setzen, legen
com-ponere: **zusammen-**stellen, vergleichen

Meistens besteht die Vorsilbe eines Kompositums aus einer Präposition (vgl. Kap. 1), es gibt aber noch drei andere häufige Vorsilben bei Komposita:

Die Vorsilben **dis-** und **se-** bei Komposita kennzeichnen meist eine **Trennung**, oft zu übersetzen mit **weg-** oder **auseinander-**.

Die Vorsilbe **re-** bei Komposita bedeutet meist eine **Wiederholung** oder eine **Rückwärtsbewegung**, oft zu übersetzen mit **wieder-** oder **zurück-**.

Beispiele

cedere: gehen, weichen
discedere: **auseinander**gehen
secedere: **weg**gehen

petere: erstreben, fordern, angreifen
repetere: **zurück**fordern, **wieder**holen

Die Komposita haben den gleichen Perfektstamm und das gleiche PPP wie das Simplex (das Stammverb). Wenn du also die Stammformen des Simplex weißt, kannst du auch die Stammformen des jeweiligen Kompositums.

9.4 Verben der 3. Konjugation mit s-Perfekt

Folgende Verben der 3. Konjugation haben s-Perfekt:

Verben der 3. Konjugation mit s-Perfekt

scrībere	scrībō	scrīpsī	scrīptum	schreiben
cōnscrībere	cōnscrībō	cōnscrīpsī	cōnscrīptum	verfassen, (Truppen) ausheben
dīcere	dīcō	dīxī	dictum	sagen, sprechen, nennen
indīcere	indīcō	indīxī	indictum	ansagen, ankündigen
dūcere	dūcō	dūxī	ductum	führen, ziehen, halten für
addūcere	addūcō	addūxī	adductum	hinführen, veranlassen
condūcere	condūcō	condūxī	conductum	zusammenführen
dēdūcere	dēdūcō	dēdūxī	dēductum	wegführen, fortbringen
indūcere	indūcō	indūxī	inductum	einführen, verführen
prōdūcere	prōdūcō	prōdūxī	prōductum	vorführen, hervorbringen, ausdehnen
trādūcere	trādūcō	trādūxī	trāductum	hinüberführen

Verben der 3. Konjugation mit s-Perfekt				
tráhere	trahō	trāxī	tractum	ziehen, schleppen
contráhere	cóntrahō	contrāxī	contractum	zusammenziehen
véhere	vehō	vēxī	vectum	fortbewegen, fahren
régere	regō	rēxī	rēctum	lenken, leiten
corrígere	córrigō	correxī	corrēctum	berichtigen, verbessern
ērígere	ērigō	ērēxī	ērēctum	aufrichten, ermutigen
porrígere	porrigō	porrēxī	porrēctum	hinstrecken, darreichen
pérgere	pergō	perrēxī	–	fortfahren (etwas zu tun), aufbrechen
súrgere	surgō	surrēxī	–	aufstehen, sich erheben
tégere	tegō	tēxī	tēctum	bedecken, schützen
prōtégere	prōtegō	prōtēxī	prōtēctum	schützen, schirmen
cíngere	cingō	cīnxī	cīnctum	gürten, umgeben
iungere	iungō	iūnxī	iūnctum	verbinden, vereinigen
coniungere	coniungō	coniūnxī	coniūnctum	verbinden, vereinigen
adiungere	adiungō	adiūnxī	adiūnctum	anschließen
fíngere	fingō	fīnxī	fictum	gestalten, erdichten
píngere	pingō	pīnxī	pictum	malen, ausmalen

Als Merkhilfen für die Bedeutung von lateinischen Wörtern eignen sich gut die Fremdwörter, die von Ihnen abgeleitet sind. So kannst du dir z. B.:

- *trahere (traho, traxi, tractum)* – ziehen, schleppen – gut über den „Traktor" („Schlepper") merken,
- *vehere (veho, vexi, vectum)* – fortbewegen, fahren – über das „Vehikel" oder den „Vektor",
- *regere (rego, rexi, rectum)* – lenken, leiten – über „regieren",
- *corrigere (corrigo, correxi, correctum)* – berichtigen, verbessern – über „korrigieren"

usw.

Überlege bei jedem Wort, das du lernst oder wiederholst, welche Fremdwörter oder englischen oder französischen Wörter, die du kennst, davon abgeleitet sind.

Übung 51

- Gib jeweils die entsprechenden Formen von *regere, audire, movere* an!
- Setze diese Form dann jeweils ins angegebene Genus / Tempus!

	regere	audire	movere
1. laudamus			
Passiv			
2. laudavisti			
Passiv			
Präsens			
3. laudabitur			
Aktiv			
4. laudati sunt			
Aktiv			
Präsens			
5. laudavissent			
Passiv			
6. laudetis			
Imperfekt			
7. laudabuntur			
Plusquampf.			
Aktiv			
8. laudatus sum			
Aktiv			
9. laudas			
Futur			
10. laudaretis			
Passiv			

Übung 52 Bilde die Tempusreihe!

Aktiv	Indikativ	Konjunktiv
Präsens	ducis du führst	
Imperfekt		
Futur I		
Perfekt		cum
Plusquam-perfekt		
Futur II		

Passiv	Indikativ	Konjunktiv
Präsens		
Imperfekt		
Futur I		
Perfekt		cum
Plusquam-perfekt		
Futur II		

Übung 53 Bestimme folgende Verbformen nach Person, Numerus, Tempus, Modus und Genus und übersetze sie! Das ist zwar eine etwas mühsame, aber dafür sehr nützliche Übung.

z. B. duco: 1. Pers. Sg. Präs. Ind. Aktiv, ich fürchte

1. contraxissent	9. auxerint (Fut. II)	16. recti erunt
2. cum monitus sis	10. suaserunt	17. finiamini
3. disposuisti	11. corriguntur	18. vixeris (Fut. II)
4. perges	12. sciantur	19. valebis
5. monebunt	13. scientur	20. victi essent
6. regunt	14. deseramus	21. sereris
7. regant	15. lenivimus	22. seritur
8. regent		

Übung 54 Auch aus der konsonantischen Konjugation kommen viele Fremdwörter in unseren deutschen Sprachgebrauch.

Nenne das lateinische Verb, das dem jeweiligen Fremdwort zugrunde liegt, zusammen mit seiner Bedeutung! (z. B. fiktional: *fingere,* erdichten)

1. Serie	7. Konsul	12. Konjunktiv
2. Vehikel	8. Produktion	13. Puls
3. Korrektur	9. Protegé	14. Tradition
4. Geste	10. Fluktuation	15. defensiv
5. Diktat	11. Division	16. diffus
6. Skript		

Nicht nur in Fremdwörtern, auch in vielen Produktnamen stecken lateinische Wörter. Kennst du die Herkunft dieser Markenbezeichnungen?

9.5 Verben mit s-Perfekt und -g oder -c im Auslaut

Bei bestimmten Verben mit s-Perfekt erscheint *-x-* im Perfektstamm, z. B. bei regere: Der Stamm des Verbs ist *reg-*, an ihn tritt das Perfektsignal *-s-* und wir erhalten eigentlich ***reg-s-*** als Stamm. Die Römer schreiben *-g-s* aber kürzer als *-x*, deshalb wird daraus ***rex-***.

Die Stammformen von regere lauten also:
regere rego rē**xi** rēctum

Dieses *-x-* erscheint im Perfektstamm aller Verben, die auf einen k-Laut auslauten und s-Perfekt haben.

Bildung des s-Perfekts bei Verben mit c oder g im Auslaut

Ein **k-Laut (c, g)**, auf den **-s** folgt, wird als Doppelkonsonant **-x-** geschrieben: **cs → x**
gs → x

Diese Regel gilt bei den folgenden Verben mit s-Perfekt, die alle einen k-Laut am Stammende haben. Bei einigen ist das *-x-* auch ins PPP gezogen worden:

Verben mit s-Perfekt und c oder g im Auslaut

regere	regō	rē**xī**	rēctum	lenken, leiten
corrigere	córrigō	corrē**xī**	corrēctum	berichtigen, verbessern
ērigere	ērigō	ērē**xī**	ērēctum	aufrichten, ermutigen
pergere	pergō	perrē**xī**	–	fortfahren (zu tun)
surgere	surgō	surrē**xī**	–	sich erheben, aufstehen
exstíngurere	exstinguō	exstīn**xī**	exstīnctum	auslöschen
distínguere	distinguō	distīn**xī**	distīnctum	unterscheiden
flúere	fluō	flū**xī**	flūctum	fließen, strömen
exstrúere	exstruō	exstrū**xī**	exstrūctum	aufschichten, errichten
īnstrúere	īnstruō	īnstrū**xī**	īnstrūctum	aufstellen, ausstatten, unterrichten
vīvere	vīvō	vī**xī**	vīctūrus	leben
fīgere	fīgō	fī**xī**	fī**x**um	anheften, befestigen
fléctere	flectō	fle**xī**	fle**x**um	biegen, beugen, umstimmen
néctere	nectō	ne**xī**	ne**x**um	knüpfen, verknüpfen

9.6 Verben mit s-Perfekt und -s oder -m im Auslaut

Bei *gerere* und *urere* lautete der Stamm ursprünglich auf -*s* aus. Im Perfekt ist dieses -*s* erhalten, im Präsensstamm gilt jedoch:-*s*- zwischen Vokalen wird zu -*r*-. Diese Regel heißt Rhotazismus (von griech. *rho:* „r“).

Zwischen -*m*- und -*s*- tritt zur Erleichterung der Aussprache oft der Übergangslaut -*p*- (statt *contem-si: contem-p-si*).

Verben mit s-Perfekt und -r oder -m im Auslaut

gerere	gerō	gessī	gestum	tragen, (aus)führen
ūrere	ūrō	ussī	ustum	verbrennen (trans.)
contemnere	contemnō	contempsī	contemptum	verachten, nicht beachten

9.7 Verben mit s-Perfekt und -t oder -d im Auslaut

Bei der folgenden Gruppe von Verben gilt die Regel:

Ein **t-Laut (t, d)**, auf den **-s** folgt, fällt oft aus: **ts → s**
ds → s

Diese Regel gilt bei allen der folgenden Verben mit s-Perfekt und t-Laut am Stammende. Im PPP wird das -*s*- übernommen, der t-Laut entfällt: -(~~t~~)*us, -a, -um.*

Verben mit s-Perfekt und -t oder -d im Auslaut

míttere	mittō	mīsī	missum	gehen lassen, schicken
admíttere	admittō	admīsī	admissum	zulassen
āmíttere	āmittō	āmīsī	āmissum	verlieren
commíttere	committō	commīsī	commissum	zustande bringen, ausführen; anvertrauen
dīmíttere	dīmittō	dīmīsī	dīmissum	entlassen, aufgeben
omíttere	omittō	omīsī	omissum	beiseite lassen, aufgeben
permíttere	permittō	permīsī	permissum	überlassen, erlauben
prōmíttere	prōmittō	prōmīsī	prōmissum	versprechen
remíttere	remittō	remīsī	remissum	nachlassen

cēdere	cēdō	cessī	cessūrus	gehen, weichen
accēdere	accēdō	accessī	accessūrus	heranrücken, hinzutreten
concēdere	concēdō	concessī	concessum	weichen, zugestehen
dēcēdere	dēcēdō	dēcessī	–	weggehen, (ver)scheiden
discēdere	discēdō	discessī	–	weggehen, scheiden
prōcēdere	prōcēdō	prōcessī	–	vorrücken
succēdere	succēdō	successī	–	nachrücken, nachfolgen
claudere	claudō	clausī	clausum	schließen, versperren
inclūdere	inclūdō	inclūsī	inclūsum	einschließen
dīvídere	dīvidō	dīvīsī	dīvīsum	trennen, teilen
laedere	laedō	laesī	laesum	stoßen, verletzen
lūdere	lūdō	lūsī	lūsum	spielen, scherzen
ēvādere	ēvādō	ēvāsī	ēvāsūrus	herausgehen, entkommen
invādere	invādō	invāsī	invāsūrus	eindringen, angreifen

Folgende Verben haben zwar keinen t-Laut am Stammende, bilden das Perfekt und PPP aber analog zu den Verben mit t-Laut am Stammende und s-Perfekt. Sie haben sich in der Perfektbildung dieser Gruppe angeschlossen:

mérgere	mergō	mersī	mersum	eintauchen, versenken
spárgere	spargō	sparsī	sparsum	(aus)streuen, (be)spritzen
dispérgere	dispergō	dispersī	dispersum	zerstreuen
prémere	premō	pressī	pressum	drücken, bedrängen
opprímere	ópprimō	oppressī	oppressum	unterdrücken, überfallen, überwältigen

Übung 55 Konjugiere lateinisch und deutsch:

1. *mittere* im Präsens Indikativ Aktiv und im Präsens Konjunktiv Aktiv
2. *cedere* im Plusquamperfekt Indikativ Aktiv und im Plusquamperfekt Konjunktiv Aktiv
3. *accedere* im Futur II Aktiv

Übung 56 Wie du vielleicht schon weißt, stammen viele englische Wörter aus dem Lateinischen. Untersuche dies an folgenden Beispielen: Gib das den englischen Wörtern zugrunde liegende lateinische Wort mit seiner deutschen Bedeutung an und versuche dann eine Übersetzung des englischen Wortes!

	lat. Ursprungswort und dt. Bedeutung	Bedeutung des engl. Wortes
1. permission	______________________	________________
2. succession	______________________	________________
3. invasion	______________________	________________
4. to proceed	______________________	________________

Übung 57 Übersetze!

Asinus stultus – der dumme Esel

1. Olim asinus stultus potentior esse studebat quam omnes aliae bestiae.
2. Itaque ad dorsum[1] pellem leonis affixit. 1 dorsum, -i: Rücken
3. Vestis[2] eius omnes bestias illusit[3].
   2 vestis, vestis, *f.*: Verkleidung; 3 illudere, -ludo, -lusi, -lusum: täuschen
4. Ubi ille leo falsus constitit, bestiae ferae quoque in timorem magnum incesserunt[4] et studebant dentes acres eius effugere. 4 incedere: (hinein-)geraten
5. Sic asinus diu bestias feras et homines pelle leonis fefellerat.
6. Sed aliquando[5] asinus domino occurrit[6], qui ridens dixit ad eum:
   5 aliquando: einmal; 6 occurrere, occurro, occurri: begegnen
7. „Etiam ego leonem timerem, nisi aures tuae mihi asinum monstrarent."
8. Aures longae enim asini e pelle leonis evaserunt[7]. evaserunt: sie ragten heraus

Bronzehenkel von einem Gefäß: zwei Löwen zerreißen einen Hirsch.

9.8 Verben der 3. Konjugation mit Reduplikationsperfekt

Reduplikationsperfekt ist das Verdopplungsperfekt: Beim Verbum simplex wird der Anfangskonsonant mit eingeschobenem Vokal verdoppelt. Bei den Komposita entfällt diese Verdopplung jedoch wieder.

Verben der 3. Konjugation mit Reduplikationsperfekt

téndere	tendō	tetendī	tentum	spannen, strecken, zielen
conténdere	contendō	contendī	contentum	sich anstrengen, kämpfen, eilen, behaupten
inténdere	intendō	intendī	intentum	anspannen, richten auf
osténdere	ostendō	ostendī	–	zeigen, entgegenstrecken
cánere	canō	cécinī	–	singen, (ein Instrument) spielen, blasen
tángere	tangō	tétigī	tāctum	berühren
attíngere	attingō	áttigī	attāctum	berühren
contíngere	contingō	cóntigī	contāctum	berühren, gelingen
cōnsístere	cōnsistō	cōnstitī	–	stehen bleiben; bestehen (in)
dēsístere	dēsistō	dēstitī	–	ablassen (von), aufhören
exsístere	exsistō	exstitī	–	auftreten, entstehen
īnsístere	īnsistō	īnstitī	–	hineintreten, innehalten
resístere	resistō	restitī	–	widerstehen, innehalten
péndere	pendō	pependī	pēnsum	abwiegen, bezahlen
impéndere	impendō	impendī	impēnsum	aufwenden (z. B. Geld)
cádere	cadō	cécidī	casūrus	fallen
accídere	áccidit	áccidit	–	zustoßen, sich ereignen
concídere	cóncidō	cóncidī	–	zusammenbrechen, einstürzen
incídere	íncidō	incidī	–	(hinein)geraten, sich ereignen
occídere	óccidō	occidī	occasūrus	fallen, untergehen

caedere	caedō	cecīdī	caesum	niederhauen, fällen
occīdere	occīdō	occīdī	occīsum	niederhauen, töten
cúrrere	currō	cucurrī	cursum	laufen
occúrrere	occurrō	occurrī	–	begegnen, entgegentreten
péllere	pellō	pépulī	pulsum	stoßen, (ver)treiben
expéllere	expellō	expulī	expulsum	ausstoßen, vertreiben
impéllere	impellō	impulī	impulsum	antreiben, veranlassen
fállere *m. Akk.*	fallō	fefellī	–	täuschen, unbemerkt bleiben
párcere *mit Dat.*	parcō	pepercī	parsūrus	sparen, schonen

Zu den Verben mit Reduplikationsperfekt der 3. Konjugation gehören auch die Komposita von dare:

Komposita von dare				
dāre	dō	dedī	dātum	geben (a-Konjugation!)
ábdere	abdō	abdidī	abditum	verbergen, verstecken
áddere	addō	addidī	additum	hinzutun, hinzufügen
cóndere	condō	condidī	conditum	gründen, bergen
crēdere	crēdō	crēdidī	crēditum	glauben, (an)vertrauen
dēdere	dēdō	dēdidī	dēditum	preisgeben, ausliefern
ēdere	ēdō	ēdidī	ēditum	herausgeben, äußern
pérdere	perdō	perdidī	perditum	verderben, verlieren
prōdere	prōdō	prōdidī	prōditum	überliefern, verraten
réddere	reddō	reddidī	redditum	(zurück)geben, machen zu
trādere	trādō	trādidī	trāditum	übergeben, überliefern
véndere	vendō	vendidī	venditum	verkaufen

Bei folgenden unregelmäßigen Verben ist eine ursprüngliche Reduplikation abgefallen und auch sonst fehlen im Perfekt Buchstaben des Präsensstammes:

Verben der 3. Konjugation mit ursprünglichem Reduplikationsperfekt

bíbere	bibō	bibī	–	trinken
percéllere	percellō	pérculī	perculsum	erschüttern
rescíndere	rescindō	réscidī	rescissum	einreißen
tóllere	tollō	sústulī	sublātum	aufheben, beseitigen

Das letzte, sehr häufig vorkommende Verb tanzt ziemlich aus der Reihe. Sein Perfektstamm *(sus-tul-, sub-lat-)* kommt von dem im Präsensstamm verlorengegangenen Verb *sub-ferre.* Das Verb *ferre* lernst du erst später kennen.

Übung 58 Setze folgende Perfektformen ins Präsens!

1. scripsi
2. steti
3. tetendisti
4. tetigit
5. constiti
6. destiterunt
7. spopondit
8. repperistis
9. cecidi
10. occidimus

Übung 59 Übersetze folgende Verbformen ins Lateinische! Bilde bei jeder Form zuvor im Kopf die Stammformen:

1. sie sind stehen geblieben
2. bezahle!
3. er hat sich angestrengt
4. es war unterschieden worden
5. er wäre gefällt worden
6. lasst uns reizen!
7. du wirst verlangen
8. berührt worden zu sein
9. es hat sich ereignet
10. sie würden gerichtet werden auf
11. wir würden aufhören

Übung 60 Eine Übung zur Formenlehre, genauer zum Imperfekt Konjunktiv: Wiederhole im Kopf die Formen von monere und konjugiere anschließend:

1. arcere im Konjunktiv Imperfekt Aktiv
2. arcere im Konjunktiv Imperfekt Passiv

bung 61 Bestimme folgende Verbformen nach Person, Numerus, Tempus, Modus und Genus:

1. biberit
2. percelleris
3. sustulistis
4. perculsum esset
5. bibuntur
6. rescinderint
7. rescindas
8. biberet

bung 62 Trage die lateinische Übersetzung folgender Verbformen in die entsprechenden Zeilen ein und übersetze den Lösungssatz, der sich aus den Buchstaben der dunkelblauen Felder von oben nach unten gelesen ergibt!

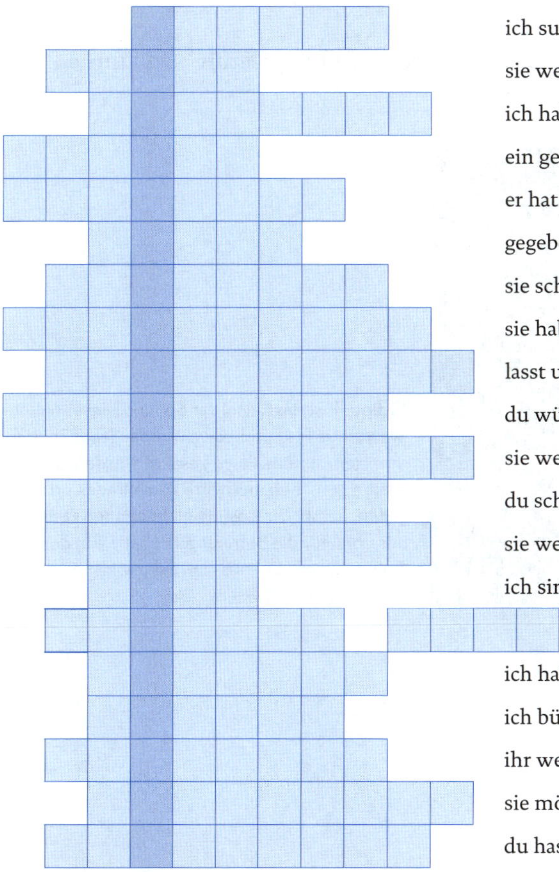

ich suche
sie werden sein
ich habe zusammengezogen
ein gewisser
er hat (die Hand) hingestreckt
gegeben
sie schreiben
sie haben hingeführt
lasst uns schlichten
du würdest geleitet werden
sie werden hinaufsteigen
du schicktest
sie werden nachfolgen
ich singe
sie sind verdorben worden
ich habe beseitigt
ich bürde auf, lege hinein
ihr werdet niederhauen
sie mögen aufsteigen
du hast berührt

Lösungssatz: ______________________________

Übung 63 Achte genau auf die Endungen und übersetze!

1. Postquam Oedipus nonnullos annos Thebanos bene curavit, subito pestilentia periculosa urbem paene exstinxit.
2. Semper Oedipus studebat, ut cives humiles erigeret.
3. Cum diu frustra medicamentum huius miseriae quaesivisset, postremo sacerdotem advocavit.
4. Eum quaesivit, quid causa pestilentiae esset.
5. „Tu ipse“, ille inquit, „hoc malum sevisti.“
6. Tum Oedipus comperit se parentem suum necavisse et ab uxore sua olim genitum esse; se ergo causam pestilentiae esse.
7. Sed Oedipus salutem patriae saluti suae anteponens in exilium abire decrevit.
8. Antigona autem, filia regis, patrem miserum non deseruit, sed cum eo ibat et eum usque ad mortem colebat.

Ödipus löst das Rätsel der Sphinx. Dieses Mischwesen aus Frau und Löwe war der Stadt Theben von Hera als eine Plage gesandt worden. Sie stellte den Thebanern ihre Rätselfrage und fraß jeden, der ihr die Lösung nicht nennen konnte. Als Lohn für die Befreiung Thebens von der Sphinx wurde Ödipus Gatte der Iokaste und mit ihr König über Theben.

9.9 Verben der 3. Konjugation mit Dehnungsperfekt

Bei Verben mit Dehnungsperfekt kannst du die Dehnung nur hören, geschrieben sieht der Perfektstamm meist wie der Präsensstamm aus. Teilweise haben Komposita von Verben mit Dehnungsperfekt aber unregelmäßigerweise s-Perfekt.

Verben der 3. Konjugation mit Dehnungsperfekt

ágere	agō	ēgī	āctum	treiben, handeln, (ver)handeln
exígere	éxigō	exēgī	exāctum	(ein)fordern, vollenden
subígere	súbigō	subēgī	subāctum	unterwerfen, (be)zwingen
redígere	rédigō	redēgī	redāctum	machen (zu etwas), (in einen Zustand) bringen
cōgere	cōgō	coēgī	coāctum	zusammenbringen, zwingen
frángere	frangō	frēgī	frāctum	brechen
émere	emō	ēmī	ēmptum	kaufen
adímere	ádimō	adēmī	adēmptum	an sich nehmen, wegnehmen
redímere	redimō	redēmī	redēmptum	loskaufen, (er)kaufen
dēmere	dēmō	dēm**psī**	dēmptum	abnehmen, wegnehmen
sūmere	sūmō	sūm**psī**	sūmptum	nehmen
cōnsūmere	cōnsūmō	cōnsūm**psī**	cōnsūmptum	verbrauchen
légere	legō	lēgī	lēctum	lesen
collígere	cólligō	collēgī	collēctum	sammeln
ēlígere	ēligō	ēlēgī	ēlēctum	auswählen, wählen
dīlígere	dīligō	dīlē**xī**	dīlēctum	schätzen, lieben
intellégere	intéllegō	intellē**xī**	intellēctum	einsehen, verstehen
neglégere	néglegō	neglē**xī**	neglēctum	vernachlässigen, missachten
cōnsīdere	cōnsīdō	cōnsēdī	–	sich setzen, niederlassen
édere	edō	ēdī	ēsum	essen, fressen

Bei folgenden Verben liegt nicht nur ein Dehnungsperfekt vor, sondern es gehen im Perfektstamm auch noch Buchstaben des Präsensstammes verloren:

Verben der 3. Konjugation mit Dehnungsperfekt

fundere	fundō	fūdī	fūsum	(hin)gießen, zerstreuen
relinquere	relinquō	relīquī	relictum	zurücklassen, verlassen
rumpere	rumpō	rūpī	ruptum	(etwas) brechen, zerbrechen
corrumpere	corrumpō	corrūpī	corruptum	verderben, bestechen
vincere	vincō	vīcī	victum	siegen, besiegen

Übung 64 Bilde die folgenden Verbformen!

1. er hat gehandelt
2. sie kaufen
3. gezwungen
4. sie waren ausgewählt worden
5. er wurde missachtet
6. sie ist geliebt worden
7. er hätte genommen
8. wir waren bezwungen worden
9. ihr würdet einsehen
10. du hast dich niedergelassen
11. sie werden vollenden

Übung 65 Viele Fremdwörter im Deutschen stammen aus dem Lateinischen. Welche Fremdwörter sind von folgenden lateinischen Verben abgeleitet?

1. agere
2. frangere
3. legere
4. intellegere
5. relinquere
6. corrumpere

Übung 66 Bilde zu den Formen von *laudare* die entsprechenden Formen von *demere* und *agere:*

1. laudamus
2. lauder
3. lauda
4. laudaretis
5. laudemini
6. laudaverunt
7. laudati erant
8. laudaverimus
9. laudaverant
10. laudatur
11. laudari
12. laudavisti
13. laudaverint

Bilde nun zu den Formen von *laudare* genauso die entsprechenden Formen von *cogere* und *diligere:*

14. laudamus
15. lauder
16. lauda
17. laudaretis
18. laudemini
19. laudaverunt
20. laudati erant
21. laudaverimus
22. laudaverant
23. laudatur
24. laudari
25. laudavisti
26. laudaverint

Übung 67 Übersetze:

1. Liberi in tabulas scribebant et mater librum legebat.
2. Hunc librum pater in urbe emerat.
3. In hoc libro Ovidius poeta homines amore victos describebat.
4. Cum liberi munus finivissent, etiam mater fabulas Ovidii nunc neglegens librum deposuit.
5. Cum tabulas et librum in domo reliquissent, mater cum liberis in hortum ibat.

Der Dichter Vergil zwischen den Musen der Geschichtsschreibung und der Tragödiendichtung. Mosaik, Bardo-Museum, Tunis

9.10 Verben der 3. Konjugation mit Perfekt ohne Stammveränderung

Es gibt auch Verben, deren Perfektstamm identisch ist mit dem des Präsensstamms. Hier musst du noch genauer als sonst auf die Endung achten: Nur daran kannst du erkennen, welches Tempus das Verb hat!

Beispiele

vert-o	ich drehe um
vert-**i**	ich habe umgedreht
vert-is	du drehst um
vert-**isti**	du hast umgedreht
vert-unt	sie drehen um
vert-**erunt**	sie haben umgedreht

Verben der 3. Konjugation ohne Stammveränderung

vértere	vertō	vertī	versum	drehen, wenden
āvértere	āvertō	āvertī	āversum	abwenden
convértere	convertō	convertī	conversum	wenden, verwandeln
ēvértere	ēvertō	ēvertī	ēversum	umstürzen, zerstören
animadvértere (in aliquem)	-vertō	-vertī	-versum	wahrnehmen, bemerken, vorgehen (gegen jemanden)
minúere	minuō	minuī	minūtum	mindern, vermindern
statúere	statuō	statuī	statūtum	aufstellen, feststellen
cōnstitúere	cōnstituō	cōnstituī	cōnstitūtum	festsetzen, beschließen
īnstitúere	īnstituō	īnstituī	īnstitūtum	einrichten, unterrichten
restitúere	restituō	restituī	restitūtum	wiederherstellen
imbúere	imbuō	imbuī	imbūtum	benetzen, tränken (mit)
indúere	induō	induī	indūtum	bekleiden, anziehen
exúere	exuō	exuī	exūtum	ausziehen, berauben
metúere	metuō	metuī	–	fürchten
tribúere	tribuō	tribuī	tribūtum	zuteilen, zuweisen
sólvere	solvō	solvī	solūtum	lösen, zahlen
dissólvere	dissolvō	dissolvī	dissolūtum	loslösen, auflösen
vólvere	volvō	volvī	volūtum	wälzen, rollen

Übung 68 Wenn du die richtigen Formen einsetzt, erfährst du, welchem römischen Kaiser der abgebildete Triumphbogen geweiht ist!

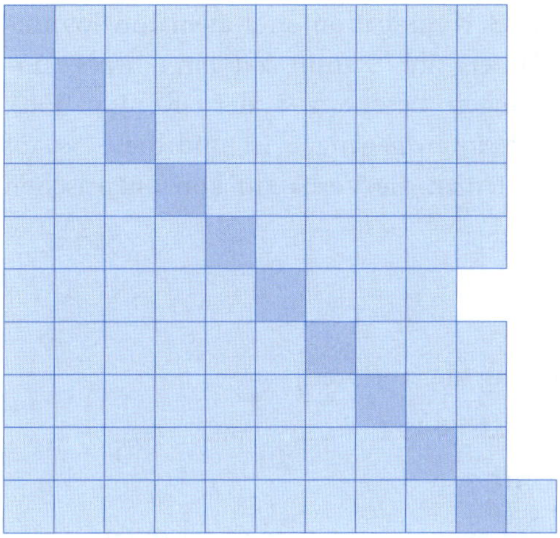

- er hat beschlossen
- sie hätten gerollt
- ihr hattet gemindert
- sie lösen auf
- sie werden abgewendet werden
- lasst uns zerstören
- sie mögen zugeteilt werden
- wiederhergestellt
- ihr zogt an
- sie hätten aufgestellt

Der Triumphbogen des Kaisers 

Dieser dreitorige Triumphbogen wurde im Jahre 315 n. Chr. zur Erinnerung an den Sieg des oben gesuchten Kaisers über seinen Rivalen Maxentius errichtet. Er ist der größte und besterhaltene der römischen Siegesbögen. Rechts das Kolosseum.

10 Die i- Stämme der 3. Konjugation

Auch die sogenannten **i-Stämme** der 3. Konjugation sind ausnahmslos unregelmäßige Verben. Ursprünglich lautete ihr Stamm auf ein kurzes, unbetontes **-ĭ-** aus (im Gegensatz zum langen, betonten **-ī-** der i-Konjugation). Da dieses *-i-* aber in vielen Formen verloren gegangen ist und diese so auf einen **Konsonanten** auslauten, rechnet man die Verba zur konsonantischen Konjugation.

Beispiele

capiēbam:	Stamm capi-
caperem:	Stamm: cap- (das -i- ging hier verloren)

10.1 Die Konjugation der i-Stämme

Hier siehst du das Konjugationsschema von *capere* als Beispiel für die Konjugation der i-Stämme der 3. Konjugation.
Die Tempus- und Modussignale entsprechen genau denen von *regere.*

Die i-Stämme der 3. Konjugation			
Präsens Indikativ Aktiv		Präsens Konjunktiv Aktiv	
regere	capere	regere	capere
reg-ō reg-i-s reg-i-t rég-i-mus rég-i-tis reg-u-nt	capi-ō capi-s capi-t cápi-mus cápi-tis capi-u-nt	reg-a-m reg-ā-s reg-a-t reg-ā-mus reg-ā-tis reg-a-nt	capi-a-m capi-ā-s capi-a-t capi-ā-mus capi-ā-tis capi-a-nt
Imperfekt Indikativ Aktiv		Imperfekt Konjunktiv Aktiv	
reg-ēba-m reg-ēbā-s reg-ēba-t reg-ēbā-mus reg-ēbā-tis reg-ēba-nt	capi-ēba-m capi-ēbā-s capi-ēba-t capi-ēbā-mus capi-ēbā-tis capi-ēba-nt	rég-e-re-m reg-e-rē-s reg-e-re-t reg-e-rē-mus reg-e-rē-tis reg-e-re-nt	cáp-e-re-m cap-e-rē-s cap-e-re-t cap-e-rē-mus cap-e-rē-tis cap-e-re-nt

Futur I Aktiv	
regere	capere
reg-a-m reg-ē-s reg-e-t reg-ē-mus reg-ē-tis reg-e-nt	capi-a-m capi-ē-s capi-e-t capi-ē-mus capi-ē-tis capi-e-nt
Infinitiv Präsens Aktiv	
rég-e-re	cáp-e-re
PPA	
reg-ē-ns, reg-e-ntis	capi-ēns, capi-e-ntis

Die **Passivformen** sind wie immer einfach zu bilden: Du hängst an den Präsensstamm die Passivendungen. Achtung: Im **Indikativ Präsens** gibt es eine Ausnahme! Bei der **2. Person Singular** ist das *-i-* zum *-e-* geworden.

Die i-Stämme der 3. Konjugation			
Präsens Indikativ Passiv		Präsens Konjunktiv Passiv	
regere	capere	regere	capere
reg-or rég-e-ris rég-i-tur rég-i-mur reg-i-minī reg-u-ntur	capi-or cáp-e-ris cápi-tur cápi-mur capi-minī capi-u-ntur	reg-a-r reg-ā-ris reg-ā-tur reg-ā-mur reg-ā-minī reg-a-ntur	capi-a-r capi-ā-ris capi-ā-tur capi-ā-mur capi-ā-minī capi-a-ntur
Imperfekt Indikativ Passiv		Imperfekt Konjunktiv Passiv	
reg-ēba-r reg-ēbā-ris reg-ēbā-tur reg-ēbā-mur reg-ēbā-minī reg-ēba-ntur	capi-ēba-r capi-ēbā-ris capi-ēbā-tur capi-ēbā-mur capi-ēbā-minī capi-ēba-ntur	rég-e-re-r reg-e-rē-ris reg-e-rē-tur reg-e-rē-mur reg-e-rē-minī reg-e-re-ntur	cáp-e-re-r cap-e-rē-ris cap-e-rē-tur cap-e-rē-mur cap-e-rē-minī cap-e-re-ntur

Futur I Passiv	
regere	capere
reg-a-r reg-ē-ris reg-ē-tur reg-ē-mur reg-ē-mini reg-e-ntur	capi-a-r capi-ē-ris capi-ē-tur capi-ē-mur capi-ē-minī capi-e-ntur
Infinitiv Präsens Passiv	
reg-ī	cap-ī

Die Formen des Perfektstammes sind nicht extra angeführt: Wenn du die Stammformen eines Verbs gelernt hast (z. B. *capere, capio, cepi, captum*), kannst du alle Formen des Perfekts, des Plusquamperfekts und des Futur II im Aktiv und Passiv bilden:

Im Aktiv werden einfach die Perfekt-, Plusquamperfekt- bzw. Futur II-Endungen an den Perfektstamm gehängt, im Passiv bildest du die entsprechenden Formen ganz regelmäßig bei allen Konjugationen mit dem PPP und dem Hilfsverb esse.

Die verschiedenen Möglichkeiten, den aktiven Perfektstamm zu bilden, sind dir schon von den anderen unregelmäßigen Verben bekannt.

Es gibt auch bei den i-Stämmen der 3. Konjugation folgende Möglichkeiten:

- v-Perfekt, z. B.
  cupere, cupio, cupivi, cupitum — begehren, wünschen
- u-Perfekt, z. B.
  rapere, rapio, rapui, raptum — rauben, raffen
- s-Perfekt, z. B.
  aspicere, aspicio, aspexi, aspectum — anschauen
- Reduplikationsperfekt, z. B.
  parere, pario, peperi, partum — gebären, hervorbringen, erwerben
- Dehnungsperfekt, z. B.
  capere, capio, cēpi, captum — fassen, ergreifen

10.2 Verben der i-Stämme der 3. Konjugation mit v-Perfekt

Als einziges Verb der i-Stämme der 3. Konjugation mit v-Perfekt lernst du:

Verben der i-Stämme der 3. Konjugation mit v-Perfekt				
cúpere	cupiō	cupīvī	cupītum	begehren, wünschen

10.3 Verben der i-Stämme der 3. Konjugation mit u-Perfekt

Folgende Verben der i-Stämme der 3. Konjugation haben u-Perfekt:

Verben der i-Stämme der 3. Konjugation mit u-Perfekt				
rápere	rapiō	rapuī	raptum	raffen, rauben
dīrípere	dīripiō	dīripuī	dīreptum	plündern
ērípere	ēripiō	ēripuī	ēreptum	entreißen
corrípere	corripiō	corripuī	correptum	ergreifen, packen

10.4 Verben der i-Stämme der 3. Konjugation mit s-Perfekt

Erinnere dich: *c/g* und darauf folgendes *-s* werden als *x* geschrieben (vgl. S. 48). Verben mit *c/g* am Stammende und s-Perfekt enden deshalb im Perfektstamm auf *x*. Folgende Verben der i-Stämme der 3. Konjugation bilden s-Perfekt:

Verben der i-Stämme der 3. Konjugation mit s-Perfekt				
aspícere	aspiciō	aspexī	aspectum	erblicken, ansehen
dēspícere	dēspiciō	dēspexī	dēspectum	herabsehen, verachten
perspícere	perspiciō	perspexī	perspectum	durchschauen, erkennen
prōspicere m. Akk./Dat.	prōspiciō	prōspexī	prōspectum	m. Akk.: voraussehen, m. Dat.: sorgen für
respícere	respiciō	respexī	respectum	berücksichtigen, beachten
quátere	quatiō	–	–	schütteln, erschüttern
excútere	excutiō	excussī	excussum	ausstoßen, abschütteln
percútere	percutiō	percussī	percussum	durchstoßen, erschüttern

10.5 Verben der i-Stämme der 3. Konjugation mit Reduplikationsperfekt

Wir lernen nur ein einziges Verb der i-Stämme der 3. Konjugation mit Reduplikationsperfekt kennen: *párere.* Es wird auf der ersten Silbe betont, im Gegensatz zu *parēre (pareo, parui)*, gehorchen, das der e-Konjugation angehört!

Verben der i-Stämme der 3. Konjugation mit Reduplikationsperfekt				
párere	páriō	péperī	partum	hervorbringen, gebären; erwerben

Aufgepasst! Wir kennen nun drei fast gleich klingende Verben, die drei ganz verschiedene Bedeutungen haben und drei verschiedenen Konjugationen angehören:

parāre,	paro,	parāvi,	parātum	bereiten, erwerben	a-Konjugation
parēre,	páreo,	párui		gehorchen	e-Konjugation
párere,	pário,	péperi,	partum	hervorbringen, gebären, erwerben	3. Konjugation

Übung 69 Übersetze ins Deutsche!

1. Rhea Silvia, mater Romuli et Remi, liberos suos in silva peperit.
2. Quia liberi magistris paruerunt et officia fecerunt, magister eos valde laudat.
3. Cum dominus convivas exspectaret, servi cenam paraverunt.

Übersetze ins Lateinische!

4. Viele Tiere gebären viele Junge*, der Elefant aber bringt nur ein Junges auf die Welt wie der Mensch. * pullus, -i, m.
5. Hast du dem Lehrer gehorcht und deine Aufgaben gemacht (geschrieben)?
6. Gehorche und bereite das Essen, Sklavin!

Die „lupa Capitolina“, die kapitolinische Wölfin, eine wahrscheinlich etruskische Bronzefigur, deren Duplikat auf einer Marmosäule auf dem Kapitolshügel in Rom steht. Die Wölfin säugt die Brüder Romulus und Remus, die Gründer Roms.

10.6 Verben der i-Stämme der 3. Konjugation mit Dehnungsperfekt

Die größte Gruppe unter den i-Stämmen der 3. Konjugation bilden die Verben mit Dehnungsperfekt. Sie kommen alle sehr häufig vor. Lerne sie gründlich!

Verben der i-Stämme der 3. Konjugation mit Dehnungsperfekt				
cápere	capiō	cēpī	captum	fassen, nehmen, fangen
accípere	accipiō	accēpī	acceptum	annehmen, empfangen
concípere	concipiō	concēpī	conceptum	erfassen, empfangen
excípere	excipiō	excēpī	exceptum	ausnehmen, aufnehmen
praecípere	praecipiō	praecēpī	praeceptum	vorschreiben, vorwegnehmen
suscípere	suscipiō	suscēpī	susceptum	aufnehmen, unternehmen
incípere	incipiō	coepī	inceptum	anfangen, beginnen
iácere	iaciō	iēcī	iactum	werfen, schleudern
obícere	obiciō	obiēcī	obiectum	entgegenwerfen, vorwerfen
adícere	adiciō	adiēcī	adiectum	hinzufügen
conícere	coniciō	coniēcī	coniectum	(zusammen)werfen; vermuten
prōícere	prōiciō	prōiēcī	prōiectum	hinwerfen
subícere	subiciō	subiēcī	subiectum	unterwerfen
fúgere *m. Akk.*	fugiō	fūgī	fugiturus	fliehen, meiden; entgehen
effúgere	effugiō	effūgī		entkommen
profúgere	profugiō	profūgī		(sich) flüchten
fácere	faciō	fēcī	factum	machen, tun
patefácere	patefaciō	patefēcī	patefactum	öffnen, aufdecken
interfícere	interficiō	interfēcī	interfectum	niedermachen, töten
praefícere *m. Dat.*	praeficiō	praefēcī	praefectum	an die Spitze stellen
affícere	afficiō	affēcī	affectum	versehen mit; behandeln
effícere	efficiō	effēcī	effectum	fertigbringen, bewirken
perfícere	perficiō	perfēcī	perfectum	vollenden, durchsetzen
cōnfícere	cōnficiō	cōnfēcī	cōnfectum	vollenden, fertig machen

Übung 70 Konjugiere *iacere* im Indikativ Präsens Passiv und im Konjunktiv Präsens Passiv!

Übung 71 Bestimme folgende Verbformen nach Person, Numerus, Tempus, Modus und Genus und übersetze sie!

1. ei consulit
2. interdictum erat
3. patefecit
4. praefecti sunt
5. afficiebamus
6. capiaris
7. conficient
8. subiciant
9. effecerunt
10. fugiant
11. regeris (Futur)
12. effugies
13. confectus esset

Übung 72 Von welchem Verb sind folgende Fremdwörter abgeleitet? Nenne die Stammformen und die deutsche Bedeutung und gib dann die Bedeutung der Fremdwörter an!

z. B. Effekt: efficere, efficio, effeci, effectum (bewirken): Wirkung

1. Konsens
2. sensibel
3. Credo
4. Reliquie
5. Akt
6. Fixierung
7. Mission
8. Kredit
9. Petition
10. Datum
11. Statur
12. Auditorium
13. Delikatesse
14. Manufaktur

Übung 73 Übersetze folgende Sätze ins Lateinische. Es kommen unregelmäßige Verben aller Konjugationen darin vor.

1. Der Philosoph Plato, der in Athen lebte (Partizip!), hat viele andere Lehrer der Philosophie an Weisheit (Abl.) übertroffen (besiegt).
2. Die Wächter haben die Räuber, die sie verhaftet hatten (Partizip!), gefesselt.
3. Nicht alles (Pl.), was die Lehrer die Schüler lehren, bezieht sich auf das Leben.
4. Gemäß* den Gesetzen des Staates zu leben war den Römern das höchste Gut. * gemäß: secundum (m. Akk.)
5. Die Lehrer wünschen, dass ihr eure Pflichten nicht vernachlässigt, dass ihr auch die schwierigsten Sätze versteht.
6. Jemand hat gesagt, dass euch ein gewisser Mensch verlassen wolle.
7. Jenem Menschen, der mich beleidigt hatte, habe ich geantwortet: „Du selbst wirst einmal meine Verzeihung erbitten."
8. Die Schüler werden die Schule vielleicht weiser verlassen als sie sie betreten haben.

9. Als die Cimbern ihre Heimat verlassen hatten, um Italien anzugreifen, haben die Römer, von Schrecken entflammt, ein großes Heer ausgehoben (ausgewählt).
10. Oft machen große Gefahren ängstliche* Menschen wagemutig und tapfer.
    * timidus, -a, -um
11. Heute werden die Menschen oft, weil sie sehr viel verbrauchen, Konsumenten (Verbrauchende) genannt.
12. Ein gewisser Mann hat jemandem, der sagte (Partizip): „Ich bin größer als du", geantwortet: „Nicht größer, sondern nur länger bist du!"
13. Die Römer haben in der Architektur die höchsten Dinge vollbracht.

Eine der größten Leistungen der Römer war die Wasserversorgung. Über lange Strecken wurde das Wasser über Aquaedukte aus den Bergen in die Städte geführt. Hier der „Pont du Gard": Dieses Aquaedukt brachte in der Antike täglich 20000 Kubikmeter Wasser in die römische Stadt Nemausus, das heutige Nîmes, in dem auch eines der besterhaltenen römischen Amphitheater steht.

11 Die Verba incohativa der 3. Konjugation

Die folgenden Verba haben am Ende des Präsensstammes das Suffix **-sc-** angefügt, z. B. *crē-sc-o, crē-v-i, crē-tum,* wachsen. Ursprünglich waren es also gar keine konsonantisch auslautenden Verba. Dieses *-sc-,* das die Verben alle gemeinsam haben, signalisierte ursprünglich den **Beginn einer Handlung**, daher auch der Begriff Verba incohativa, abgeleitet von *incohare,* anfangen, beginnen.

Beispiele

pertimesco:	ich gerate in Furcht, ich bekomme Angst
nosco:	ich lerne (gerade) kennen

Folgende Verba incohativa haben v-Perfekt:

Verba incohativa der 3. Konjugation mit v-Perfekt				
crēscere	crēscō	crēvī	–	wachsen, zunehmen
quiēscere	quiēscō	quiēvī	–	ruhen
nōscere	nōscō	nōvī*	–	kennen lernen
cognōscere	cognōscō	cognōvī	cógnitum	erkennen
ignōscere	ignōscō	ignōvī	–	verzeihen
cōnsuēscere	cōnsuēscō	cōnsuēvī	–	sich gewöhnen an
concupīscere (v. cupere)	concupīscō	concupīvī	–	begehren
cōnscīscere (v. scire)	cōnscīscō	cōnscīvī	–	beschließen
pāscere	pāscō	pāvī	pāstum	füttern, weiden (transitiv)

* Im Perfektstamm hat das Verb auch die Bedeutung „kennen“ (gleichbedeutend mit „kennen gelernt haben“), z. B. novi: ich kenne, noveram: ich kannte.

Reduplikationsperfekt haben die folgenden Verba incohativa:

Verba incohativa der 3. Konjugation mit Reduplikationsperfekt				
póscere	poscō	poposcī	–	fordern, verlangen
díscere	discō	dídicī	–	lernen

Die Verben in folgender Liste bilden u-Perfekt:

Verba incohativa der 3. Konjugation mit u-Perfekt				
convalēscere (v. valere)	convalēscō	convaluī	–	gesund werden, erstarken
pertimēscere (v. timere)	pertimēscō	pertimuī	–	in Furcht geraten
cōnsenēscere (v. senex, senis)	cōnsenēscō	cōnsenuī	–	alt werden
ērubēscere (v. ruber, -a, -um)	ērubēscō	ērubuī	–	rot werden, erröten
ingravēscere (v. gravis, -e)	ingravēscō	–	–	schwerer werden, sich verschlimmern

Übung 74 Übersetze ins Deutsche!

1. Prende medicinam, ne morbus gravis ingravescat; tum mox convalesces.
2. Cum tempestas terribilis tectum deleret, liberi pertimescuerunt et fleverunt.
3. Homines antiquitatis prius consenescebant quam memoria nostra.

Übung 75 Nun ein **abschliessender Verbformen-Test**!
Bestimme folgende 30 Verbformen nach Person, Numerus, Tempus, Modus und Genus und übersetze sie dann ins Deutsche!

1. duxisti
2. surges
3. proteguntur
4. ficta sunt
5. distinxeratis
6. missus esses
7. dimitterer
8. cedant
9. divisi erant
10. invadere
11. mergereris
12. opprimantur
13. contendetis
14. ceciderunt
15. poposcit
16. ignovi
17. consenescunt
18. trahentur
19. tectum erat
20. coniungitis
21. cum pictus sis
22. fluebat

23. vixisset	27. flexum
24. contemneretis	28. tendetur
25. promissum erit	29. ostendite
26. clausisses	30. ceciderunt

Übung 76 Noch einmal zum Schluss als Übersetzungsübung eine besonders schöne, weil überraschend friedlich endende Geschichte.
Übersetze sie!

Die Sabinerinnen

1. Multi scriptores scripserunt, quomodo Romani virgines Sabinas raptaverint.
2. Quia illis uxores deerant, dolo Sabinis virgines deduxerant.
3. Brevi Sabini bellum contra Romanos gesturi Romam armis invaserunt.
4. Sed nunc uxores Sabinae, quae inter milites duarum gentium procedebant, controversiam composuerunt dicentes:
5. „Parcite irae!
   Viros nostros et liberos amamus.
   Mariti nostri nos non oppressuri sunt."
6. Ita a feminis duo populi amicitia iuncti sunt.

Der Raub einer Sabinerin, Florenz

12 velle – nōlle – malle

Wollen, nicht wollen, lieber wollen – diese drei Verben kommen häufig vor. In der Konjugation schließen sie sich teilweise an die Formen der 3. Konjugation an (z. B. *volunt,* sie wollen; *volebam,* ich wollte; *voles,* du wirst wollen), teilweise aber bilden sie ungewohnte Formen (z. B. *vis,* du willst; *velimus,* wir mögen wollen).
Wenn du die drei Konjugationstabellen nebeneinander lernst, achte immer auf Ähnlichkeit und Unterschied in der Formenbildung, dann kannst du dir die Formen leichter einprägen.

Beispiele

2. Pers. Sg. Ind. Präs.:	vis	non vis	mavis
2. Pers. Pl. Ind. Präs.:	vultis	non vultis	mavultis
2. Pers. Sg. Konj. Präs.:	velim	nolim	malim

Indikativ Präsens					
velle, wollen		**nōlle*, nicht wollen**		**malle*, lieber wollen**	
volō	ich will	nōlō	ich will	mālō	ich will
vīs	du willst	nōn vīs	nicht usw.	māvīs	lieber usw.
vult	er will	nōn vult		māvult	
volumus	wir wollen	nōlumus		mālumus	
vultis	ihr wollt	nōn vultis		māvultis	
volunt	sie wollen	nōlunt		mālunt	
Konjunktiv Präsens					
velim	ich wolle	nōlim	ich wolle	mālim	ich wolle
velīs	usw.	nōlīs	u nicht sw.	mālīs	lieber usw.
velit		nōlit		mālit	
velīmus		nōlīmus		mālīmus	
velītis		nōlītis		mālītis	
velint		nōlint		mālint	

* *nōlle* ist entstanden aus *non velle, malle* aus *magis velle*

Indikativ Imperfekt					
velle, wollen		**nōlle, nicht wollen**		**malle, lieber wollen**	
volēbam	ich wollte	nōlēbam	ich wollte	mālēbam	ich wollte
volēbās	usw.	nōlēbās	nicht	mālēbās	lieber
volēbat		nōlēbat	usw.	mālēbat	usw.
volēbāmus		nōlēbāmus		mālēbāmus	
volēbātis		nōlēbātis		mālēbātis	
volēbant		nōlēbant		mālēbant	
Konjunktiv Imperfekt					
vellem	ich würde	nōllem	ich würde	māllem	ich würde
vellēs	wollen	nōllēs	nicht wollen	māllēs	lieber wollen
vellet	usw.	nōllet	usw.	māllet	usw.
vellēmus		nōllēmus		māllēmus	
vellētis		nōllētis		māllētis	
vellent		nōllent		māllent	

Futur I					
volam	ich werde	nōlam	ich werde	mālam	ich werde
volēs	wollen	nōlēs	nicht wollen	mālēs	lieber wollen
volet	usw.	nōlet	usw.	mālet	usw.
volēmus		nōlēmus		mālēmus	
volētis		nōlētis		mālētis	
volent		nōlent		mālent	

Partizip Präsens Aktiv (PPA)			
volēns, volentis	wollend, einer, der will	–	–

Imperativ			
–	nōlī	wolle nicht!	–
–	nōlīte	wollt nicht!	–
–	nōlītō	du sollst nicht wollen	–
–	nōlītōte	ihr sollt nicht wollen	–

Mit dem Imperativ von *nolle* kann man Imperative anderer Verben verneinen:

Beispiele

Tange canem, non mordet!
Berühre den Hund, er beißt nicht!

Noli tangere canem!
Rühr den Hund **nicht** an!

Spectate hoc spectaculum in arena!
Schaut euch dieses Schauspiel in der Arena an!

Nolite spectare hoc spectaculum in arena!
Schaut euch dieses Schauspiel in der Arena **nicht** an!

Den Perfektstamm bilden alle drei Verben nach der e-Konjugation.

> Die Verben velle, nolle und malle bilden den **Perfektstamm** wie die **e-Konjugation**:
> velle: **volu-** (z. B. voluī, voluisse)
> nolle: **nōlu-** (z. B. nōluī, nōluisse)
> malle: **mālu-** (z. B. māluī, māluisse)
> Die Formen des Perfektstammes werden **regelmäßig** gebildet.

bung 77

1. Setze *nolumus* lateinisch und deutsch in alle Tempora und Modi des Perfektstamms!
2. Bilde die den Formen von *cupere* entsprechenden Formen von velle!

a) cupiunt ________________

b) cupiamus ________________

c) cupiebatis ________________

d) cupis ________________

f) cupit ________________

g) cupiverunt ________________

g) cupivissem ________________

h) cupient ________________

i) cupias ________________

j) cupiebamus ________________

Übung 78 Übersetze!

1. Noli me tangere!
2. Nunc vis, quod olim noluisti.
3. Ich will nicht, dass du morgen Großvater besuchst.
4. Lieber will ich, dass du mir hilfst.
5. Romani in bello de salute desperare nolebant.
6. Semper te videre volo.
7. Dominus die pulchro cum cane ambulare vult.
8. Tum malui Romam videre quam domi manere.
9. Noluistis pugnae interesse, quamquam patriam amabatis.

Übung 79

1. Was heißt: „Ich tue etwas *nolens volens*“?
2. Von welchem berühmten Griechen stammt der Legende nach der Ausspruch: NOLI TURBARE CIRCULOS MEOS. Was bedeutet der Satz?

Der Gesuchte starb während der Eroberung von Syrakus durch die Römer im 2. Punischen Krieg. Der Legende nach war er damit beschäftigt, geometrische Figuren in den Sand zu zeichnen, als die Römer anrückten. Er sei so sehr in seine Aufgabe versunken gewesen, dass er einem heranstürmenden römischen Soldaten oben stehenden Satz entgegengerufen habe. Daraufhin sei er erschlagen worden. Das römische Mosaik zeigt diese Szene.

13 Verba defectiva

Verba defectiva (von *deficere,* fehlen) sind „unvollständige Verben“, weil sie einen Teil ihrer Formen verloren haben. Sie bilden nur die Formen des Perfektstammes, das Perfekt, Plusquamperfekt und Futur II.
Das Besondere der Verba defectiva ist, dass das **Perfekt Präsensbedeutung** hat (z. B. *odi,* ich hasse), das Plusquamperfekt dementsprechend Imperfektbedeutung (z. B. *oderam,* ich hasste) und das Futur II somit die Bedeutung des Futur I (z. B. *odero,* ich werde hassen).

Folgende Verba defectiva kommen häufig vor:

Verba defectiva		
odisse	odi	hassen
meminisse	memini	sich erinnern
cōnsuēvisse v. cōnsuēscere	cōnsuevi	gewohnt sein sich gewöhnen
nōvisse v. nōscere	novi	kennen kennen lernen

Für gewöhnlich werden *consuevisse* und *novisse* als eigene Verben unter den Verba defectiva aufgeführt, obwohl es hier auch einen Präsensstamm gibt: *consuesco,* ich gewöhne mich; *nosco,* ich lerne kennen.

Consuevi und novi sind mit dem Englischen present perfect zu vergleichen, das für Handlungen verwendet wird, die vorbei sind, deren Ergebnis jedoch in der Gegenwart spürbar oder sichtbar ist, z. B. *I have seen him:* Ich habe ihn gesehen (und weiß somit jetzt, wie er aussieht).
Ähnlich im Lateinischen:

Beispiel

Amicos sororis novi.
(Ich habe die Freunde meiner Schwester kennengelernt.)
Ich kenne (nun) die Freunde meiner Schwester.

Präge dir folgendes Konjugationsschema als Beispiel für ein Verbum defectivum gut ein:

Verba defectiva – Perfektstamm mit Bedeutung des Präsensstammes	
Perfektstamm od-	
Perfekt Indikativ Perfekt Konjunktiv	ōdī (ich hasse), ōdistī, (du hasst) usw. cum ōderim (weil ich hasse) usw.
Plusquamperfekt Indikativ Plusquamperf. Konjunktiv	ōderam (ich hasste) usw. ōdissem (ich würde hassen) usw.
Futur II	ōderō (ich werde hassen) usw.
Infinitiv Perfekt	ōdisse (hassen)
Perfektstamm memin-	
Perfekt Indikativ Perfekt Konjunktiv	meminī (ich erinnere mich) usw. cum meminerim (weil ich mich erinnere) usw.
Plusquamperfekt Indikativ Plusquamperf. Konjunktiv	memineram (ich erinnerte mich) usw. meminissem (ich würde mich erinnern) usw.
Futur II	meminerō (ich werde mich erinnern) usw.
Infinitiv Perfekt	meminisse (sich erinnern)
Imperativ*	mementō! (erinnere dich, denk daran!) mementōte! (erinnert euch, denkt daran!)

* Imperativformen bildet nur das verbum defectivum *meminisse*

Zu den Verba defectiva zählen auch die folgenden Wörtchen, die im Lateinischen gerne in eine wörtliche Rede eingeschoben werden:

inquit sagt(e) er
ait sagt(e) er

Beispiel

Caesar milites admonuit: „Mox“, **inquit,** „hostes superaverimus.“
Caesar ermunterte seine Soldaten: „Bald“, **sagte er,** „werden wir die Feinde besiegt haben.“

bung 80 Was bedeutet der folgende oft zitierte Satz?

MEMENTO MORI[1]!

1 mori: sterben

bung 81 Konjugiere jeweils lateinisch und deutsch:

1. *odisse* im Indikativ Plusquamperfekt,
2. *meminisse* im Futur II!

bung 82 Übersetze:

1. Marcus meminit: „Cras“, ait, „avum visitabimus.“
2. Mementote mortuorum!
3. Tiberius imperator cives semper monuit: „Nihil nobis“, inquit, „tanti sit, quanti concordia.“
4. Cum Syracusarum meminimus, etiam de sorte Archimedis (Gen.), viri clari, admonemur.
5. Matrona Romana semper domi esse consueverat.
6. Iam diu Socratem philosophum noveram, antequam Platonem cognovi.
7. Odi hiemem, quia semper frigida est.
8. Bellum omnibus temporibus multos mortuos postulare consuevit.
9. Novissem libenter terras mihi adhuc ignotas.

Die Tiberiusbrücke in Rimini wurde von Kaiser Tiberius im Jahr 21 n. Chr. vollendet und verbindet bis heute die Stadt mit der Vorstadt.

Übung 83 Setze die lateinische Übersetzung folgender Ausdrücke so in die Kästchen ein, dass das Rätsel aufgeht. Zur Hilfe ist schon eines der Worte an der richtigen Stelle eingetragen! Die Buchstaben der nummerierten Kästchen ergeben in der angegebenen Reihenfolge eine lateinische Redewendung!

2 Buchstaben: du, ob, du gehst, mit Gewalt

3 Buchstaben: ich hasse, er sagt, ich möge gehen

4 Buchstaben: seine (Akk. Sing. fem.), er möge brennen (urere), sie seien (mögen sein)

5 Buchstaben: er wird wissen, er kennt, dem Herzen

6 Buchstaben: er sagt, du hasst

7 Buchstaben: er würde hassen

9 Buchstaben: er ist gewohnt, irgendwer (Gen. Pl.), wir würden hassen, erinnert euch!

11 Buchstaben: du bist gewohnt, er wird sich gewöhnen

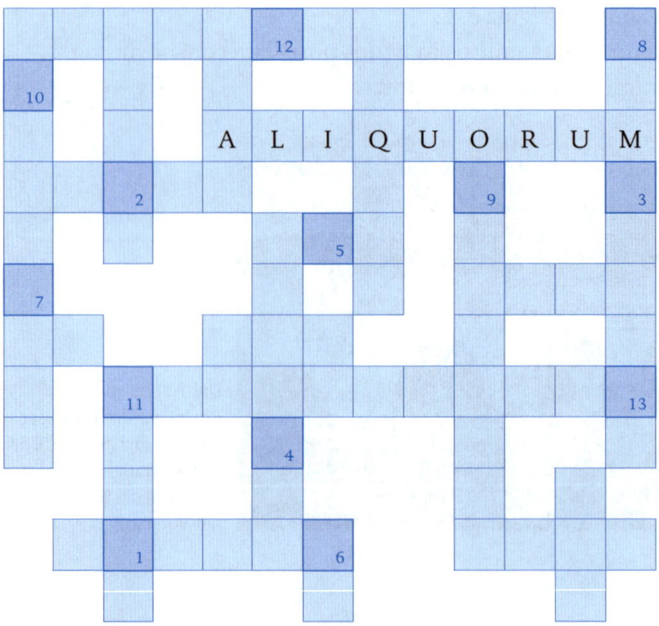

Lösung:

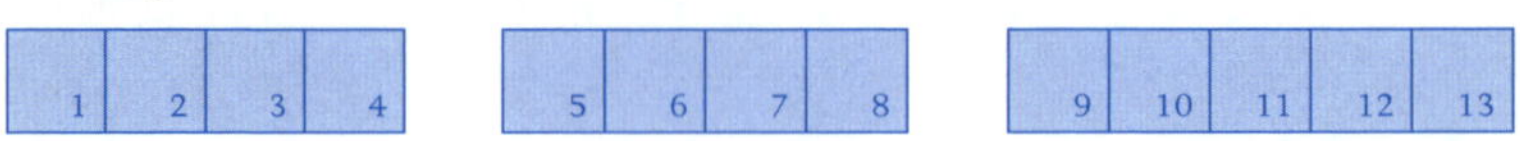

14 Die Modi: Indikativ, Konjunktiv, Imperativ

Das Verb hat bestimmte „Aussageweisen“, die Modi: Wir unterscheiden den **Indikativ**, der Tatsachen einfach wiedergibt, den **Imperativ**, die Befehlsform, und den **Konjunktiv**, der angibt, dass etwas nicht wirklich, vorgestellt, erwünscht ist.

Den Konjunktiv kennst du bisher vor allem im **Nebensatz**. Viele Nebensätze stehen im Konjunktiv, z. B. mit *cum* (als) oder *ut* (dass, damit) eingeleitete Nebensätze.

Auch im **Hauptsatz** spielt der Konjunktiv eine besondere Rolle: Indikativ, Konjunktiv, Imperativ geben an, **wie realitätsbezogen** der Inhalt eines Satzes ist.

Indikativ

Steht das Prädikat in einem unabhängigen Aussagesatz im Indikativ, ist sein Inhalt die sprachliche Wiedergabe einer nicht weiter hinterfragten Wirklichkeit. Es ist etwas geschehen, es geschieht etwas **tatsächlich** oder es ist etwas tatsächlich **beinahe** geschehen, was einfach berichtet wird. Es ist Realität, daher auch die Bezeichnung **Realis:**

Beispiele

Hodie sol nitet, nullas nubes in coelo videmus.
Heute scheint die Sonne, wir sehen (man sieht) keine Wolken am Himmel. **(Tatsache)**

Monachium caput Bavariae est.
München ist die Hauptstadt von Bayern. **(Tatsache)**

Cras avum visitabo.
Morgen werde ich Großvater besuchen. **(Tatsache)**

Merke: Paene te non **vidi.**
Beinahe hätte ich dich nicht **gesehen.** (im Deutschen Konjunktiv!)

Für den Römer sind solche Beinahe-Geschehnisse **Tatsachen** und werden darum im Indikativ ausgedrückt. Im Deutschen betont man, dass es nicht wirklich stattgefunden hat, daher steht im Deutschen hier der Konjunktiv.

Imperativ

Der Imperativ wiederum drückt einen **direkten Befehl** aus:

Beispiele

Tacete, liberi!
Schweigt, Kinder!

Dic mihi, ubi heri fueris!
Sag mir, wo du gestern gewesen bist!

Semper ius et leges servatote!
Immer sollt ihr Recht und Gesetze bewahren!

Konjunktiv

Die Aufgabe des Konjunktivs ist nicht so eindeutig:
Er drückt aus, dass eine Aussage besonders eng mit der persönlichen Einstellung des Sprechers zum Gesagten verbunden ist. Er wird als **Optativ** gebraucht, wenn er einen Wunsch ausdrückt (vgl. *optare,* wünschen).
Zweifelt der Sprecher selbst an der von ihm dargestellten Tatsache, wird der Konjunktiv als **Potentialis** gebraucht, d. h. er drückt aus, dass etwas sein könnte.
Hält der Sprecher die berichtete Tatsache gar für unmöglich, steht der Konjunktiv als **Irrealis**.

Du weißt, die alten Römer waren Leute, die alles im staatlichen und privaten Leben immer genau geregelt haben wollten. Das gilt auch für die Regeln der Sprache: Auch der Optativ, der Potentialis, der Irrealis laufen nach festen grammatischen Regeln ab, die leicht zu beschreiben sind, aber wohl gemerkt sein wollen.

14.1 Der Optativ

Als Optativ (von *optare,* wünschen) drückt der Konjunktiv den **Wunsch** des Sprechers aus, dass die beschriebene Tatsache geschehen möge.
Du hast im 1. Lernjahr Latein schon Bekanntschaft mit dieser Funktion des Konjunktivs gemacht: *laudem*, ich **möge** loben

Der Optativ kann aber auch durch den Konjunktiv Imperfekt, Perfekt oder Plusquamperfekt ausgedrückt werden und beschreibt dann, je nachdem, in welcher Zeit er auftaucht, verschiedene Aspekte des geäußerten Wunsches:

Der Wunsch kann sich auf die **Gegenwart** beziehen:	Utinam me visites. Hoffentlich besuchst du mich!
Er kann sich auf die **Vergangenheit** beziehen:	Utinam sanus domum redieris. Hoffentlich bist du heil nach Hause gekommen!
Er kann **erfüllbar** sein:	Utinam redeas. Hoffentlich kommst du wieder!
Er kann **unerfüllbar** sein:	Ne aeger fuisses! Wenn du doch nicht krank gewesen wärst!

Für jede dieser verschiedenen Möglichkeiten eines Wunsches gibt es im Lateinischen eine eigene Form des Optativs:

Der Optativ

- Meist signalisiert ein einleitendes **Utinam**, dass ein Optativ vorliegt.
- Bei **verneinten Wünschen** steht statt non: **ne**.

Wunsch	Gegenwart	Vergangenheit
erfüllbar	**Konjunktiv Präsens** z. B. **Valeamus** semper, semper felices **simus**. Hoffentlich sind wir immer gesund, immer glücklich!	**Konjunktiv Perfekt** z. B. **Utinam** filius sanus Alexandriam **venerit**. Hoffentlich ist mein Sohn gut nach Alexandrien gekommen!
unerfüllbar	**Konjunktiv Imperfekt** z. B. **Utinam** pater **viveret**. Wenn doch der Vater noch lebte!	**Konjunktiv Plusquamperfekt** z. B. **Utinam** pater in proelio **ne cecidisset**. Wenn doch der Vater in der Schlacht nicht gefallen wäre!

Die Übersetzung des Optativ

- Utinam wird bei **erfüllbaren** Wünschen mit **„hoffentlich"** übersetzt, bei **unerfüllbaren** mit **„wenn doch ...!"**.
- Bei Einleitung des erfüllbaren Optativs mit „hoffentlich" muss im Deutschen der **Indikativ** stehen. Beim unerfüllbaren Optativ steht auch im Deutschen der **Konjunktiv**.

14.2 Der Potentialis

Als Potentialis (vgl. *posse,* können) drückt der Konjunktiv aus, dass man etwas als möglich annimmt, dass also die **Möglichkeit** besteht, dass es so (gewesen) sein **könnte.** Den Potentialis erkennst du am Sinn des Satzes.

Der Potentialis

Gegenwart	Vergangenheit
Konjunktiv **Präsens** oder Konjunktiv **Perfekt (!)** z. B. Nemo fame inductus hominem **necet / necaverit.** Niemand **tötet wohl** einen Menschen aus Hunger.	Konjunktiv **Imperfekt (!)** z. B. Non facile **diceres**, an pater an filius fortior esset. Du **hättest** (man hätte) nicht leicht **sagen können**, ob der Vater oder der Sohn tapferer war.

Beispiele

Id quidem **nollem** te domum meam relinquere.
Das **hätte ich doch nicht wollen können**, dass du mein Haus verlässt.

Haud facile **diceres**, dies an nox esset.
Du hättest (man hätte) nicht leicht **sagen können**, ob Tag oder Nacht war.

Germani procul ab Italia viventes vinum non **noverint**.
Die Germanen, die fern von Italien leben, **kennen** den Wein **wohl** nicht.

14.3 Der Irrealis

Der Irrealis ist dir schon lange bekannt, wenn er auch nicht unter diesem Namen erschien: Du hast seit dem ersten Lateinjahr vom Deutschen ins Lateinische und umgekehrt Konjunktiv Imperfekt mit Konjunktiv Imperfekt und Konjunktiv Plusquamperfekt mit Konjunktiv Plusquamperfekt übersetzt und dabei den Konjunktiv bewusst oder unbewusst als Irrealis gebraucht:

Beispiele

Si magister me laudaret, laetus essem.
Wenn mich der Lehrer loben würde, wäre ich froh.

Si magister me laudavisset, laetus fuissem.
Wenn mich der Lehrer gelobt hätte, wäre ich froh gewesen.

Der Irrealis drückt aus, dass die im Satz enthaltene Tatsache von vorneherein nur eine **Annahme** und **niemals die Wirklichkeit** ist. Der Irrealis beginnt meistens mit *si,* wenn, oder *nisi,* wenn nicht. Die lateinische Konstruktion des Irrealis entspricht dem Deutschen.

Der Irrealis

Gegenwart	Vergangenheit
Konjunktiv **Imperfekt** z. B. Nisi **aeger essem**, te visitare **possem**. Wenn ich nicht krank **wäre**, **könnte** ich dich besuchen.	Konjunktiv **Plusquamperfekt** z. B. Nisi **aeger fuissem**, te visitare **potuissem.** Wenn ich nicht krank **gewesen wäre**, **hätte** ich dich besuchen **können**.

Beispiele

Si pater dives **esset**, mihi equum **emeret**.
Wenn der Vater reich **wäre**, **würde** er mir ein Pferd kaufen.

Si pater dives **fuisset**, mihi equum **emisset**.
Wenn der Vater reich **gewesen wäre, hätte** er mir ein Pferd **gekauft**.
(Der Vater war aber nicht reich.)

14.4 Der Prohibitiv

Ein verneinter Imperativ ist ja ein Wunsch, wenn auch ein negativer. Der Sprecher wünscht, dass jemand etwas nicht tut, er will ihn also davon abhalten, etwas zu tun. Man nennt den verneinten Imperativ daher **Prohibitiv** (von *prohibere,* abhalten).

Beim verneinten Imperativ tritt meist der Konjunktiv an die Stelle des Imperativs.

> Der verneinte Imperativ wird ersetzt durch **ne + Konjunktiv Perfekt (!).** Man nennt diesen Modus **Prohibitiv.**
> z. B. **Ne** tac**ueritis**! Schweigt nicht!

Beispiele

Ne te ipsum lauda**veris**!	Lobe dich nicht selbst!
Ne visita**veritis** me!	Besucht mich nicht!
Ne semper solum de te di**xeris**!	Sprich nicht immer nur von dir!

Übung 84 Welchen Modus erkennst du in folgendem Sprichwort? Schreibe zu jedem Verb den jeweiligen Modus und übersetze!

QUIDQUID AGIS, PRUDENTER AGAS ET RESPICE FINEM!

Übung 85 Übersetze die folgenden Sätze und gib jeweils an, ob ein Optativ, ein Potentialis oder ein Irrealis vorliegt.

1. Utinam parentes meos numquam reliquissem.
2. Amici te semper ament, inimici te oderint.
3. Si te vidissem, te increpuissem.
4. Deis bonis tantum homines boni placeant.
5. Wenn ich nicht arbeiten würde, könnte ich nicht leben.
6. Wer wüsste das nicht?
7. Wenn wir doch alle unsterblich wären!
8. Amicus Romam venerit, eum videam.

15 Der Finalsatz

Der Finalsatz ist ein Nebensatz, der den **Zweck** oder das **Ziel** einer Handlung ausdrückt. Er wird im Lateinischen mit ***ut* + Konjunktiv** (damit, um … zu) oder ***ne* + Konjunktiv** (damit nicht, um nicht … zu), eingeleitet.

> Der **Finalsatz** gibt **Zweck** oder **Ziel** einer Handlung an.
> Er wird mit **ut (damit, um … zu)**
> oder **nē (damit nicht, um nicht … zu)**
> eingeleitet und zieht den **Konjunktiv** nach sich.

Beispiele

Medicum vocamus, **ut** avum sanet.
Wir rufen den Arzt, **damit** er den Großvater heilt.

Aviam visito, **ut** eam delectem.
Ich besuche die Großmutter, **um** sie **zu** erfreuen.

Amicum adiuvamus, **ne** desperet.
Wir helfen dem Freund, **damit** er **nicht** verzweifelt.

15.1 Finalsatz nach Verben des Bittens und Wünschens

Da der Finalsatz ein **Ziel** angibt, also einen **Wunsch** ausdrückt (wir wünschen, dass wir ein Ziel erreichen), kann ein finaler *ut*-Satz oder *ne*-Satz natürlich auch nach Verben des Bittens und Wünschens stehen.

Beispiele

Oro te, **ut** mihi pecuniam des.
Ich bitte dich, dass du mir Geld gibst.

Oro te, **ne** in Italiam eas.
Ich bitte dich, dass du nicht nach Italien gehst (nicht nach Italien zu gehen).

Optamus, **ut** omnes homines beati sint.
Wir wünschen uns, dass alle Menschen glücklich sind.

Semper homines optabant, **ne** mortem obire deberent.
Immer wünschten sich die Menschen, dass sie nicht sterben müssten.

15.2 Finalsatz nach Verben des Hinderns und Fürchtens

Folgende Regel musst du dir gut merken:
Nach Verben des Hinderns und Fürchtens steht ein Nebensatz mit ***ne*** im Sinne von **dass** und ***ne non*** im Sinne von **dass nicht**.

Finalsatz nach Verben des Hinderns und Fürchtens

Nach Verben des Hinderns (wie arcere, prohibere) sowie
nach Verben des Fürchtens (wie timere, metuere)
bedeutet **nē: „dass“,**
nē nōn: „dass nicht“.

Beispiele

Timebam, ne non adesses.
Ich fürchtete, **dass** du **nicht** da seist.

Canem **prohibeo, ne** me mordeat.
Ich halte den Hund davon ab, **dass** er mich beißt.

Zu dieser umgekehrten Verwendung von *ne* nach den Verben des Hinderns und Fürchtens kommt es folgendermaßen:
Der Gedanke, der hinter dem obigen Satz steht, ist:

Canis ne me mordeat.
Der Hund soll mich nicht beißen.

Im Lateinischen wird also – anders als im Deutschen – nach Verben des Hinderns und Fürchtens im Finalsatz ausgedrückt, dass das Befürchtete bzw. zu Verhindernde **nicht passieren soll** *(**ne** me mordeat):*

Timeo, ne canis me mordeat.
Ich fürchte, **dass** mich der Hund beißt.

Übung 86 Übersetze die folgenden Sätze ins Lateinische!

1. Ich arbeite, damit ich den Lehrer erfreue.
2. Wir arbeiten, damit uns der Lehrer nicht schimpft[1]. 1 schimpfen: increpare
3. Wir gingen in die Stadt, um uns die neuen Waren[2] anzusehen (damit ... wir uns ansahen). 2 die Ware: merx, mercis, f.

4. Die Römer brachten den Göttern Opfertiere dar, um im Kampf gegen die Germanen Sieger zu sein.
5. Die Priester bewachten das Gold, damit es nicht von den Feinden geraubt wurde.

bung 87 Ergänze die fehlende Nebensatzkonjunktion und übersetze dann die Sätze!

1. Natura optat, ________ (dass nicht) homines cupiditatibus imperentur.
2. Caesar postulavit, ________ (dass) hostes se traderent sine conditionibus.
3. Cleopatra Caesari persuaserat, ________ (dass nicht) officiorum memor esset, ________ (dass) secum in Alexandria maneret.
4. Libertus* dominum rogavit, ________ (dass) se pecunia adiuvaret.
   * libertus, -i: der Freigelassene
5. Nos omnes deos oramus, ________ (dass nicht) amici in bello crudeli pereant.
6. Dei prohibeant, ________ (dass) amici in bello crudeli pereant.
7. Timebamus, ________ (dass) amici in bello crudeli perirent.

links: Büste der Kleopatra (69–30 v. Chr.)

rechts: Gaius Iulius Caesar (100–44 v. Chr.), Tusculum, Turin.

ung 88 Übersetze:

1. Ich fürchte, dass ich den Großvater nicht mehr sehen werde.
2. Wir beeilen uns, dass wir den Großvater sehen.
3. Ich fürchtete, dass wir den Dieb nicht würden fangen können.
4. Wir hinderten den Dieb daran, sich aus dem Dorf zu retten.

16 Der Konsekutivsatz

Der Begriff Konsekutivsatz leitet sich ab von *consequi,* folgen, denn der Konsekutivsatz gibt die **Folge** einer Handlung an (ich verhalte mich **so, dass** etwas als Folge eintritt). Erinnere dich dagegen an den Finalsatz: er gibt das Ziel einer Handlung an (ich tue etwas, damit ich etwas erreiche).

Der konsekutive Nebensatz wird mit ***ut*** (sodass) oder ***ut non*** (sodass nicht) **+ Konj.** eingeleitet. Verwechsle ihn nicht mit dem Finalsatz, der mit *ut/ne* im Sinne von „damit (nicht) / um (nicht) … zu" eingeleitet wird!

Wie der Finalsatz steht auch der Konsekutivsatz im **Konjunktiv**.

Der **Konsekutivsatz** gibt die **Folge** einer Handlung an.
Er wird mit **ut, (so)dass**,
oder **ut nōn, (so)dass nicht**,
eingeleitet und zieht den **Konjunktiv** nach sich.

Auf den **Konsekutivsatz** weist häufig ein **tam, ita, sīc: „so"** im Hauptsatz hin. Fehlt dieses „so" im Hauptsatz, ist es im Deutschen oft günstig, es im Nebensatz einzufügen.

Beispiel

Larisa nocte domi non fuerat, **ut** furem videre non po**sse**t.
Larisa war in der Nacht nicht zu Hause gewesen, **sodass** sie den Dieb nicht sehen konnte.

Nemo **ita** imperat, **ut** omnes beati s**i**nt.
Niemand herrscht **so, dass** alle glücklich sind.

Roma **tam** clara est, **ut** libenter visit**e**tur.
Rom ist **so** schön, **dass** es gerne besucht wird.

Übung 89 Übersetze folgende Sätze ins Deutsche!

1. Puella tam audax erat, ut etiam nocte per urbem ambularet.
2. Avia fabulam tristem narravit, ut pueri et puellae lacrimarent.
3. Canis periculosus est, ut omnes vicini eum timeant.
4. Canis carus est, ut eum nemo timeat.
5. Nonnulli homines tam cupidi pecuniae sunt, ut etiam scelus non vereantur*.
   * sie scheuen
6. Puella sic flebat, ut omnes eam delectare studerent.

bung 90 Übersetze:

Hannibal zögert zu lange

1. Hannibal ad Cannas[1] properaverat, ut Romanos ibi vinceret.

   1 Cannae, Cannarum, f.: die Stadt Cannae

2. Quia post victoriam sperabat socios a Romanos deficere, statim Romam ire nolebat.
3. Romani autem sibi dicebant: „Melius est, ne de salute desperemus. Fortuna fortem adiuvat.
4. Decet nos omnes labores subire, ne ab hostibus subigamur.
5. Malumus interire quam Hannibali servire."
6. Cum socii autem Romanis fidem servarent, Hannibal in magna inopia erat.
7. Cum denique Romam iret, ut urbem expugnaret, ei magno detrimento erat, quod diu exspectaverat.
8. Romani enim tot milites interea delegerant, ut Hannibalem facile arcere possent.
9. Legatus[2] Hannibalis dixit: „Vincere scis, Hannibal, sed victoria uti nescis."

   2 legatus, -i *hier:* General

Im ersten punischen Krieg erbeutete der römische Feldherr Metellus bei der Rückeroberung Palermos 100 Elefanten. Sein Sieg ist auf dieser römischen Münze verewigt.

Hannibal wurde mitten im ersten punischen Krieg geboren. Sein Vater Hamilkar war zu dieser Zeit Befehlshaber über die karthagischen Truppen in Sizilien. Hannibal führte die Karthager im zweiten punischen Krieg an.
Dieser karthagische Silberschekel zeigt Hannibal auf der einen, einen Elefanten auf der anderen Seite.

17 Die Infinitivformen

Beim Infinitiv spielt wie beim Partizip die **Zeitenfolge** (Consecutio temporum) eine wichtige Rolle. Achte also darauf, ob der Infinitiv sich auf die Gegenwart bezieht, in die Vergangenheit zeigt oder in die Zukunft weist.

17.1 Infinitiv Präsens

Den Infinitiv Präsens **Aktiv** kennst du schon lange:

Beispiele

laudā**re**	(zu) loben	audī**re**	(zu) hören
monē**re**	(zu) mahnen	reg**ere**	(zu) leiten

Vertauschst du die aktive Infinitivendung *-re* durch **-(r)i**, bist du im **Passiv**:

Beispiele

laudā**rī**	gelobt (zu) werden	audī**rī**	gehört (zu) werden
monē**rī**	gemahnt (zu) werden	reg**ī**	geleitet (zu) werden

17.2 Infinitiv Perfekt

Der Infinitiv Perfekt **Aktiv** wird mit dem Perfektstamm des Verbs gebildet:

Beispiele

laudā-v-**isse**	gelobt (zu) haben
mon-u-**isse**	gemahnt (zu) haben
audī-v-**isse**	gehört (zu) haben
rēx-**isse**	geleitet (zu) haben

Wie alle Passivformen im Perfektstamm ist auch der Infinitiv Perfekt **Passiv** aus dem Partizip Perfekt Passiv und einer Form von *esse,* hier eben dem Infinitiv *esse,* zusammengesetzt:

Beispiele

laudā**tum, -am, -um esse**	gelobt worden zu sein
mónit**um, -am, -um esse**	gemahnt worden zu sein
audī**tum, -am, -um esse**	gehört worden zu sein
rēc**tum, -am, -um esse**	geleitet worden zu sein

17.3 Infinitiv Futur

Auch der Infinitiv Futur **Aktiv** besteht aus einer zusammengesetzten Form: Das PFA in Verbindung mit *esse* ergibt den Infinitiv Futur Aktiv.

Beispiele

laudā**tūrum, -am, -um esse**	loben zu werden / wollen
moni**tūrum, -am, -um esse**	mahnen zu werden / wollen
audī**tūrum, -am, -um esse**	hören zu werden / wollen
rēc**tūrum, -am, -um esse**	leiten zu werden / wollen

Der Infinitiv Futur **Passiv** kommt selten vor: Er ist aus dem „Supin" (einer Form, die aussieht wie das PPP auf *-(t)um*) und dem Infinitiv Präsens Passiv von *ire,* nämlich *iri* zusammengesetzt.

Beispiele

laudā**tum īrī**	in Zukunft gelobt zu werden
mónit**um īrī**	in Zukunft gemahnt zu werden
audī**tum īrī**	in Zukunft gehört zu werden
rēc**tum īrī**	in Zukunft geleitet zu werden

17.4 Tabellarische Übersicht

Die sechs Infinitive

	Aktiv		Passiv	
Präs.	laudā-r-**e**	loben	laudā-r-**ī**	gelobt werden
Perf.	laudā-v-**isse**	gelobt haben	laudā-**tum esse**	gelobt worden sein
Fut.	laudā-**tūrum esse**	loben werden	laudā-**tum īrī**	zukünftig gelobt werden

Übung 91 Setze folgende Verben in die Passiv-Infinitive!

	Inf. Präsens Passiv	Inf. Perfekt Passiv	Inf. Futur Passiv
1. administrare			
2. domare			
3. dare			
4. delere			
5. flere			
6. videre			
7. ridere			
8. reperire			
9. invenire			
10. saepire			

Übung 92 Schreibe zu den aktiven Infinitivformen im Präsens auch die aktiven Infinitivformen im Perfekt und Futur auf:

Inf. Präs. Aktiv	Inf. Perfekt Aktiv	Inf. Futur Aktiv
1. administrare		
2. domare		
3. dare		
4. delere		
5. flere		
6. videre		
7. ridere		
8. reperire		
9. invenire		
10. saepire		

18 Der Accusativus cum Infinitivo: Der AcI

Der AcI ist eine sehr häufige lateinische Satzkonstruktion, deren Grundbestandteile ein **Akkusativ** und ein **Infinitiv** sind (daher AcI: Accusativus cum Infinitivo).
Ein AcI wird dir in Zukunft fast in jedem 2. Satz begegnen, also präge dir seine Konstruktion gut ein!

18.1 Die Konstruktion des AcI

Nach Verben des Sprechens, des Wahrnehmens (z. B. hören, sehen ...), des Denkens und Fühlens steht im Lateinischen der AcI.

Die Konstruktion des AcI	
Der AcI ist eine **satzartige Konstruktion** aus einem Akkusativ und einem Infinitiv, die von einem übergeordneten Verb des Sprechens, Wahrnehmens, Denkens oder Fühlens abhängig ist.	Marcum venire scio.
Wiedergabe im Deutschen:	
Aus dem AcI wird ein mit **„dass"** eingeleiter Nebensatz: Der **Akkusativ** wird zum **Subjekt** des „dass"-Satzes, der **Infinitiv** wird zum **Prädikat** des „dass"-Satzes.	Ich weiß, dass Markus kommt.

Wie jeder Satz kann auch das satzartige Gebilde AcI beliebig erweitert werden:

Beispiele

Feminam **pulchra voce** cantare audiebamus.
Wir hörten, dass die Frau **mit schöner Stimme** sang.

Cogito interdum Rufum **quoque** asinum esse.
Ich denke manchmal, dass **auch** Rufus ein Esel ist.

Vorgehensweise beim Übersetzen des AcI

1. Zuerst übersetzt du immer den **Hauptsatz,** von dem der AcI abhängt.
2. Beim Abfragen des AcI suchst du dann als erstes nach dem **Akkusativ** und dem **Infinitiv** und übersetzt dieses Grundgerüst (**dass-Satz!**).
3. Du fragst von diesem Grundgerüst ausgehend die **übrigen Satzglieder** ab.

Beispiele

Panaetius Stoicus dixit animas hominum post mortem non interire.

1. Schritt: Der Stoiker Panaetius sagte, ...

2. Schritt: **animas ... non interire**: dass die Seelen ... nicht zugrunde gehen.

3. Schritt: Der Stoiker Panaetius sagte, dass die Seelen der Menschen nach dem Tod nicht zugrunde gehen.

Iam pugnam ineuntes Galli sciebant se infirmiores esse quam Romanos.

1. Schritt: Schon bei Beginn des Kampfes wussten die Gallier, ...

2. Schritt: **se ... esse**: dass sie ... waren.

3. Schritt: Schon bei Beginn des Kampfes wussten die Gallier, dass sie schwächer als die Römer waren.

18.2 Die Zeitenfolge beim AcI

Der Infinitiv Präsens bezieht sich auf die Gegenwart, der Infinitiv Perfekt zeigt in die Vergangenheit und der Infinitiv Futur weist in die Zukunft.

Die Zeitenfolge beim AcI

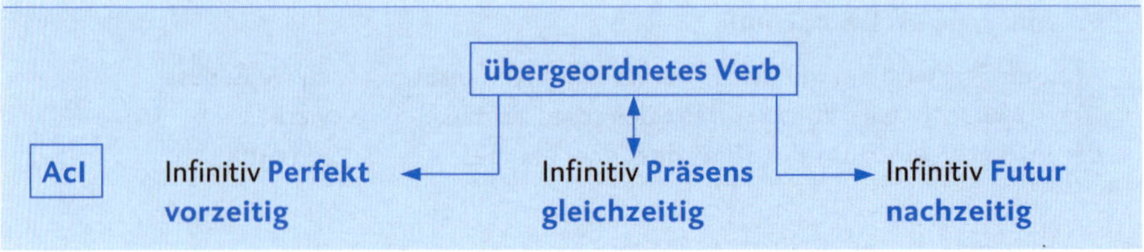

Infinitiv Präsens

Infinitiv Präsens signalisiert **Gleichzeitigkeit** mit dem übergeordneten Verb:

Vid**e**mus convivam **venire**.	Vid**i**mus convivam **venire**.
Wir **sehen, dass** der Gast **kommt**.	Wir **sahen, dass** der Gast **kam**.

Infinitiv Futur

Der Infinitiv Futur signalisiert **Nachzeitigkeit** (etwas geschieht erst danach) gegenüber dem übergeordneten Verb:

Audivimus convivas postero anno nos **visitaturos esse**.
Wir haben gehört, dass die Gäste uns im nächsten Jahr **besuchen werden**.

Cicero gaudet se brevi tempore patriam **visurum esse**.
Cicero freut sich, dass er bald das Vaterland **wiedersehen wird**.

Infinitiv Perfekt

Der Infinitiv Perfekt signalisiert **Vorzeitigkeit** (etwas geschah schon vorher) gegenüber dem übergeordneten Verb:

Audimus convivas iam antea **venisse**.
Wir hören, dass die Gäste schon vorher **gekommen sind**.

Claudia nuntiavit amicos domum **isse**.
Claudia meldete, dass die Freunde nach Hause **gegangen waren**.

Übung 93 Übersetze folgende Sätze ins Lateinische, wobei du genau auf die Zeitenfolge achtest:

1. Ich höre dich lachen.
2. Ich hörte dich rufen.
3. Wir freuen uns, dass der Großvater vom Arzt geheilt worden ist.
4. Wir freuen uns, dass du den Großvater bald besuchen wirst.
5. Du denkst, dass du vieles (Pl.) gesehen hast und siehst und sehen wirst.
6. Ich glaubte, dass du (weibl.) schön bist.
7. Er sieht, dass die Kinder gut gearbeitet haben.
8. Die Sklavin meldet dem Herrn, dass seine Eltern angekommen sind.
9. Wir glauben, dass wir euch bald sehen.
10. Es steht fest, dass ihr zu Hause wart.
11. Ich hoffe, dass du zu Hause sein wirst, wenn ich dich besuchen werde.
12. Ich hoffe, dass ich vom Lehrer (in Zukunft) nicht getadelt werde.

Wenn du den letzten Satz richtig übersetzt hast, gehörst du in die lateinische „Oberliga"!

Übung 94 Übersetze ins Deutsche!

1. Multi Caesarem maximum imperatorem fuisse putant.
2. Cur me stupidum esse dixisti?
3. Socrates docebat animam deleri non posse et semper victurum esse.
4. Quamquam scio omnes homines mortales esse, de vita me desperare non licet.
5. Praestat homines iniuriam accipere quam facere.

18.3 Das Pronomen im AcI

Beim AcI ist es auch wichtig, genau auf die verwendeten Pronomina zu achten.

Das Pronomen im AcI

Haben übergeordneter Satz und AcI **dasselbe Subjekt**, d. h. bezieht sich das Pronomen im AcI auf das übergeordnete (sprechende, wahrnehmende, denkende, fühlende) Subjekt, dann steht im AcI das **Reflexivpronomen se**, das „rückbezügliche“ Pronomen:

Reflexivpronomen se: Bezug auf das **Subjekt** des **übergeordneten Satzes**:

Mater dixit **se** venire. Die Mutter sagte, dass **sie (selbst)** komme.

Haben übergeordneter Satz und AcI **verschiedene Subjekte**, so stehen im AcI die Akkusativformen des **Personalpronomens** der 3. Person **is, ea, id** (eum, eam, id, eos, eas, ea).

Pronomina der 3. Person: z. B. **eum, eam, id, eos, eas, ea**: **kein Bezug** auf das übergeordnete Subjekt:

(Omnes aviam expectabant. Alle erwarteten die Oma.)
Mater dixit **eam** venire. Die Mutter sagte, dass **sie (die Oma)** komme.

Beispiele

Iam antea sciverant **se** infirmiores esse.
Sie hatten schon vorher gewusst, dass **sie (selbst)** schwächer waren.

Iam antea sciverant **eos** infirmiores esse.
Sie hatten schon vorher gewusst, dass **sie (die anderen)** schwächer seien.

Cicero gaudebat **se** brevi tempore patriam visurum esse.
Cicero freute sich, **dass er (selbst)** bald die Heimat wiedersehen würde.

Cicero gaudebat **eum** brevi tempore patriam visurum esse.
Cicero freute sich, dass **er (der Freund)** bald die Heimat wiedersehen würde.

Übung 95 Übersetze folgende Sätze ins Lateinische!

1. Cicero wusste, dass er der beste Redner Roms war.
2. Cicero wusste, dass er (Hortensius) kein* besserer Redner war als er (selbst).

* übersetze: nicht (ein)

Übung 96 Im folgenden zusammenhängenden Text spielt der AcI eine wichtige Rolle. Gehe folgendermaßen vor:

- Wo steckt ein **AcI**? Unterstreiche zuerst alle deutschen dass-Sätze nach Verben des Sprechens, Wahrnehmens, Denkens und Fühlens und die lateinischen AcI-Konstruktionen! (AcI)
- Notiere, welches **Zeitverhältnis** vorliegt! (ZV)
- **Übersetze**! (Ü)

Der trojanische Krieg

1. Der Lehrer fragt die Schüler, wer über den Trojanischen Krieg erzählen könne.
2. Sofort (sagt) Claudia: „Ich weiß, dass ein Streit der Göttinnen den Krieg eröffnet hat.
3. Als nämlich Juno, Venus und Minerva um den Preis[1] der Schönheit stritten, hat Paris[2] entschieden, dass Venus die schönste[3] Göttin sei.“ **1** = Belohnung; **2** Paris, Paridis; **3** pulcherrimus, -a, -um

Paris sollte als Schiedsrichter der schönsten Göttin einen Apfel reichen. Er gab ihn der Venus, weil ihm diese eine attraktive Belohnung versprach:

4. Nunc Benedictus: „Itaque Venus Paridi spopondit se ei mulierem pulcherrimam daturum esse.“
5. „Ea erat Helena“, Catharina inquit, „uxor Menelai, regis Lacedaemoniorum.
6. Constat Helenam a Paride Troiam deductam Graecos ad bellum commovisse.“
7. Sed Simo: „Non ignoramus tum etiam deos pugnae interfuisse.
8. Venus autem pugnam iniens violata est.“

Bronzene Venus aus dem Weißenburger Schatzfund, in der Hand hält sie den von Paris überreichten Apfel.

Übung 97

Das üben wir gleich noch einmal! Gehe wieder genauso vor:

- Unterstreiche zuerst alle lateinischen **AcI-Konstruktionen**! (AcI)
- Notiere, welches **Zeitverhältnis** vorliegt! (ZV)
- **Übersetze**! (Ü)

Herakles (der griechische Name für den sagenhaften Held Herkules) und die stymphalischen Vögel. Griechische Vase, British Museum

Hercules und die stymphalischen Vögel

1. Multos labores Hercules iam subierat, cum Eurystheus* ei novum opus imperaret. * Eurystheus, -i: der Cousin und Feind des Hercules, der König von Mykene
2. Eurystheus virum fortem aves ad lacum Stymphalum habitantes superare iussit.
3. Fama est has aves a Marte deo educatas esse.
4. Nonnulli scriptores narrant aves Stymphalias pennas suas velut sagittas iactavisse.
5. Etiam narrant saepe magnam multitudinem avium ut nubem atram caelum et solem occultavisse.
6. Cum autem homines necavissent, aves eos devoravisse scriptor quidam narrat.

Übung 98

Noch eine kleine abschließende Übung zum AcI:
Verbinde mithilfe eines AcI zwei Sätze jeweils zu einem einzigen Satz:

1. Constat: Hercules vir fortis fuit.
2. Avus narrat: „Omnes labores ab Hercule finiti sunt".
3. Speramus: „Mox frater venit. "
4. Nonne vides? Plantae sole delentur.
5. Cicero spopondit: (Ego) Catilinam superabo.
6. Femina putabat: Hac nocte dormire non potero.
7. Romani sciebant: Domini orbis terrarum sumus.

19 Der Nominativus cum Infinitivo: Der NcI

Der AcI drückt eine Tatsache, einen Gedanken, ein Gefühl oder eine Äußerung einer Person aus. Wird die Person, die etwas sagt, denkt oder fühlt, nicht genannt, tritt das betreffende Verb ins Passiv und der Accusativus cum Infinitivo verwandelt sich in einen **Nominativus cum Infinitivo.** Der AcI wird zum **NcI.**

Beispiel

AcI: Senatus Caesarem imperatorem e Gallia redire iussit.
Der Senat befahl, dass der Feldherr Caesar aus Gallien zurückkehre.

NcI: Caesar imperator e Gallia redire iussus est.
Dem Feldherrn Caesar wurde befohlen, aus Gallien zurückzukehren.

Der Akkusativ des AcI *(Caesarem imperatorem)* ist zum Nominativ *(Caesar imperator)* geworden. Er bestimmt so als neues Subjekt das Prädikat des Hauptsatzes, das jetzt im Passiv steht *(iussus est).*

		Akkusativ	
AcI:	**Senatus**	Caesarem imperatorem e Gallia redire	**iussit.**
	Subjekt		Prädikat
		Nominativ	
NcI:	–	**Caesar imperator** e Gallia redire	**iussus est.**
		Subjekt	Prädikat im **Passiv**

Der NcI lässt sich wörtlich nicht in korrektes Deutsch übersetzen. Du musst freier übersetzen, da im Deutschen anders als im Lateinischen bei diesen Verben keine persönliche Konstruktion möglich ist. Oft eignet sich die Übersetzung mit dem unpersönlichen **„man“:**

Beispiel

Animae hominum post mortem non interire dicebantur.
Man sagte, dass die Seelen der Menschen nach dem Tod nicht zugrunde gehen.

Der Nominativus cum Infinitivo (NcI)

Konstruktion:
Bei Verben, die im Aktiv mit dem AcI verbunden werden, tritt an die Stelle des AcI ein NcI, wenn das betreffende **Verb im Passiv** steht.

AcI: Quidam Caesarem Galliam occupavisse tradunt.

NcI: **Caesar** Galliam occupavisse **traditur.**

Wiedergabe im Deutschen:
Das übergeordnete Verb wird **unpersönlich** übersetzt. Aus dem NcI wird ein mit **„dass"** eingeleiter Nebensatz: Der **Nominativ** ist **Subjekt** des „dass"-Satzes, der **Infinitiv** wird zum **Prädikat** des „dass"-Satzes.

Es wird überliefert (Man überliefert), **dass** **Caesar** Gallien besetzt hat.

Präge dir folgenden häufig vorkommenden Wendungen mit NcI gut ein:

Häufige Wendungen mit NcI

traditur (oder **traduntur**)	es wird überliefert, dass …
fertur (oder **feruntur**)	es wird überliefert, dass …

Beispiele

Hannibal hieme Alpes transisse traditur.
Es wird überliefert, dass Hannibal im Winter die Alpen überschritten hat.

Germani etiam hieme in fluviis lavari feruntur.
Es wird berichtet, dass die Germanen auch im Winter in den Flüssen baden (wörtlich: sich waschen).

Wenn du die noch einfachere Übersetzungsmöglichkeit mit **„sollen"** wählst, kannst du dir den „dass-Satz" sparen:

Beispiele

Hannibal **soll** im Winter die Alpen überschritten haben.
Die Germanen **sollen** auch im Winter in den Flüssen baden.

Übung 99 Probiere die Übersetzung mit „sollen“ an folgendem berühmten Satz des Dichters Horaz aus:

GRAECIA CAPTA FERUM VICTOREM CEPISSE TRADITUR.

bung 100 Übersetze folgende AcI-Sätze ins Deutsche!

1. Incolae Miseni nubes atras in coelo convolvi videbant.
2. Caesar iussit milites pontem aedificare.
3. Multi scriptores dicunt Homerum poetam caecum fuisse.
4. Livius scribit Hannibalem exercitu magno media hieme Alpes transisse.
5. Horatius poeta narrat se ruri beatissimum esse.
6. Augustum imperatorem mores maiorum renovavisse Velleius Paterculus tradit.
7. Avus nobis scripsit aviam a medico morbo gravi liberatam esse.

Die Statue des Octavian, des Kaisers Augustus, von Prima Porta bei Rom, 17 n. Chr. Vorerst war „Augustus“ nur ein Titel mit der Bedeutung „der Erhabene“, der vom Senat an Gaius Octavianus, den Adoptivsohn Caesars, verliehen wurde. Der Titel entwickelte sich dann zum römischen Synonym des Wortes Kaiser.

bung 101 Verwandle nun die AcI-Sätze aus Übung 100 in NcI-Sätze, indem du jeweils das Subjekt des Hauptsatzes weglässt.

Vorsicht:

- Der Akkusativ des AcI muss zum Nominativ, zum Subjekt des übergeordneten Satzes werden.
- Das Hauptverb musst du ins Passiv umformen.

Übersetze die NcI-Sätze ins Deutsche!

20 Die Partizipien

Die Partizipien PPA (Partizip Präsens Aktiv) und PPP (Partizip Perfekt Passiv) kennst du schon aus dem ersten Lernjahr Latein. Das dritte Partizip ist das PFA, das Partizip Futur Aktiv.

Aktiv			Passiv		
PPA	Partizip Präsens Aktiv laudā**ns**, laud**antis**	lobe**nd**	**PPP**	Partizip Perfekt Passiv laudā**tus, -a, -um**	**ge**lob**t**
PFA	Partizip Futur Aktiv laudā**tūrus, -a, -um**	**im Begriff zu** loben			

20.1 Das Partizip Futur Aktiv (PFA)

Vom Partizip Perfekt Passiv (PPP) ist der Sprung ins Partizip Futur Aktiv (PFA) ganz leicht: Du ersetzt die Endung *-tus, -a, -um* einfach durch *-tūrus, -a, -um.*

Das Partizip Futur Aktiv (PFA)

Die Bildung des PFA

Das **PFA** hat immer die Endung **-(t)ūrus, -(t)ūra, -(t)ūrum**, folgt also der a- und o-Deklination.

Du bildest das PFA, indem du die PPP-Endung -(t)us, -a, -um durch die PFA-Endung -tūrus, -a, -um ersetzt:

laudā-tūrus, -a, -um	audī-tūrus, -a, -um	cap-tūrus, -a, -um
moni-tūrus, -a, -um	rēc-tūrus, -a, -um	

Die Übersetzung des PFA

Das PFA drückt die Eigenschaft einer Person aus, die im Begriff ist, gleich etwas zu tun, die gleich etwas tun wird oder will.

magister laudā**tūrus**	der Lehrer,	der **im Begriff ist** zu loben, der **die Absicht hat** zu loben, der loben **will**
māter moni**tūra**	die Mutter,	die **im Begriff** ist zu ermahnen, die **die Absicht hat** zu ermahnen, die ermahnen **will**

Beispiel

Caesar Galliam **expugnaturus** multas legiones paravit.
Caesar, der Gallien **erobern wollte** (der die Absicht hatte, Gallien zu erobern), stellte viele Legionen bereit.

Schön ist die freiere Übersetzung:
In der Absicht, Gallien zu erobern, stellte Caesar viele Legionen bereit.

20.2 Die Zeitenfolge der Partizipien

Merke dir gut, welches Zeitverhältnis die Partizipien ausdrücken:

Die Zeitenfolge der Partizipien

Aktiv	Passiv
Das **PPA** (Präsens!) bezieht sich auf die **Gegenwart**, es drückt **Gleichzeitigkeit** aus. Mater filias bellas specta**ns** laeta est. Die Mutter, die ihre hübschen Töchter **sieht**, ist froh (freut sich). = Die Mutter sieht ihre hübschen Töchter **und** freut sich. Die Handlung des PPA und die des Prädikats geschehen gleichzeitig.	Das **PPP** (Perfekt!) weist in die **Vergangenheit**, es drückt **Vorzeitigkeit** aus. Filiae a matre vitupera**tae** fleverunt. Die Töchter, die von der Mutter getadelt **worden sind**, haben geweint. = **Erst** sind die Töchter getadelt worden, **dann** haben sie geweint. Die Handlung des PPP geschieht **vor** der Handlung des Prädikats.
Das **PFA** (Futur!) weist in die **Zukunft**, es drückt **Nachzeitigkeit** aus. Mater filias donis delec**tura** per urbem ambulabat. Die Mutter, die ihre Töchter mit Geschenken erfreuen **wollte** (die **im Begriff war**, die Mädchen zu erfreuen), spazierte durch die Stadt. Wenn die Mutter aus der Stadt zurück ist, wird sie die Töchter mit Geschenken erfreuen. Die Handlung des PFA geschieht **nach** der Handlung des Prädikats.	

Übung 102 Bilde das PPA, das PPP, das PFA (mit deutscher Übersetzung) von den Verben in folgender Tabelle.

	PPA	PPP	PFA
necare töten	necans tötend	necatus, -a, -um getötet	necaturus, -a, -um im Begriff zu töten
videre			
scire			
emere			
facere			
domare			
miscere			
vincire			

Übung 103 Setze folgende Ausdrücke ins Lateinische!

1. das lachende Mädchen
2. die die Toten beweinenden Mütter
3. die getöteten Soldaten
4. die Gallier, die im Begriff sind, Rom zu erobern
5. die vom Herrn ermahnten Hunde
6. die Hunde, die den Dieb packen wollen

Übung 104 Übersetze ins Deutsche!

1. pater industriam filiorum videns
2. filii a patre propter industriam saepe laudati
3. pater eos donis delectaturus
4. mater praemia paratura

21 Das Participium coniunctum

In deutschen Sätzen kommt die Partizipialkonstruktion kaum vor, der Römer aber liebt sie, weil sie seinem Hang zur kurzen Rede entgegenkommt.
Der Begriff Participium coniunctum kommt von *coniungere,* verbinden, zusammenführen. Das Participium coniunctum ist stets verbunden mit einem Satzglied, das es näher beschreibt.

Beispiel

Puellae **cantantes** in horto ambulant. (PPA)
Die Mädchen gehen **singend** im Garten spazieren.

21.1 Die Übersetzung des Participium coniunctum

Merke dir folgende Vorgehensweise bei der Übersetzung:

Die Übersetzung von Partizipialausdrücken

1. Du **markierst** das im Satz stehende Partizip und **bestimmst** es (PPA, PPP, PFA).
2. Anhand der **Endung** stellst du fest, welches **Bezugswort** das Partizip hat, ob es sich also auf das Subjekt des Satzes (puell**ae** … visitatur**ae**) oder auf ein Objekt des Satzes bezieht (puell**as** … visitatur**as**).
3. Du übersetzt den **restlichen Satz** ohne den Partizipialausdruck.
4. Nun übersetzt du die im **Partizipialausdruck** enthaltene Handlung, am besten mit einem Nebensatz. Beachte dabei stets das Zeitverhältnis!

   Du hast folgende **Übersetzungsmöglichkeiten**:

• **relativer** Nebensatz:	z. B. mater puerum **monens** (PPA: Gleichzeitigkeit)	die Mutter, **die** den Jungen **ermahnt**
• **temporaler** Nebensatz:	z. B. mater puerum **monens** (PPA: Gleichzeitigkeit)	**als/während** die Mutter den Jungen **ermahnt**
	z. B. puer a matre **monitus** (PPP: Vorzeitigkeit)	**als/nachdem** der Junge von der Mutter **ermahnt worden ist**
• **kausaler** Nebensatz:	z. B. Caesar Galliam **expugnaturus** (PFA: Nachzeitigkeit)	**weil** Caesar Gallien **erobern wollte**

Beispiele

Puellae a matre **monitae** non iam cantabant. (PPP)
Die von der Mutter **ermahnten** Mädchen sangen nicht mehr.
Oder: Die Mädchen, **die** von der Mutter **ermahnt worden waren**, …
Oder noch besser: **Nachdem / weil** die Mädchen von der Mutter **ermahnt worden waren**, sangen sie nicht mehr.

Puellae avum **visitaturae** in viam volabant. (PFA)
Die Mädchen, **die** den Großvater **besuchen wollten**, eilten auf die Straße.
Oder: **Weil** die Mädchen ihren Großvater **besuchen wollten**, eilten sie …
(Das Partizip beschreibt hier näher das Subjekt, die Mädchen.)

Avus puellas se **visitaturas** ante portam salutavit.
Der Großvater begrüßte die Mädchen, **die** ihn **besuchen wollten**, vor der Haustür.
(Jetzt ist der Großvater Subjekt, das Partizip beschreibt hier näher das Akkusativobjekt, die Mädchen)

Das Participium coniunctum kann mit verschiedenen Satzgliedern verbunden sein. Du musst bei dieser Konstruktion deshalb genau auf die Endungen achten! Da in lateinischen Sätzen z. B. selten das Subjekt und sein Partizip nebeneinander stehen, findest du nur anhand der Endungen die zusammengehörenden Worte!

Geschlossene Wortstellung:
Die Wörter, die **zwischen dem Partizip und seinem Bezugswort** stehen, gehören stets **zum Partizip**.
Puellae a matre **monitae** in horto ambulant.
Mater **liberos** avum **visitaturos** monuit.

Beispiele

liberi in forum **properantes**	die auf das Forum eilenden Kinder
magister puerum **moniturus**	der Lehrer, der den Jungen ermahnen will
templa multis artificiis **ornata**	die mit vielen Kunstwerken ausgestatteten Tempel

ung 105 Bestimme das Partizip! Übersetze dann die Partizipialkonstruktion in jedem der folgenden Sätzen mit einem **Relativsatz** und einem **temporalen oder kausalen Nebensatz**!

1. Avus plenus gaudii Larisam se visitaturum exspectabat.
2. Larisa ab avo invitata plena gaudii est.
3. Larisa amicis fabulam narrans a parentibus vocata est.

ung 106

- Unterstreiche die **Partizipialkonstruktionen** (P) und übersetze sie!
- Übersetze den restlichen, den **eigentlichen Satz** (HS)!
- Übersetze den **gesamten Satz** samt Partizipialkonstruktion (Ü)!

1. Pater in horto otio se dans mox recreatus est.
2. Liberi aviae fabulas narranti semper aures dant.
3. Ovidius poeta ab Augusto ex urbe Roma fugatus in Ponto Euxino usque ad mortem in exilio erat.
4. Vinum multos annos in cella servatum animos nostros die festo delectabit.
5. Multa templa in honorem deorum ab hominibus piis collocata deos immortales celebrant.
6. Puer a patre valde admonitus in cella sua laboribus se dat et litteris studet.
7. Milites hostes muros arcis iam superaturos arcere poterant.

ung 107 Übersetze nun die folgenden Sätze, wobei du besonders auf die **Zeitenfolge** (Consecutio temporum) achtest! Frage dich dabei: Weist das Partizip auf die Gegenwart (PPA), auf die Vergangenheit (PPP) oder auf die Zukunft (PFA)?

1. Iuvenes Romani puellas Sabinorum die festo in foro sedentes subito raptaverunt.
2. Puellae a iuvenibus raptatae lacrimas fleverunt.
3. Puellae lacrimas flentes a iuvenibus rogabantur, ne de vita desperarent.
4. Hersilia liberos suos servatura patres et fratres Sabinorum oravit, ne pugnarent.
5. Sabini et Romani iam de feminis bellum gesturi* non iam pugnabant.

   * bellum gerere = Krieg führen
6. Romani et Sabini deos imploraturi templum intrabant.

21.2 Die Zeitenfolge beim Participium coniunctum

Das Partizip Präsens Aktiv bezieht sich auf die Gegenwart, das Partizip Perfekt Passiv zeigt in die Vergangenheit und das Partizip Futur Aktiv weist in die Zukunft.

Diese sogenannete Zeitenfolge beim Participium coniunctum (PC) kann folgendermaßen schematisch verdeutlicht werden:

Die Zeitenfolge beim Participium coniunctum

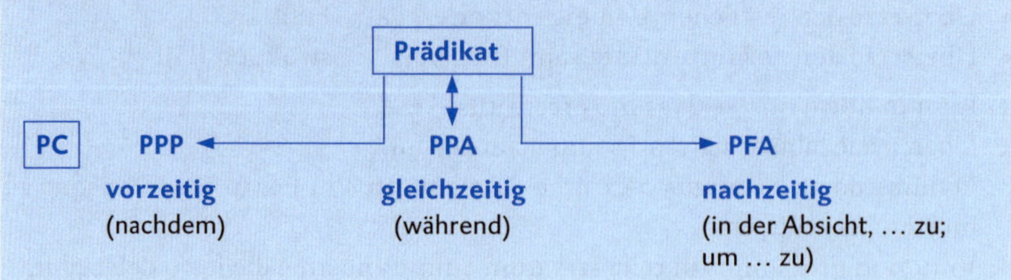

Gleichzeitigkeit

Die Handlung des **Partizips Präsens Aktiv (PPA)** läuft (zugleich) neben der Handlung des Prädikats ab.

Beispiel

Puellae in horto ambulantes ridebant.
Die im Garten **spazieren gehenden** Mädchen lachten.
Oder: Die Mädchen, **die** im Garten **spazieren gingen**, lachten.
Schöner: **Während** die Mädchen im Garten spazieren gingen, lachten sie.

Prädikat: ridebant
↕
PPA: ambulantes
= gleichzeitig

Die Handlungsabfolge ist: Sie gingen spazieren und lachten dabei.

Vorzeitigkeit

Die Handlung des **Partizips Perfekt Passiv (PPP)** lief schon vor der Handlung des Prädikats ab.

Beispiel

Hannibal a Romanis **superatus** in Africam rediit.
Der von den Römern **besiegte** Hannibal kehrte nach Afrika zurück.
Schöner: **Nachdem** Hannibal von den Römern **besiegt worden war**, kehrte er nach Afrika zurück.

PPP: superatus ← Prädikat: rediit
= vorzeitig

Die Handlungsabfolge ist: Hannibal war besiegt worden. Dann kehrte er nach Afrika zurück.

Nachzeitigkeit

Die Handlung des **Partizips Futur Aktiv (PFA)** ist erst für die Zukunft geplant, sie wird nach der Handlung des Prädikats ablaufen.

Beispiel

Hannibal Italiam **expugnaturus** Alpes transiit.
Hannibal, **der** Italien **erobern wollte**, überquerte die Alpen.
Schöner: Hannibal überquerte die Alpen, **um** Italien **zu erobern**.

Prädikat: transiit → **PFA:** expugnaturus
= nachzeitig

Die Handlungsabfolge ist: Hannibal überquerte die Alpen. Danach wollte er Italien erobern.

Übung 108 Bilde das Partizip Präsens Aktiv von folgenden Verben:

1. laudare 2. monere 3. audire 4. ire 5. videre

Übung 109 Ordne folgende Partizipien in die richtige Spalte ein und übersetze sie!

laudaturus, scitus, audiens, consensurus, moniturus, monens, operiens, desiliens, auditurus, clamans, munitus, monitus, muniens, expugnatus

PPA	PPP	PFA

Übung 110

- Markiere farbig alle **Partizipien mit** ihrem **Bezugswort**! Notiere, ob es sich um ein PPA, PPP oder PFA handelt und übersetze den Partizipialausdruck! (P)
- Unterstreiche die **Prädikate** der Sätze und übersetze sie! (V)
- **Übersetze** den gesamten Text! (Ü)

1. Ab liberis ad cenam properantibus viae magno clamore completae sunt.
2. Senex nocte clamore excitatus ad fenestram properavit, ut adulescentes magna voce in via clamantes vituperaret.
3. Quis templa ab hostibus deleta renovabit, quis homines a militibus vexatos servabit?
4. Romani Gallos arcem urbis iam oppugnantes fugaverunt.
5. Galli a Romanis hostes arcentibus fugati sunt.
6. Pauperes prope thermas habitantes balneum proprium non desiderabant.
7. Mars, deus bellorum, cupiditate inflammatus amorem Veneris desiderabat.
8. Etiam hac hieme multa animalia fame vexata peribunt.
9. Mater puellis dona portatura domum festinabat.
10. Pater miseros adiuturus pecuniam magnam dedit.

Die Ausgrabungsstätten in Ostia, dem Hafen des anriken Rom, zeigen heute neben verschiedenen anderen Gebäuden noch gut erhaltene Thermenanlagen mit schönen Fußbodenmosaiken. Das linke Bild zeigt die Räume des Frigidariums (des Kaltwasserbads) der Thermen des Neptun, rechts: Fußbodenmosaik des Frigidariums der Thermen der Cisiarii, der Fuhrleute.

ung 111 Silbenrätsel:

Bilde aus folgenden Silben lateinische Partizipien zu den angegebenen Verbformen! Die Endung beziehst du auf das in Klammer stehende Substantiv!

Silben:

AM, BE, BU, COM, CT, CT, EX, IN, LA, LAE, MO, NS, NS, POR, RU, S, S, SCRI, STRU, STRU, TA, TI, TU, TUS, URI, US, US, US

1. spazieren gehen wollend (puer)
2. tragend (vir)
3. verbrannt (libri)
4. bewegt, veranlasst (vir)
5. schreibend (vir)
6. verletzt (vir)
7. errichtet (murus)
8. im Begriffe zu unterrichten (magistri)

22 Der Ablativus absolutus

22.1 Die Konstruktion des Ablativus absolutus

Der Ablativus absolutus (Abl. abs.), von lat. *absolvere,* lösen, ist der vom Satz „gelöste Ablativ“. Es handelt sich dabei um eine Partizipialkonstruktion, die nicht mit dem restlichen Satz verschlungen ist wie das Participium coniunctum, sondern neben dem Satz steht, zu dem sie eine zusätzliche Bemerkung abgibt.

Die Konstruktion des Ablativus absolutus

Der Ablativus absolutus (Abl. abs.) **ersetzt einen Nebensatz,** er ist nur etwas kürzer und handlicher: Der **Ablativ** ist sozusagen sein **Subjekt,** das **Partizip im Ablativ** ist sein **Prädikat.**

Beispiel:

Cum Galli Romam incursarent, terror omnes cives occupavit.
Als die Gallier Rom angriffen, ergriff alle Bürger großer Schrecken.

Ersetzt du den Nebensatz durch einen **Ablativus absolutus**, tritt das Subjekt des Nebensatzes in den Ablativ und das Prädikat wird zum Partizip:

Nebensatz: **Cum** Galli**i** Romam incursa**rent**

Subjekt ↓ **Ablativ** — **Prädikat** ↓ **Partizip im Ablativ**

Abl. abs.: Gall**is** Romam incursa**ntibus**

Gallis Romam incursantibus magnus terror omnes cives occupavit.
Als die Gallier Rom angriffen, ergriff alle Bürger großer Schrecken.

Im Deutschen kannst du diese Konstruktion nicht nachahmen.

22.2 Die Zeitenfolge im Ablativus absolutus

Bevor du übersetzt, musst du klären, welches Zeitverhältnis vorliegt, in welchem **zeitlichen Bezug** also das im Abl. abs. ausgedrückte Geschehen **zum Inhalt des Hauptsatzes** steht. Das Zeitverhältnis erkennst du wie beim Participium coniunctum am verwendeten Partizip.

Die Zeitenfolge beim Ablativus absolutus

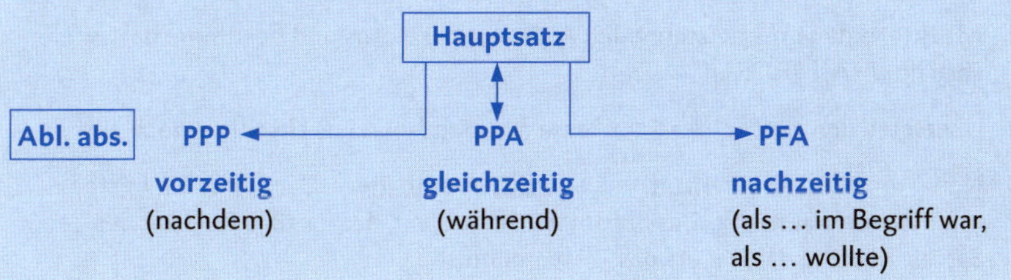

Das **PPA** (Partizip Präsens Aktiv) drückt **Gleichzeitigkeit** aus: Das Geschehen im Abl. abs. und das Geschehen im Hauptsatz finden gleichzeitig statt:

Beispiel

> **Avo dormiente** liberi in horto ludebant.
> **Während** der Großvater schlief, spielten die Kinder im Garten.

Das **PFA** (Partizip Futur Aktiv) drückt **Nachzeitigkeit** aus, d. h. das im Abl. abs. ausgedrückte Geschehen soll erst nach dem Geschehen im Hauptsatz passieren:

Beispiel

> **Militibus castra occupaturis** Caesar advenit.
> **Als** die Soldaten **im Begriff waren,** das Lager **zu** besetzen (als die Soldaten gerade das Lager besetzen **wollten**), kam Caesar an.

Das **PPP** (Partizip Perfekt Passiv) drückt **Vorzeitigkeit** aus: Das Geschehen im Abl. Abs. hat bereits vor dem Geschehen des Hauptsatzes stattgefunden:

Beispiel

> **Gallis a militibus Romanis non prohibitis** urbs Roma occupata est.
> **Nachdem** die Gallier von den römischen Soldaten nicht abgewehrt worden waren, wurde die Stadt Rom besetzt.

22.3 Die Übersetzung des Ablativus absolutus

Für die Übersetzung eines Ablativus absolutus hast du mehrere Möglichkeiten.

Übersetzung mit einem Nebensatz

Du kannst den Ablativus absolutus in einen Nebensatz auflösen.

Die Übersetzung des Ablativus absolutus mit einem Nebensatz

1. **Markiere** den im Satz stehenden Ablativus absolutus und bestimme das Partizip (PPA, PPP, PFA)!
2. Übersetze den **restlichen Satz**, lasse also den Ablativus absolutus noch aus!
3. Nun übersetze die im **Ablativus absolutus** enthaltene Handlung, am besten mit einem **Nebensatz.** Das Substantiv ist Subjekt, das Partizip Prädikat des Satzes. Beachte dabei stets das Zeitverhältnis!

   Übersetzungsmöglichkeiten:

• **temporaler** Nebensatz:	z. B. avo dormiente (PPA: Gleichzeitigkeit)	**als** der Großvater schlief, …
	z. B. templo aedificato (PPP: Vorzeitigkeit)	**nachdem** der Tempel erbaut worden war, …
• **kausaler** Nebensatz:	z. B. avo dormiente (PPA: Gleichzeitigkeit)	**weil** der Großvater schlief, …
• **konzessiver** Nebensatz:	z. B. matre monente (PPA: Gleichzeitigkeit)	**obwohl** die Mutter mahnte, …

Beispiele

Gallis Romam incursantibus magnus terror omnes cives occupavit.

- Bei deiner Übersetzung kannst du den Abl. abs. als **Zeitangabe** auffassen: **Als** die Gallier Rom angriffen, ergriff alle Bürger großer Schrecken.
- Du kannst ihn aber auch als **Begründung** für den Schrecken der Römer auffassen, dann übersetzt du:
  Weil die Gallier Rom angriffen, ergriff alle Bürger großer Schrecken.

Gallis Romam incursantibus terror cives *non* occupavit.
Obwohl die Gallier Rom angriffen, befiel die Bürger *kein* Schrecken.

Hier gibt der Abl. abs. eine **Einräumung** an. Man nennt diese Sinnrichtung **konzessiv** (von *concedere,* einräumen, zugestehen).

Übersetzung mit Präpositionalausdruck

Eine Wendung aus Präposition und Substantiv heißt Präpositionalausdruck.

Die Übersetzung des Ablativus absolutus mit einem Präpositionalausdruck

Der Ablativus absolutus (Abl. abs.) kann oft auch mit einem **Präpositionalausdruck** übersetzt werden. Das **Zeitverhältnis** und die **Sinnrichtung** werden durch eine **Präposition** ausgedrückt, das **Partizip** wird zu einem **Substantiv**.

Tipp: Übersetze jeden Abl. abs. zunächst immer mit einem Nebensatz! Versuche erst dann, ob eine Übersetzung mit Präpositionalausdruck schöner ist!

• **temporal:**	Roma expugnata PPP: Vorzeitigkeit	(nachdem Rom erobert worden war, …) **nach der Eroberung** Roms …
	Gallis incursantibus PPA: Gleichzeitigkeit	(als/während die Gallier angriffen, …) **beim Angriff** der Gallier … (auch: während des Angriffs …)
• **kausal:**	Gallis incursantibus PPA: Gleichzeitigkeit	(weil die Gallier angriffen, …) **wegen des Angriffs** der Gallier …
• **konzessiv:**	Gallis incursantibus PPA: Gleichzeitigkeit	(obwohl die Gallier angriffen, …) **trotz des Angriffs** der Gallier …

Beispiele

Roma expugnata cives fugiebant.
Nachdem Rom erobert worden war, flohen die Bürger.
mit Präpositionalausdruck: **Nach der Eroberung Roms** flohen die Bürger.

Das Partizip ist zu einem Substantiv geworden, das „Subjekt" des Abl. abs. zu seinem Genitivattribut. Das Zeitverhältnis wird mit der Präposition „nach" ausgedrückt.

Sole occidente galli tacuerunt, sole oriente cantare coeperunt.
Bei Sonnenuntergang schwiegen die Hähne, **bei Sonnenaufgang** begannen sie zu krähen.

Ablativus absolutus ohne Partizip

Ein Partizip von *esse* gibt es nicht. Deshalb steht nicht selten ein Ablativus absolutus ohne Partizip, nur mit einem Substantiv oder Adjektiv im Ablativ. Schön ist hierbei die Übersetzung mit Präpositionalausdruck.

Beispiel

Servio rege … Als Servius König war, / unter der Herrschaft des Servius …

Übung 112 Verwandle die folgenden *cum*-Sätze in Ablativi absoluti!

1. Cum Romani pacem facerent, hostes se tradiderunt.
   Als die Römer Frieden schlossen, ergaben sich die Feinde.
2. Cum pax facta esset, hostes se tradiderunt.
   Als Frieden geschlossen war, ergaben sich die Feinde.
3. Cum convivae intrare studerent*, servus dominum vocavit.
   Als die Gäste eintreten wollten, rief der Sklave seinen Herrn.
   * Lasse beim Umwandeln in den Abl. abs. das Verbum studere weg und drücke den Wunsch der Gäste durch das PFA aus.
4. Cum puellae cantarent, omnes aures dabant.
   Als die Mädchen sangen, hörten alle zu.
5. Cum haec verba a Caesare dicta essent, senatores tacuerunt.
   Als diese Worte von Cäsar gesprochen worden waren, schwiegen die Senatoren.
6. Cum senatores consilio consulis consentirent, is milites delegit.
   Als die Senatoren mit dem Plan des Konsuls übereinstimmten, hat er die Soldaten ausgehoben.

Übung 113 Da es kein Partizip von *esse* gibt, steht nicht selten ein Ablativus absolutus ohne Partizip, nur mit einem Substantiv oder Adjektiv im Ablativ.
Übersetze jeweils mit Präpositionalausdruck:

1. Hannibale duce
2. sacerdote auctore
3. Tarquinio rege
4. Cicerone consule
5. Caesare vivo
6. patre ignaro
7. matre invita
8. avo mortuo

Übung 114 Übersetze folgende Sätze in gutes Deutsch, wobei du den Ablativus absolutus

- zuerst mit einem Nebensatz,
- dann, wenn möglich, mit einem Präpositionalausdruck wiedergibst!

1. Alexandro moriente milites frequentes aderant.
2. Hoc responso dato legatus abiit.
3. His verbis dictis omnes tacebant.
4. Hannibale duce milites Carthaginienses Alpes transierunt.

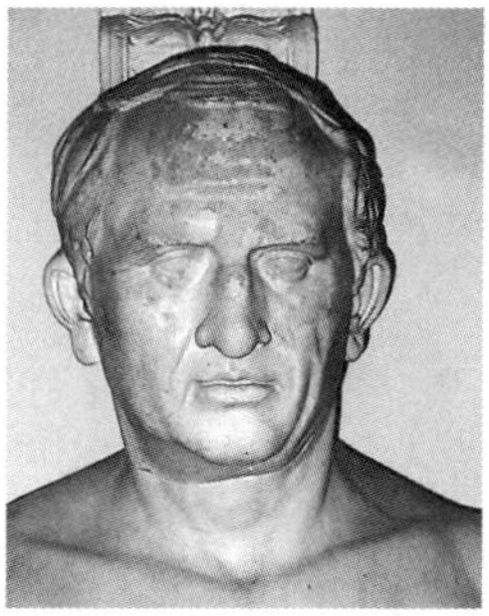

Links: Alexander der Große.
Hellenistische Büste um 335 v. Chr.
Akropolis Museum, Athen

Rechts: Marcus Tullius Cicero,
106–43 v. Chr., Redner, Staatsmann,
und Schriftsteller.
Kapitolinische Museen, Rom

5. Matre admonente liberi in ludum properaverunt.
6. Cicerone consule coniuratio Catilinae oppressa est.
7. Multis navibus amissis mercatores redierunt.
8. Urbs nullo hostibus resistente capta est
9. Romani se deis adiuvantibus hostes vicisse putant.
10. Hostibus victis urbs liberata est.
11. Troia deleta Graeci domum navigaverunt.
12. Reo damnato multitudo iudices invasit.
13. Hieme redeunte plurimi aves avolant.
14. Populus Romanus multis mercatoribus necatis Pompeio imperium belli piratarum transmisit.
15. Nuntio audito omnes laeti fuerunt.
16. Roma condita Romulus Remum necavit.
17. Magno numero leonum et elephantorum in amphitheatro caeso multitudo magna voce clamabat.
18. Patre veniente gaudemus.
19. Vere ineunte puellae in hortis publicis ambulant.
20. Hannibale in Africam redeunte Romani valde gavisi sunt.
21. Captivis dimissis pax cum hostibus facta est.
22. Signo dato legionarii hostes aggressi sunt.

23 Pronomina

Du hast schon gelernt: Ein Pronomen, ein Fürwort, steht für oder anstelle eines Substantivs oder Adjektivs.

Es gibt einige Pronomina, die durch Zusammensetzung eines bekannten Pronomens mit einem Präfix (Vorsilbe) oder einem Suffix (Nachsilbe) entstehen. Diese Vor- oder Nachsilbe gibt dem Pronomen eine neue Bedeutung. Auch hier ist also eher wieder Denkarbeit statt Lernarbeit gefordert.

Zugrunde liegen den zusammengesetzten Pronomina folgende Pronomina:
quis (wer), *quid* (was): das Interrogativpronomen,
und *qui, quae, quod* (der, die, das): das Relativpronomen.

23.1 Das Interrogativpronomen quis, quid

Das Interrogativpronomen (Fragepronomen) *quis, quid* (wer, was) kennst du schon:

Das Fragepronomen quis, quid (wer, was)

	mask./fem.		neutr.	
Nom.	quis	wer	quid	was
Gen.	cu**ius**	wessen	cu**ius**	wessen
Dat.	cu**i**	wem	cu**i**	wem
Akk.	qu**em**	wen	quid	was
Abl.	ā qu**ō**	von wem	qu**ō**	wodurch

Beispiele

Quis Augustum imperatorem ignorat?
Wer kennt den Kaiser Augustus nicht?

Cuius machina ante portam meam stat?
Wessen Auto steht vor meiner Tür?

Quem in Graecia visitabis?
Wen wirst du in Griechenland besuchen?

23.2 Das Relativpronomen quī, quae, quod

Das Relativpronomen *qui, quae, quod* (der, die, das) kommt sehr häufig vor. Du verwendest es auch im Deutschen ständig.

Das **Relativpronomen quī, quae, quod** (der, die das) leitet einen Nebensatz ein, den sogenannten **Relativsatz**. Dieser beschreibt ein **Satzglied des Hauptsatzes** näher, mit dem das Relativpronomen in **Numerus und Genus** übereinstimmt.

Bestimme daher immer genau Numerus und Genus des Relativpronomens, damit du den Relativsatz auf das richtige Wort beziehst! Der **Kasus** des Relativpronomens dagegen hängt von der **Satzkonstruktion im Relativsatz** ab.

Das Deklinationsschema von *qui, quae, quod* hat Endungen aus der a- und o-Deklination und aus der 3. Deklination. Die Endung des Gen. Sg. *(-ius)* kommt nur bei den Pronomina vor, du kennst sie schon von *ille, is, iste* usw. Am besten lernst du das Deklinationsschema auswendig!

Das Relativpronomen quī, quae, quod (der, die, das)

	Singular			Plural		
	mask.	fem.	neutr.	mask.	fem.	neutr.
Nom.	quī	quae	quod	quī	quae	quae
Gen.	cuius	cuius	cuius	quōrum	quārum	quōrum
Dat.	cui	cui	cui	quibus	quibus	quibus
Akk.	quem	quam	quod	quōs	quās	quae
Abl.	quō	quā	quō	quibus	quibus	quibus

Beispiele

Uxor vicini, **quae** nobis semper fabulas narrabat, aegra est.
Die Frau des Nachbarn, **die** uns immer Märchen erzählte, ist krank.

Uxor vicini, **qui** nobis semper fabulas narrabat, aegra est.
Die Frau des Nachbarn, **der** uns immer Märchen erzählte, ist krank.

Soror pueri, **de quo** tibi narravisti, te salutat.
Die Schwester des Jungen, **von dem** ich dir erzählt habe, grüßt dich.

Soror pueri, **de qua** tibi narravisti, te salutat.
Die Schwester des Jungen, **von der** ich dir erzählt habe, grüßt dich.

Übung 115 Übersetze!

1. Auf Befehl des Konsuls, der die Truppen nach Korinth schickte, wurde die Stadt erobert.
2. Die Reise, die einige Tage dauerte, war schön.
3. Der Bauer, dessen Feld nicht gepflügt ist, ist ein Greis.
4. Die Mädchen, denen wir halfen, waren schlau.
5. Die Freunde, mit denen wir immer spielen, wohnen zu Hause.

Wohlhabende Römer konnten sich prächtige Villen leisten mit Innenhöfen, Brunnen, Statuen, kunstvoll bemalten Wänden und einem Garten bzw. einer Parkanlage. Das römische Villenviertel war der Palatin über dem Forum. Hier die Villa des Faun, Pompeji.

Übung 116 Dekliniere lateinisch und deutsch das Relativpronomen!

1. *vir* (der Mann), *qui* (der) ...
2. *feminae* (die Frauen), *quae* (die) ...

Übung 117 Setze die entsprechende Form des Relativpronomens *qui, quae, quod* in die Lücken! Übersetze dann die Sätze!

1. Domus, ______________ in silva est, valde obscura est.
2. Fabula, ______________ tibi narravi, ex libro antiquo habeo.
3. Larisa, ______________ vicini sumus, furem raptavit.
4. Vir sororis mei, ______________ illa tibi narravit, mortuus est.
5. Nautae, ______________ auxilium deorum imploraverant, in Italiam venerunt.
6. Vir, ______________ ante portam stabat, consul erat.

ung 118 Übersetze ins Deutsche:

Der heilige Christophorus

1. Reprobus, miles quidam, cui maxima robora erant, solum potentissimo domino fideliter servire constituerat.
2. Primo ad regem quendam, qui summa potestate imperabat, se contulit.
3. Cum autem aliquando regem vim diaboli[1] metuere animadvertisset, illum celerrime reliquit, ut se diabolo, cuius vis maior esse videbatur, subigeret.
   1 diabolus,-i: Teufel
4. At post plures annos diabolus ei ipse fassus est se vi omni sua Iesum Christum, qui dominus totius mundi esse, vincere non posse.
5. Reprobo nunc Iesum constanter quaerenti tandem emerita[2], cui casu obvenerat, suasit: 2 eremita, -ae, m.: Einsiedler
6. „Porta viatores[3] trans hoc flumen rapi dum, in cuius fluctibus iam multi vitam amiserunt! Si hic servus omnium hominum fueris, Iesum Christum mox videbis. 3 viator, -oris: Wanderer

Der Hl. Christophorus, Fresko.

Die oben stehende Geschichte endet folgendermaßen: Nach langen Jahren sollte Reprobus einmal ein Kind, das ganz allein zu ihm kam, über den Fluß tragen. Das Kind aber wurde ihm immer schwerer, sodass er es kaum bis ans andere Ufer brachte. Zutiefst erschöpft sagte er: „Es war, als wenn ich die ganze Welt auf den Schultern getragen hätte." „Christophorus", antwortete das Kind, „du hast mehr getragen als die Welt, du hast den Schöpfer der Welt getragen: Ich bin der König Jesus Christus." Und seitdem trägt er den Namen Christophorus, der Christusträger.

23.3 Das Indefinitpronomen aliquis, aliquid und aliquī, aliqua, aliquod

Indefinitpronominina (von *indefinitus,* unbestimmt) sind unbestimmte Fürwörter. Wenn du das Interrogativ- und das Relativpronomen beherrschst, machen dir die Indefinitpronomina keine Schwierigkeiten.

Du hängst an die Interrogativpronomina *quis, quid* die Vorsilbe *ali-* (irgend-) an, und schon hast du ein neues Pronomen: *ali-quis,* irgend-wer; *ali-quid,* irgend-was. Das Pronomen wird wie ein **Substantiv** gebraucht.

Das Indefinitpronomen aliquis, aliquid (irgendwer, irgendwas)

	mask./fem.		neutr.	
Nom.	aliquis	irgendwer	aliquid	irgendwas
Gen.	alicu**ius**	von irgendwem	alicu**ius** reī	von irgendwas
Dat.	alicu**i**	irgendwem	alicu**i** reī	irgendwem
Akk.	aliqu**em**	irgendwen	aliquid	irgendwas
Abl.	ab aliqu**ō**	von irgendwem	aliqu**ā** rē	durch irgendwas

Beispiele

Aliquis ante portam stat.
Irgendwer steht vor der Tür.

Aliquid nocte audivi.
In der Nacht habe ich **irgendetwas** gehört.

Wenn wir nun dieselbe Vorsilbe *ali-* (irgend-) an das Relativpronomen anhängen, erhalten wir das **adjektivisch** gebrauchte Pronomen:

ali-qui, aliqua, aliquod irgendein, irgendeine, irgendein

Der feminine Nominativ Singular heißt statt *aliquae aliqua.* Sonst folgt das Pronomen aber streng der Deklination des Relativpronomens (vgl. S. 121):

Das Indefinitpronomen aliqui, aliqua, aliquod (irgendein, -eine, -ein)

	Singular			Plural		
	mask.	fem.	neutr.	mask.	fem.	neutr.
Nom.	aliqu**ī**	aliqu**a**	aliqu**od**	aliqu**ī**	aliqu**ae**	aliqu**a**
Gen.	alicu**ius**	alicu**ius**	alicu**ius**	aliqu**ōrum**	aliqu**ārum**	aliqu**ōrum**
Dat.	alicu**i**	alicu**i**	alicu**i**	aliqu**ibus**	aliqu**ibus**	aliqu**ibus**
Akk.	aliqu**em**	aliqu**am**	aliqu**od**	aliqu**ōs**	aliqu**ās**	aliqu**a**
Abl.	aliqu**ō**	aliqu**ā**	aliqu**ō**	aliqu**ibus**	aliqu**ibus**	aliqu**ibus**

Beispiele

Aliqui vir ante portam stat.	**Aliquem sonum** nocte audivi.
Irgendein Mann steht vor der Tür.	Ich habe in der Nacht **irgendeinen Ton** gehört.

Da aliqui, aliqua, aliquod wie ein Adjektiv bei einem Substantiv stehen, spricht man vom „adjektivischen“ Gebrauch des Pronomens – im Gegensatz zu *aliquis, aliquid,* die wie ein Substantiv alleine eine Stelle im Satz einnehmen und somit „substantivisch“ gebraucht werden:

Beispiele

Aliquis te vocat.	**Aliqua femina** te vocat.
Irgendwer ruft dich.	**Irgendeine Frau** ruft dich.

Wegfall des Affixes „ali-“

Das Affix **ali-** am Wortanfang **entfällt** beim Indefinitpronomen aliquis, aliquid oder aliqui, aliqua, aliquod nach folgenden Wörtern:
sī, nisi, nē, num, quō, quantō, ubī, cum

Merkspruch: Nach sī, nisi, nē, num,
quō, quantō, ubī, cum
fällt der Ali um.

Beispiele

Si quis me vocat, veniam.
= Si (ali)quis ...
Wenn mich **irgendwer** ruft, werde ich kommen.

Timeo, **ne quis** rideat.
= ne (ali)quis
Ich fürchte, **dass (irgend)einer** lacht.

Num qui amicus me iuvabit?
= Num (ali)qui amicus ...
Wird **denn irgendein** Freund mir helfen?

Übung 119 Hierher passt gut ein lateinisches Sprichwort, dessen Übersetzung ins Deutsche du sicher kennst: Wie heißt die deutsche Fassung des Sprichworts?

SI QUIS DAT MANNOS*, NE QUAERE IN DENTIBUS ANNOS!

* mannus, -i: Pony

Übung 120 Übersetze folgende Ausdrücke! Achte auf den jeweiligen Kasus!

1. irgendwelche Bücher
2. in irgendeinem Garten
3. vor irgendeiner Tür
4. mit irgendeinem Schiff
5. das Dach irgendeines Hauses
6. irgendwelchen Dieben

Übung 121 In folgenden Sätzen musst du den fehlenden „Ali“ suchen! Übersetze sie!

1. Timeo, ne quis me offendat.
2. Timeo, si quis ridet, ne Paulus iratus sit.
3. Num qui inimicus me visitabit?
4. Spero, si quem hominem video, eum me iuvare.
5. Timeo, si quid bibo, ne non dormiam.

Übung 122 Setze zu folgenden Substantiven die entsprechende Form von *aliqui, aliqua, aliquod:* Achte auf Kasus, Numerus und Genus des Substantivs!

1. hominis ______________
2. equis ______________
3. matre ______________
4. servus ______________
5. villam ______________
6. animalium ______________
7. templa ______________
8. mulieres ______________
9. consuli ______________
10. exercitibus ______________

Die Überreste des Vestatempels, eines Rundtempels, auf dem Forum Romanum.

23.4 Das Indefinitpronomen quīdam, quaedam, quoddam

Wenn du an das Relativpronomen *qui, quae, quod* das Suffix (die Nachsilbe) *-dam* hängst, erhältst du das Pronomen *quidam, quaedam, quoddam* (ein gewisser, eine gewisse, ein gewisses).
Die Deklination ist einfach: An die Formen des Relativpronomens wird einfach jeweils *-dam* angehängt.

Das Indefinitpronomen quīdam, quaedam, quoddam (ein gewisser)

	Singular			Plural		
	mask.	fem.	neutr.	mask.	fem.	neutr.
Nom.	quīdam	quaedam	quoddam	quīdam	quaedam	quaedam
Gen.	cuiusdam	cuiusdam	cuiusdam	quōrundam	quārundam	quōrundam
Dat.	cuidam	cuidam	cuidam	quibusdam	quibusdam	quibusdam
Akk.	quendam	quandam	quoddam	quōsdam	quāsdam	quaedam
Abl.	quōdam	quādam	quōdam	quibusdam	quibusdam	quibusdam

Beispiel

Quidam vir ante portam stat.
Ein gewisser Mann steht vor der Tür.

Aliqui: „irgendein", *quidam:* „ein gewisser" – was ist da der Unterschied? *Aliqui* (irgendein) ist ganz unbestimmt, bei *quidam* (ein gewisser) habe ich schon eine Vorstellung, wer es sein könnte.

Beispiele

Aliquem sonum audivi.
Ich habe **irgendeinen** Laut gehört.

Quendam sonum audivi.
Ich habe **einen gewissen** Laut gehört.

Du merkst den Unterschied? Im zweiten Satz hat der Sprecher eine genauere Vorstellung von dem Geräusch, im ersten Satz ist er sich nur sicher, dass er irgendetwas gehört hat.

Achtung: Im **Plural** hat *quidam* oft die Bedeutung **„einige, manche"**!

Beispiel

Quidam dicunt Socratem maximum philosophum fuisse.
Manche sagen, dass Sokrates der größte Philosoph gewesen sei.

Übung 123 Übersetze!

1. Ab imperatore quodam bellum in Romanos gestum est.
2. Fabulam quandam tibi narrabo, ut exemplum habeas.
3. Quibusdam viris persuadere possumus, aliis non possumus.
4. Feminam quandam in domo mea salutavi.

Übung 124 Noch ein lateinischer Text zum Übersetzen!

1. Aliqui imperator bellum in finibus Asiae gessit.
2. Quidam imperator Caesarem a Roma prohibere studebat.
3. Aliqui viri in urbem venerunt, ut merces venderent.
4. Quidam viri in urbe sunt, quorum consilia novisse putamus.
5. In urbe aliqua Hispaniae magnum incendium erat.
6. Catilina incendium quoddam in urbe ipsa incendere in animo habebat.

Übung 125 Übersetze ins Deutsche:

Gyges und sein Ring

1. Gyges erat pastor quidam regis Lydorum.
2. Aliquando terra ingentibus imbribus quibusdam inundata erat, ut fluctibus aliquo loco hiatus[1] latus aperiretur. 1 hiatus, -us: Spalt
3. In illum hiatum despiciens Gyges aeneum[2] quendam equum vidit.
   2 aenaeus, -a, -um: aus Eisen
4. Gyges in hiatum descendit et in corpore equi aliquas portas animadvertit.
5. Cum aliquam portam transisset, virum mortuum vidit, in cuius digito aliquo anulum quendam spectavit.
6. Hunc anulum illi homini raptavit et in manum suum transtulit.
7. Subito aliquod mirum sentiebat: Si anulum vertit, a nullo homine videri poterat. Si anulum rursus vertit, rursus videbatur ab omnibus.
8. Hac vi anuli persuasus scelus quoddam maximum perfecit:
9. Aliqua nocte anulo protectus clam domum regis sui intravit et eum necavit, ut ipse rex fieret.

23.5 Das Pronomen īdem, eadem, idem

Beim zusammengesetzten Pronomen *īdem, éadem, idem* handelt es sich um das mit dem Suffix *-dem* erweiterte Demonstrativpronomen *is, ea, id.*

ī-dem	derselbe
éa-dem	dieselbe
i-dem	dasselbe

Da dieses Pronomen ein und dieselbe, also die identische Person oder Sache bezeichnet, heißt es das „Identitätspronomen" (auch in diesem Begriff steckt das Pronomen *idem!*).

Das Pronomen idem, eadem, idem (derselbe, dieselbe, dasselbe)

	Singular			Plural		
	mask.	fem.	neutr.	mask.	fem.	neutr.
Nom.	ī-dem	éa-dem	i-dem	iīdem	eaedem	éadem
Gen.	eiús-dem	eiús-dem	eiús-dem	eōrúndem	eārúndem	eōrúndem
Dat.	eī-dem	eī-dem	eī-dem	iīsdem*	iīsdem	iīsdem
Akk.	eun-dem	ean-dem	i-dem	eōsdem	eāsdem	éadem
Abl.	eō-dem	eādem	eōdem	iīsdem	iīsdem	iīsdem

* statt *iisdem* kann stets auch *eīsdem* stehen

Schon im Nom. Sg. sieht man, dass sich das Pronomen beim Aufprall auf das Suffix -dem manchmal leicht „verbiegt": das *-s* ist im Maskulinum entfallen, dafür wurde das *i-* gedehnt *(ī-)*. Zudem wird aus *-m* vor dem Suffix *-dem* stets *-n* (Akk. Sg., Gen. Pl.).

Achtung: Verwechsle die Bedeutung von *idem, eadem, idem* (der-, die-, dasselbe) nicht mit *ipse, ipsa, ipsum* (selbst, persönlich).

Beispiele

vir ipse der Mann selbst	femina ipsa die Frau selbst	animal ipsum das Lebewesen selbst
vir **idem** derselbe Mann	femina **eadem** dieselbe Frau	animal **idem** dasselbe Lebewesen

Übung 126 Setze zu den folgenden Substantiven das Identitätspronomen *idem, eadem, idem,* um zu zeigen, dass es sich um dieselbe Person oder Sache handelt. Achte dabei auf den jeweiligen Numerus oder Kasus (Zahl oder Fall). Übersetze die Ausdrücke dann ins Deutsche!

1. feminas ____________ ____________
2. equorum ____________ ____________
3. mulieris ____________ ____________
4. carmina ____________ ____________
5. equitibus (Dat.) ____________ ____________
6. amico ____________ ____________
7. campi (Gen.) ____________ ____________
8. orationem ____________ ____________
9. regum ____________ ____________
10. vas ____________ ____________

Übung 127 Gib bei folgenden Pronomina Kasus und Numerus an! (2) bedeutet, dass es hier zwei Möglichkeiten gibt.

1. cuiusdam
2. aliqui (2)
3. aliquo
4. iisdem (2)
5. quam
6. eodem
7. quandam
8. quibus (2)
9. aliquorum
10. quidam (2)

Übung 128 Übersetze!

1. Cum aliquando discipulus quidam pauperrimus ad magistrum venisset, vidit alios iuvenes divitiores magna dona illi tradere.
2. Idem ad puerum dixit: „Non divitiae erudiunt.
3. Sine eisdem quoque te docebo.“
4. Quidam dicunt eundem verum magistrum fuisse.

23.6 Zusammengesetzte Pronomina mit der Bedeutung „jeder"

Auch bei folgenden zusammengesetzten Pronomina handelt es sich um Zusammensetzungen mit dem Relativpronomen *qui, quae, quod* (der, die, das, vgl. 23.2) oder dem Interrogativpronomen *quis, quid* (wer?, was?, vgl. 23.1).

Zusammengesetzte Pronomina II

quisque, quidque	jeder, jedes
ūnusquisque	ein jeder, jeder einzelne
quisquis, quidquid	wer auch immer, was auch immer
quisquam, quicquam	irgendwer, irgendetwas
quīvīs, quaevīs, quodvīs	jeder
quīlibet, quaelibet, quodlibet	jeder
quīcumque, quaecumque, quodcumque	wer / was auch immer

Diese Pronomina sind **Zusammensetzungen** aus dem Interrogativpronomen **quis, quid** (wer? was?) bzw. dem Relativpronomen **quī, quae, quod** (der, die, das) sowie einem **Suffix**, das **unveränderlich** an die verschiedenen Kasusformen des jeweiligen Pronomens angehängt wird.

z. B. **quī**libet, **cuius**libet, **cui**libet, **quem**libet, a **quō**libet

Wenn du die Deklination von *qui, quae, quod* und *quis, quid* beherrschst, kannst du auch schon die zusammengesetzten Pronomina deklinieren.

Übung 129 Gib bei folgenden Pronominalformen den Kasus (Nom., Gen., Dat., Akk., Abl.) und Numerus an! Schreibe dann die Nominativformen mit deutscher Übersetzung dazu!

1. cuiusdam
2. quibus
3. aliquo
4. isdem
5. quam
6. quoquo
7. quemlibet
8. quemque
9. unicuique
10. eodem
11. quos
12. quibusquam
13. quandam
14. aliquorum

Übung 130 Setze jeweils das richtige der folgenden drei Pronomina im Text ein! Achte dabei auf die korrekte Endung! Übersetze die Sätze!

aliqui, aliqua, aliquod
qui, quae, quod
quidam, quaedam, quoddam

1. Saepe ____________ vitium facimus.
2. ____________ feminae fortiores sunt quam viri.
3. Eis, ____________ amamus, omnia concedimus.

Übung 131 Übersetze:

1. Ei, quos amamus, plerumque iidem sunt, quosdam eorum autem magis amamus.
2. Unumquemque vestrum ipse admonebam.
3. Quidquid imperator dicebat, id militibus persuadere non poterat.
4. Proelio commisso imperator cuivis militi centum sestertios dedit.
5. Nero cuilibet civi crudelitate sua tanto odio erat, ut, quemcumque civem ad se vocabat, is maximo timore compleretur.

Übung 132 Dekliniere im Singular:

quicumque, quaecumque, quodcumque

Übung 133 Übersetze folgende Pronomina ins Deutsche:

1. quisquis
2. unusquisque
3. quivis
4. idem
5. aliquis
6. quidam
7. quilibet
8. quisquam
9. aliqui
10. quicumque
11. ipse

Übung 134 Auch in den folgenden Sätzen findest du einige zusammengesetzte Pronomina. Übersetze sie!

1. Quinto quoque anno adulescentes arborem Maiam collocant.
2. Quivis civis hoc spectaculo delectatur.
3. Quilibet vir ludis interesse potest.

24 nēmō und nihil

„Nichts" oder „niemand" kommen häufig vor, auch im Lateinischen.

Beispiele

Quid fecisti?	Was hast du angestellt?
Nihil.	Nichts.
Quem vidistis?	Wen habt ihr gesehen?
Neminem.	Niemanden.

Da *nemo* keinen eigenen Genitiv und Ablativ hat, werden diese Kasus durch die ensprechenden Formen von *nūllus, -a, -um* (keiner) ersetzt. *Nihil* hat überhaupt keine Kasusendungen, es wird im Genitiv, Dativ und Ablativ durch *nūlla rēs* (kein Ding) ersetzt.

Die Deklination von nemo (niemand) und nihil (nichts)

	nemo	nihil
Nom.	**nēmō**	**nihil**
Gen.	**nūllīus**	**nūllīus reī**
Dat.	**nēminī**	**nūllī reī**
Akk.	**nēminem**	**nihil**
Abl.	**ā nūllō**	**nūllā rē**

Häufig erscheinen *nemo* und *nihil* zusammen mit *nisi* in einer festen Verbindung:

Feste Wendungen

nēmō nisi	niemand außer…, nur …
nihil nisi	nichts außer …, nur …

Beispiel

Nemo nisi Paulus venit.
Niemand außer Paul / nur Paul kam.

Übung 135 Übersetze!

1. Nemini nisi patri licet liberos vituperare.
2. Nihil nisi donum carum avum conciliare poterit.
3. Nihil homines magis oderunt quam bellum.
4. Nulla re homines magis terrentur quam larvis[1]. 1 larva, -ae: Gespenst
5. Vir prudens neminem timet nisi Iovem.
6. In moribus Catilinae nihil boni erat.
7. In hoc deserto[2] nemo diutius vivere potest. 2 desertum, -i: Wüste
8. Nocte neminem, nullum virum et nullam feminam, in via vidi.
9. Ulixes Poliphemo dixerat se „neminem“ nominari.
10. Nullius rei pretium vitam hominis impendere potest.

Übung 136 Die zwei gesuchten lateinischen Wörter ergeben sich aus der linken Kante der Wörterpyramide: Die Anfangsbuchstaben von oben nach unten gelesen ergeben die fehlenden Wörter des Lösungssatzes.

von ... her

mich

bete!

Abl. Sg. von König

sie waren

ermahnt, die Ermahnte

Dat. Sg. von Redner

er wird erschreckt

die berühmte Stadt

die, die nachahmen will (PFA)

Lösung: NULLA RE HOMO, QUI ______ ______ AGIT, TERRETUR, A NULLO RETINETUR.

Übersetzung: ____________________

____

25 Pronominaladjektive

Pronominaladjektive sind Wörter, die adjektivische Merkmale haben, jedoch keine Eigenschaft bezeichnen, sondern wie ein Pronomen eine Person vertreten. Von den Pronomina haben sie auch die Genitivendung *-īus* und die Dativendung *-ī* des Singulars übernommen.

Pronominaladjektive haben im **Genitiv Singular** die Endung **-īus**, im **Dativ Singular** die Endung **-ī**. Die übrigen Kasus werden regelmäßig gebildet.

Alle Pronominaladjektive werden wie *ullus, -a, -um* (irgendein) dekliniert:

Die Deklination von ūllus (irgendein)

	mask.	fem.	neutr.
Nom.	ūllus	ūlla	ūllum
Gen.	ūll**īus**	ūll**īus**	ūll**īus**
Dat.	ūll**ī**	ūll**ī**	ūll**ī**
Akk.	ūllum	ūllam	ūllum
Abl.	ab ūllō	ab ūllā	ūllō

Merke dir zu jedem Pronominaladjektiv die Form des Genitivs und des Dativs!

Die häufigsten Pronominaladjektive

ūnus, -a, -um (ūn**īus**, ūn**ī**, …)	einer	uter, utra, utrum (utr**īus**, utr**ī**, …)	welcher (von zweien)
ūllus, -a, -um (ūll**īus**, ūll**ī**, …)	irgendein	alter, altera, alterum (alter**īus**, alter**ī**, …)	der eine (von zweien), der andere (von zweien)
nūllus, -a, -um (nūll**īus**, nūll**ī**, …)	kein	neuter, neutra, neutrum (neutr**īus**, neutr**ī**, …)	keiner von beiden
sōlus, -a, -um (sōl**īus**, sōl**ī**, …)	allein	uterque, utraque, utrumque (utr**īus**que, utr**ī**que, …)	jeder von beiden, beide
tōtus, -a, -um (tōt**īus**, tōt**ī**, …)	ganz	alius, alia, aliud (**alterīus**!, ali**ī**, …)	ein anderer

Vorsicht beim Pronominaladjektiv **uterque**. Es bezieht sich auf zwei Personen (jeder von beiden), steht aber im Singular! Wenn wir im Deutschen mit „beide“ übersetzen, wandeln wir den Singular in Plural um.

Beispiele

Uterque (consul) vir praestissimus erat.
Jeder von beiden (Konsuln) war ein hervorragender Mann.
Oder: Beide (Konsuln) waren hervorragende Männer.

Utrique (iuveni) eadem puella placet.
Jedem von beiden (Jünglingen) gefällt dasselbe Mädchen.
Oder: Beiden (Jünglingen) gefällt dasselbe Mädchen.

Puella ab **utroque** (iuvene) amatur.
Das Mädchen wird von jedem von beiden/von beiden (Jünglingen) geliebt.

Übung 137 Übersetze folgende Pronominalausdrücke ins Deutsche!

1. utra femina?
2. nullus vir
3. Antigona sola
4. totus orbis terrarum
5. alter vir ... alter vir
6. utraque puella
7. nullus canis
8. solus consul

Übung 138 Setze im folgenden Text die fehlenden Pronominaladjektive ein und übersetze die Sätze!

1. Domina ______________ filio domum dedit.
   Die Herrin schenkte beiden Söhnen ein Haus.

2. Galli ______________ urbem occupare non poterant.
   Die Gallier konnten nicht die ganze Stadt erobern.

3. Anseres ______________ Romam a Gallis servaverunt.
   Allein die Gänse haben Rom vor den Galliern gerettet.

4. ______________ consul dives erat, ______________ consul prudentissimus.
   Der eine der Konsuln war reich, der andere sehr klug.

26 Die Rektion des Verbs

Verben ziehen stets einen bestimmten Kasus nach sich. Man sagt: Ein Verb regiert einen bestimmten Kasus, und spricht von der Rektion des Verbs.

Beispiele

Ich sehe dich.
Nach „sehen" steht ein Akkusativobjekt (wen?).
Das Verb „sehen" regiert also den Akkusativ.

Ich schenke dir ...
Das Verb „schenken" zieht ein Dativobjekt (wem?) nach sich.
Das Verb „schenken" regiert den Dativ.

Ich gedenke deiner.
Nach „gedenken" folgt ein Genitivobjekt (wessen?).
Das Verb „gedenken" regiert den Genitiv.

Viele Verben haben im Lateinischen dieselbe Kasus-Rektion wie im Deutschen:

Beispiele

Video te.	Ich sehe dich.
Dono tibi ...	Ich schenke dir ...
Memini[1] tui.	Ich gedenke deiner.

1 meminisse (gedenken) hat Perfektformen in Präsensbedeutung (vgl. Kap. 13)

Schwieriger wird es, wenn Verben mit gleicher Bedeutung im Deutschen und im Lateinischen unterschiedliche Kasus regieren.

Beispiele

Te adiuvo.	Ich helfe **dir**.
Akkusativ	Dativ
Invideo **tibi**.	Ich beneide **dich**.
Dativ	Akkusativ

Hier musst du dir die andere Kasusrektion der lateinischen Verben einprägen, um ihre Funktion im lateinischen Satz richtig zu verstehen.

26.1 Verben mit Akkusativobjekt

Häufig haben im Lateinischen Komposita (mit einer Präposition verbundene Verben) ein Akkusativobjekt bei sich. Im Deutschen folgt dem Verb eher ein Präpositionalausdruck.
Folgende Verben regieren abweichend vom Deutschen den Akkusativ.

Verben mit Akkusativobjekt

iuvāre aliquem	jemandem helfen	transīre flūmen	über den Fluss setzen
adiuvāre aliquem	jemandem helfen	adīre senātum	sich an den Senat wenden
fugere aliquem	jemandem entfliehen	convenīre avum	den Großvater besuchen
effugere aliquem	jemandem entgehen	obīre mortem	dem Tode begegnen (sterben)
dēficere aliquem	jemandem ausgehen, fehlen	praeterīre hostem	am Feind vorbeiziehen
cavēre aliquem	sich vor jemandem hüten		
invādere regiōnem	in ein Gebiet einfallen		

Auch folgende unpersönliche Verbformen (in der 3. Person Singular) regieren den Akkusativ:

Unpersönliche Verbformen mit Akkusativobjekt

iuvat aliquem	es macht jemandem Freude
decet aliquem	es schickt sich, es ziemt sich für jemanden
fugit / fallit aliquem	es entgeht jemandem, es bleibt jemandem verborgen

Gerne steht im Lateinischen nach Verben der Gefühlsäußerung ein Akkusativobjekt, wo wir im Deutschen eher einen Präpositionalausdruck vorziehen:

Verben der Gefühlsäußerung mit Akkusativobjekt

flēre aliquid	über etwas weinen
horrēre aliquid	vor etwas zurückschrecken
gemere aliquid	über etwas seufzen, klagen
dēspērāre aliquid	verzweifeln an etwas

bung 139 Übersetze folgende Ausdrücke, wobei du auf die (meist) verschiedene „Rektion“ des Verbs im Lateinischen und Deutschen achtest!

1. deficere matrem
2. cavere hostem
3. praeterire hostem
4. effugere militem
5. iuvare avum
6. invadere urbem
7. obire mortem
8. adire senatum
9. convenire amicos
10. iuvat aliquem

bung 140 Ergänze in folgenden Sätzen beim Objekt jeweils die Akkusativendung im Singular und übersetze dann den Satz!

1. Amic_____ etiam in summis periculis adiuvabimus.
2. Exercit_____ in bello diuturno frumentum deficere coepit.
3. Omnis familia mort_____ patris flebat.
4. Etiam curis gravibus pressi ne salut_____ desperaveritis.
5. Imperator_____ fefellerat hostes iam ante portas urbis esse.
6. Magistr_____ non decet sicut pueros ridere et saltare.
7. Cave can_____!

Warnung vor dem Hunde“, Fußbodenmosaik im Eingangsbereich einer römischen Villa, Pompeji. Die Warnung sollte unerwünschte Eindringlinge fernhalten.

26.2 Verben mit Dativobjekt

Folgende Verben regieren abweichend vom Deutschen den Dativ.

Verben mit Dativobjekt	
persuādēre alicui[1]	jemanden überreden, überzeugen
favēre alicui	jemandem gewogen sein, jemanden begünstigen
nūbere alicui[2]	jemanden heiraten
parcere alicui (reī)	jemanden schonen, etwas sparen
studēre alicui reī	sich um etwas bemühen
interesse alicui reī (oder in aliquā rē)	an etwas teilnehmen

1 *persuadeo tibi,* ***ut***... ich überrede dich, dass ...
persuadeo tibi **+ AcI** ich überzeuge dich, dass ...
2 *nubere* gilt immer nur für die Frau, die einen Mann heiratet,
z. B. *Paula Gaio nubit.* Paula heiratet Gaius.

Einige Verben regieren unterschiedliche Kasus und nehmen dabei jeweils unterschiedliche Bedeutungen an:

Verben mit Dativ- und Akkusativobjekt	
cōnsulere alicui *m. Dat.*	*m. Dat.:* sorgen für jemanden
cōnsulere aliquem *m. Akk.*	*m. Akk.:* jemanden um Rat fragen
prōvidēre alicui *m. Dat.*	*m. Dat.:* sorgen für jemanden
prōvidēre aliquid *m. Akk.*	*m. Akk.:* etwas vorhersehen
temperāre īrae *m. Dat.*	*m. Dat.:* den Zorn mäßigen, zügeln
temperāre rem pūblicam *m. Akk.*	*m. Akk.:* den Staat schonen, ordnen, leiten

Übung 141 Übersetze folgende Sätze! Achte darauf, ob das Verb den Dativ oder den Akkusativ regiert!

1. Pater familias familiae toti consulere debet.
2. Vates etiam res futuras providebit.
3. Tempera semper irae!
4. Caesar hostibus victis plerumque temperabat.
5. Consules in rebus gravibus senatum consulere solebant.
6. Consules populo omnibus viribus consulebant.
7. Pater familias summo studio familiae providebat.
8. Imperator cladem nullo modo providere poterat.
9. Catullus poeta in amore neque odio neque cupiditati temperabat.
10. Philosophi imperatores docent, quomodo civitatem bene temperarent.

Übung 142 Ergänze die richtige Endung des Substantivs und übersetze die Sätze ins Deutsche:

1. Heri Antonia et Iulia av ________ in horto iuverunt.
2. Caesar senat ________ persuasit, ut complures legiones trans Alpes mitteret.
3. Pater ir ________ temptare non poterat.
4. Equites hostes incursantes equ ________ non parcebant.
5. Multi Graeci oraculum visitaverunt, ut Apollin ________ de rebus futuris consulerent.
6. Semper stude pericul ________ providere.
7. Plato discipul ________ persuadere studebat deum esse.
8. Hieme cibi exercit ________ deficere incipiebant.
9. Si virgo vir ________ nubit, auxilium deorum imploratur.
10. Virgo amor ________ amiss ________ gemebat.
11. Imperator ________ non fefellit milites hostes timere.
12. Semper homin ________ iuvat ali ________ adiuvisse.
13. Nemin ________ decet solum sibi confidere et deos neglegere.
14. Studete semper mor ________ bon ________ et felices eritis.

26.3 Verben mit Genitivobjekt

Mit Genitiv stehen folgende Verben und unpersönlichen Verbformen:

Verben und unpersönliche Verbformen mit Genitivobjekt	
meminisse[1] alicui (rei)	sich an jemanden (etwas) erinnern
mē paenitet alicuius reī	eine Sache reut mich
mē pudet alicuius reī	ich schäme mich einer Sache
interest alicuius / rēfert alicuius } (facere aliquid)	jemandem liegt daran, jemand ist interessiert (etwas zu tun)

1 zu den Formen von meminisse siehe Kap. 13

Bei folgenden Ausdrücken unterscheiden sich die deutsche und die lateinische Konstruktion deutlich voneinander:
Bei *paenitet* und *pudet* steht die Person, die bereut oder sich schämt, im Akkusativ, die Sache, die Reue oder Scham verursacht, im Genitiv.

Ebenso aufpassen musst du bei *interest* und *refert:* Die Person, die an etwas interessiert ist, steht im Genitiv, ihr Interesse wird meist mit einer Infinitivkonstruktion näher beschrieben.

Übung 143 Übersetze:

1. Parricidam[1] postea sceleris paenituit.
   1 parricida, -ae, m.: Vatermörder
2. Discipulum ignaviae suae non pudebat.
3. Caesarem factorum non paenitebat.
4. Factorum etiam eum non pudebat.
5. Augusti imperatoris plurimum intererat (referebat) populum Romanum ad mores maiorum redire.

27 Dativus und Genitivus possessivus

Im Lateinischen kann sowohl der Dativ wie der Genitiv den Besitzer eines Gegenstandes oder einer abstrakten Sache angeben. Man spricht dann vom Dativus bzw. Genitivus possessivus oder possessoris (von *possidere,* besitzen), dem Dativ bzw. Genitiv des Besitzers.

27.1 Der Dativus possessivus

Im Lateinischen steht häufig der Besitzer im Dativus possessivus.

> Der **Dativus possessivus** gibt den **Besitzer** eines Gegestandes oder einer abstrakten Sache an.
> Bei der Übersetzung ins Deutsche verwendet man am besten das Verb **„haben“**.
> z. B. **Ciceroni** multi libri **erant: Cicero hatte** viele Bücher.

Beispiele

Consuli villa ampla **est.**
Der Konsul hat eine geräumige Villa (wörtl.: Dem Konsuln ist eine ... Villa).

Mihi nomen Gaius (oder: Gaio) **est.**
Ich heiße Gaius / ich habe den Namen Gaius.

Regibus primis infinita potestas **erat.**
Die ersten Könige hatten unbeschränkte Macht.

ung 144 In folgenden Sätzen setzt du Paulus oder Paula als Besitzer im weiteren Sinne ein, du benützt den Dativus possessivus. Übersetze die Sätze ins Deutsche.

1. ______________ canis fidus erat.
2. Puero nomen ______________ est.
3. Puellae nomen ______________ est.
4. ______________ cupiditas vini non est, etiam ______________ cupiditas vini ignota est.
5. ______________ vita beata est
6. ______________ aliquamdiu consuetudo cum hominibus malis erat.
7. ______________ res nunc mecum est.

27.2 Der Genitivus possessivus

Der Genitivus possessivus gibt wie der Dativus possessivus den Besitzer an, ist uns aber sprachlich vertrauter, zumindest wenn er als Beifügung (Attribut) steht.

Beispiele

equi avi	die Pferde des Großvaters
mores maiorum	die Sitten der Vorfahren
lex naturae	das Naturgesetz
magnitudo animi	Herzensgröße

> Der **Genetivus possessivus** gibt ebenso wie der Dativus possessivus den **Besitzer** eines Gegenstandes oder einer abstrakten Sache an.
> Steht er in Verbindung **mit esse**, wird er am besten übersetzt mit **„jemandem gehören"**.
>
> z. B. Libri **Ciceronis sunt:** Die Bücher gehören Cicero.
>
> feste Wendung:
> **alicuius** (z. B. consulis) **est:** es ist jemandes Sache, Aufgabe, Eigenschaft, Pflicht

Beispiele

Villa patris est.
Das Landhaus gehört dem Vater.

Totus mundus Iovis est.
Die ganze Welt gehört Jupiter (steht in der Macht Jupiters).

Philosophi est non omni tumultu vitae perturbari.
Es ist Art des Philosophen, sich nicht durch jede Aufregung im Leben verwirren zu lassen.

ung 145 Übersetze die folgenden Sätze!

1. Amicorum est nobis etiam in rebus adversis adesse.
2. Prudentiae est in periculis non nimis terreri.
3. Consulum est semper civibus consulere.
4. Patris est familiae providere.
5. Magistrorum est mores discipulorum corrigere.
6. Semper rationis humanae erat bellum arcere, pacem servare.

ung 146 Unterstreiche in folgenden Sätzen den Genitivus possessivus! Übersetze dann die Sätze!

1. Multorum civium sub imperatoribus conditio melior erat quam in re publica libera.
2. Societas orationis et vitae homines saepe magis coniungit quam societas sanguinis.
3. Diebus festis cives templa deorum floribus ornabant.
4. Mos maiorum etiam posteris civibus lex vitae erat.
5. Lex naturae animis hominum a deis insita est.
6. Catilinae coniuratio paene rem publicam liberam delevisset.

Die Senatssitzung vom 5. Dezember 63 v. Chr. Rechts der isolierte Catilina, links ihm in Rednerpose zugewandt der damalige Konsul Marcus Tullius Cicero, im Hintergrund die Senatoren. Gemälde, Cesare Maccari, 1882/1888. Senato della Repubblica, Rom

28 Der Dativus commodi

Der Begriff Dativus commodi leitet sich ab von *commodum,* der Vorteil, bedeutet also Dativ des Vorteils.

Der **Dativ des Vorteils** gibt die Person oder Sache an, zu deren **Nutzen** etwas geschieht. Man fragt nach ihm mit **„Für wen? Wofür?“**

Beispiele

Parentes totum vitam solum **liberis suis** laborabant.
Die Eltern haben ihr ganzes Leben nur **für ihre Kinder** gearbeitet.

Non **scholae**, sed **vitae** discimus.
Wir lernen nicht **für die Schule**, sondern **fürs Leben**.

Diesen Satz soll, so wird behauptet, der römische Philosoph Seneca gesprochen haben. Das stimmt aber nicht, denn überliefert ist:

Non vitae, sed scholae discimus:
Wir lernen nicht fürs Leben, sondern (bloß) für die Schule.

Welcher Version würdest du dich anschließen?

Übung 147 Entschlüssle die folgenden Sätze mit dem Dativus commodi:

1. Homo non sibi soli natus est.
2. Cicero in Senatu dixit: „Constituite toti populo, patres conscripti, legem ferte toti rei publicae.“
3. Sanitati corporis medicum bonum habere debemus.
4. Parentes semper felicitati liberorum timere solent.
5. Etiam scelestis hominibus a deis provideri necesse est.
6. Romani consulem admonuerunt, ut rei publicae bene consuleret.
7. Non solum nobis, sed etiam omnibus civibus nati sumus.
8. Tibi vita semper felix sit.

29 Der Dativus finalis

Der Dativus finalis gibt an, welchen Zweck etwas erfüllt.

Der **Dativus finalis** ist der sog. **Dativ des Zwecks**.
Er gibt Antwort auf die Frage: **Wozu? zu welchem Zweck?**

Übersetzung:
Im Deutschen behilft man sich mit einer **Präposition** oder übersetzt **frei**.

Beispiele

Tibi patrem **auxilio** mittam.
Ich werde dir den Vater **zu Hilfe** schicken.

Caesar multos milites castris **praesidio** reliquit.
Caesar ließ dem Lager viele Soldaten **zum Schutz** zurück.

Industria tibi **honori** est.
wörtlich: Dein Fleiß gereicht dir **zur Ehre**.
schöner: Dein Fleiß **bringt** dir **Ehre**.

Scientia nobis **usui** est.
Wissen ist uns **von Nutzen (nützlich)**.

Präge dir folgende häufigeren Ausdrücke mit Dativus finalis gleich wie Vokabeln fest ein, dann musst du beim Übersetzen nicht lange überlegen:

Feste Wendungen mit Dativus finalis	
ūsuī esse	von Nutzen sein, Nutzen bringen
honōrī esse	zur Ehre gereichen, Ehre bringen
admīratiōnī esse	Bewunderung erregen
salūtī esse	zum Heil gereichen, zur Rettung beitragen
cūrae esse	Sorgen bereiten
odiō esse	Hass erzeugen, verhasst sein
dōnō dare	zum Geschenk machen
vitiō dare	als Fehler anrechnen
crīminī dare	zum Vorwurf machen
auxiliō mittere	zu Hilfe schicken

Übung 148 Übersetze:

1. Amica mihi librum dono dedit.
2. Medicina medici mihi saluti erat.
3. Turres altae urbis visitatoribus[1] magnae admirationi erant.

   1 visitator, -oris, m.: der Besucher
4. Parentibus magnae curae est, ut liberi felices sint.
5. Divitiae regi usui erant.
6. Cives oratori orationem in foro habitam vitio dabant.
7. Caesar amicis Gallorum equitatum auxilio misit.
8. Feminis pulchritudo gloriae est.
9. Iudex: Cui bono (fuit)?
10. Tu mihi maximae curae fuisti.

Übung 149 Übersetze vom Deutschen ins Lateinische!

1. Die Mutter macht mir meine Faulheit (Trägheit) zum Vorwurf.
2. Die schönen Blumen erregten bei allen Gästen Bewunderung.
3. Die Götter haben den in Stürme geratenen (geworfenen) Seeleuten den Gott Merkur zu Hilfe geschickt.

Die Rednerbühne (Rostra) auf dem Forum Romanum. Sie befindet sich neben der Curia, dem Gebäude, in der der Senat tagte. Von dieser Brüstung aus sprachen die römischen Beamten zum Volk.

bung 150 Füge jeweils eine der folgenden Personen und einen der folgenden Sachverhalte zusammen und drücke durch den Dativus finalis eine Ehre oder Schande aus! Übersetze deine Sätze!

z. B. *Feminis pulchritudo honori est.*
Frauen gereicht Schönheit zur Ehre.

Personen:
CICERO, MATRONAE, MILITES, SENEX, MILITES (2), IUVENIS, CONSUL, SERVI, MAGISTER, CATILINA.

Sachverhalte:
IGNAVIA, TIMOR MORTIS, FORTITUDO, MODESTIA, INDUSTRIA, PROVIDENTIA, STULTITIA, TOTA VITA, PUDOR, CONIURATIO.

Das Pantheon in Rom. Der heute sichtbare Rundbau enstand unter Kaiser Hadrian. 609 wurde er in die Kirche S. Maria ad Martyres umgewandelt. Diesem Umstand verdanken wir den heutigen guten Erhaltungszustand. Mit einem Durchmesser von 43,30 Metern ist die Kuppel des Pantheon die größte jemals gemauerte Kuppel der Welt. Ganz oben wird sie von einer 9 m breiten, kreisförmigen Öffnung durchbrochen, der einzigen Lichtquelle des gesamten Raumes.

30 Genitivus subiectivus und Genitivus obiectivus

Der Genitivus subiectivus und der Genitivus obiectivus sind eine Besonderheit des lateinischen Satzbaus. Woher die Bezeichnungen stammen und was sie bedeuten, siehst du an folgenden Beispielen:

Beispiel

amor **parentum**
die Liebe **der Eltern**

Hier nennt der Genitiv parentum das **Subjekt** des Gefühls Liebe: die Eltern lieben. Es liegt der **Genitivus subiectivus** vor.

Der Ausdruck kann aber, je nach Sinnzusammenhang, auch anders übersetzt werden:

Beispiel

amor **parentum**
die Liebe **zu den Eltern**

Anders als im Deutschen kann der Genitiv auch die Person oder Sache nennen, auf die sich das Gefühl bezieht, also das **Objekt** des Gefühls: die Eltern werden geliebt. Man spricht deshalb vom **Genitivus obiectivus**. Im Deutschen müssen wir bei der Übersetzung eine Präposition einfügen (hier z. B. „zu“).

Genitivus subiectivus und Genitivus obiectivus

Der **Genitivus subiectivus** bezeichnet das **Subjekt** eines Gefühls oder einer Tätigkeit.	amor mātris spēs patris cōnsēnsus omnium	die Liebe der Mutter die Hoffnung des Vaters die Übereinstimmung aller
Der **Genitivus obiectivus** bezeichnet das **Objekt** eines Gefühls oder einer Tätigkeit. Er ist im Deutschen mithilfe einer **Präposition** zu übersetzen.	amor mātris spēs salūtis cōnsēnsus omnium rērum cupiditās glōriae studium litterārum	die Liebe **zu** der Mutter die Hoffnung **auf** Rettung Übereinstimmung **in** allen Dingen das Streben **nach** Ruhm die Beschäftigung **mit** den Wissenschaften

ung 151 Stelle in folgenden zwei Sätzen fest, wo der Genitivus subiectivus und der Genitivus obiectivus vorliegt! Übersetze sie entsprechend!

1. Odium ardens hostium urbem delevit.
2. Odio Romanorum Galli laeti in pugnam properabant.

ung 152 Übersetze folgende Ausdrücke zweifach: einmal als Genitivus subiectivus, einmal als Genitivus obiectivus!

1. odium militum — gen. subiect.: ______________________
   gen. obiect.: ______________________
2. spes Romanorum — gen. subiect.: ______________________
   gen. obiect.: ______________________
3. timor hostium — gen. subiect.: ______________________
   gen. obiect.: ______________________

ung 153 Übersetze folgende Sätze, die alle einen Genitivus obiectivus enthalten!

1. Metus mortis etiam media in vita animas hominum terret.
2. Cupido potestatis iam multos iustos in scelera agitavit.
3. Nautae spe salutis impleti tempestatem superaverunt.
4. Amore Aeneae commota Dido vitam gladio finivit.

ung 154

Rhython, Trink- und Kultgefäß, Olympia

Cupiditas vini iam multos perdidit.
Gier nach Wein hat schon viele zugrunde gerichtet.

Ersetze den Wein durch andere begehrte Dinge, indem du folgende Substantive lateinisch in den Genitivus obiectivus setzt!

1. Geld
2. Ruhm
3. Ehre
4. Macht
5. Leben
6. Glück
7. Liebe

31 Der Genitivus qualitatis

Der Genitivus **qualitatis** (von *qualis,* wie beschaffen), bezeichnet die **Eigenschaft** einer Person oder Sache.

Der **Genitivus qualitatis** gibt die **Eigenschaft** einer Person oder Sache an.
Bei der Übersetzung ins Deutsche nimmt man am besten zuerst die Präposition **„von"** zuhilfe.

Beispiele

vir mult**orum** ann**orum**
ein Mann **von** vielen Jahren
schöner: ein **alter** Mann

femina magn**ae** pulchritudin**is**
eine Frau **von** großer Schönheit
besser: eine **sehr schöne** Frau

Übung 155 Versuche es nun selber und beschreibe die Eigenschaft einer Person oder Sache mit einem Genitivus qualitatis. Forme dazu stets das Adjektiv um in eine Formulierung aus „von" und dem entsprechenden Substantiv:

z. B. eine sehr weise Frau: *eine Frau von großer Weisheit, femina magnae sapientiae*

1. ein zehnjähriges Mädchen
2. ein höchst geiziger Herr
3. ein sehr schönes Haus
4. ein unglaublich großer Tempel
5. sehr alte Bauwerke
6. eine 300 Schiffe starke Flotte
7. drei Fuß Flusstiefe

Übung 156 Übersetze vom Lateinischen ins Deutsche! Formuliere zuerst mithilfe der Präposition „von", dann suche nach einer schöneren Übersetzungsmöglichkeit!

z. B. vir summae virtutis: *ein Mann von höchster Tapferkeit, ein überaus tapferer Mann*

1. hortus florum variorum et pulchrorum
2. itinera summi periculi
3. vir incredibilium divitiarum
4. urbs magnarum opum

ung 157 Übersetze:

1. Catilina magni roboris corporis et animi erat, sed idem[1] ingenii mali et pravi.

   1 hier: ebenso

2. Forum Romanum excavare[2] res magnae operae erat.

   2 excavare: ausgraben

3. Urbs Roma incredibilis magnitudinis erat.
4. Eiusmodi[3] res mihi non placent.

   3 = eius modi

5. Homines magnae iracundiae etiam amicos saepe terrebunt.
6. Ea insula tantae pulchritudinis me semper retinet, ut domum redire nolim.

Der Reichtum Roms zeigte sich auch in den immer gewaltigeren öffentlichen Bauten: Kaiser Traian, der sich allgemein durch umfangreiche Baumaßnahmen in Rom und im Reich hervortat (unter anderem diverse Thermen, Hafen bei Ostia), setzte mit dem Traiansforum einen monumentalen Schlusspunkt unter die Entwicklung der Kaiserforen.

32 Der Genitivus partitivus

Der Genitivus partitivus (von *pars, partis,* der Teil) gibt das Ganze an, von dem ein Teil genommen oder hervorgehoben wird:

Der **Genitivus partitivus** bezeichnet das **Ganze**, von dem das übergeordnete Wort einen Teil angibt. Er steht **nach Mengen-** und **Zahlenangaben, Komparativen** und **Superlativen**:

cōpia frument**i**	eine Menge Getreide
pōculum vīnī	ein Becher Wein
multum oper**ae**	viel Mühe
satis pecūni**ae**	genügend Geld
parum ratiōn**is**	zu wenig Vernunft
maior sorōr**um**	die ältere Schwester (die Ältere der Schwestern)
maximus filiōr**um**	der älteste Sohn (der Älteste der Söhne)
ūnusquisque vestr**um***	ein jeder von euch

* *vestrum* wird anstelle von *vestrorum* verwendet, ebenso *nostrum* statt *nostrorum*

Übung 158 Setze folgende Substantive in den Genitivus partitivus und drücke damit aus, dass wir etwas von der jeweiligen Sache haben. Übersetze dann die Ausdrücke!

nobis est aliquid

1. ________________ (argentum) ________________
2. ________________ (auxilium) ________________
3. ________________ (ratio) ________________
4. ________________ (panis) ________________
5. ________________ (aqua) ________________
6. ________________ (timor) ________________

33 Der Genitivus criminis

Nach Verben aus der Gerichtssprache, die eine Anklage, eine Überführung, eine Verurteilung oder einen Freispruch bezeichnen, steht die jeweilige **Schuld** oder das **Verbrechen** im Genitivus criminis (von *crimen,* Anklage, Verbrechen), dem Genitiv des Gerichtsverfahrens.
Folgende Verben des Gerichtsverfahren kommen häufig vor:

Verben des Gerichtsverfahrens

sceleris	**accūsāre**	wegen eines Verbrechens anklagen
	reum facere	wegen eines Verbrechens vor Gericht bringen
	convincere	eines Verbrechens überführen
	damnāre	wegen eines Verbrechens verurteilen
	absolvere	von einem Verbrechen freisprechen

Merke dir folgende Verbrechensbezeichnungen:

Häufige Wendungen im Genitivus criminis

criminis	accūsare, damnāre …	wegen eines Verbrechens	anklagen, verurteilen …
sceleris		wegen eines Verbrechens	
caedis		wegen Mordes	
iniūriārum		wegen Beleidigung	
fūrti		wegen Diebstahl	
ambitūs		wegen Amtserschleichung	
fraudis		wegen Betrugs	
adulterii		wegen Ehebruchs	

Wenn vor einem römischen Gericht wirklich schwere Verbrechen Prozessgegenstand waren, ging es um den Kopf *(caput, capitis),* zumindest bei Verbrechern, die nicht römische Bürger waren. Auch die Strafe steht dann im Genitiv. Merke dir folgende Wendungen:

aliquem **capitis** accūsāre	jemanden auf Leben und Tod anklagen
aliquem **capitis** damnāre	jemanden zum Tode verurteilen
aliquem **capitis** absolvere	jemanden von der Todesstrafe freisprechen

Übung 159 Du vertrittst die Anklage gegen den Mehrfach-Verbrecher Catilina. Übersetze die folgenden Sätze!

1. Ich bezichtige, ihr Richter, Catilina des Mordes.
2. Wir werden Catilina wegen Ehebruchs verurteilen.
3. Ich habe Catilina des Verrats überführt.

Übung 160 Wir klagen an: accusamus!
Fülle die Schlange, indem du von ihrem Ende zum Kopf hin folgende Vorwürfe lateinisch im Genitivus criminis einsetzt!

- wegen Unrechts
- wegen Mordes
- wegen eines Verbrechens
- wegen Betrugs
- wegen Diebstahls
- wegen Amtserschleichung
- wegen Ehebruchs

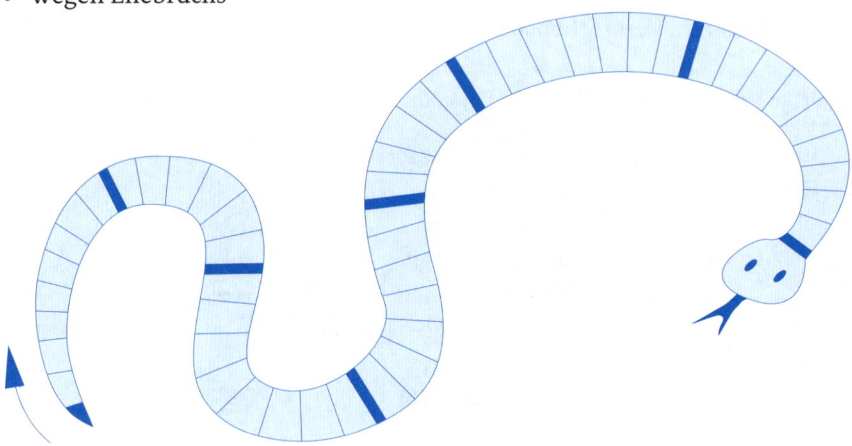

34 Der Genitivus pretii

Der Genitivus pretii (von *pretium,* der Wert) benennt die Höhe des Wertes einer Sache. Er ist entstanden aus einem Genitivus qualitatis, bei dem das Nomen *pretii* weggefallen ist.

Res **magni pretii est.** → Res **magni** est.
Die Sache ist von großem Wert.

Der **Genitivus pretii** gibt den **Wert** an, der einer Sache zugeschrieben wird.

Er steht nach Verben mit der Bedeutung „gelten, wert sein“ (esse) und „schätzen, halten für“ (putāre, dūcere, habēre, aestimāre).

z. B.	Rēs **magnī** sunt.	Die Dinge sind viel wert.
	Rēs **magnī** putant.	Sie halten die Dinge für viel wert / sehr wertvoll.
	Rēs **magnī** habentur.	Die Dinge werden für viel wert gehalten.

Beispiele

Arma **parvi** erant.
Die Waffen waren **wenig wert.**

Omnes Ciceronem **plurimi** aestimant.
Alle schätzen Cicero **sehr hoch** (am höchsten).

Für Dinge, die viel oder wenig wert sind, für wertvoll oder weniger wertvoll gehalten werden, die man hoch oder gering einschätzt merke dir folgende Ausdrücke im Genitivus pretii:

Häufige Wendungen im Genitivus pretii

magnī	viel wert, wertvoll, hoch
plūris	mehr, wertvoller, höher
plūrimī	am meisten, am wertvollsten, am höchsten
parvī	wenig wert, gering
minōris	weniger wert, geringer
minimī	am wenigsten wert, am geringsten
tantī, quantī	so viel wert, wie (viel wert)

Übung 161 Ergänze in folgenden lateinischen Sätzen die Wertangabe im Genitivus pretii:

1. Libri a multis ________________ putantur.
   Bücher werden von vielen hoch geschätzt.
2. Nonnulli autem libros ________________ ducunt.
   Manche aber halten Bücher für wenig wert.
3. Hic liber ________________ erat.
   Dieses Buch war sehr wertvoll.
4. Sed liber non ________________ erat, ________________ liber amici erat.
   Aber das Buch war nicht so viel wert wie das Buch eines Freundes.

Auch die Römerinnen pflegten im alten Rom Sportarten wie Ballspiel, Laufen und Gymnastik. Mosaik, Piazza Armerina, Sizilien.

Übung 162 Übersetze:

1. Verba dura amicorum saepe pluris sunt quam verba suavia.
2. Quanti homo se ipsum existimat, tanti saepe ab aliis existimari solet.
3. Sapientiam multi Romani minoris habebant quam virtutem.
4. Qui se parvi putat, etiam alterum magni putare non potest.
5. Temporibus inopiae mercatores frumentum plurimi vendebant.
6. Virtus non solum in bello magni habetur.
7. Divitiae, quas multi plurimi putant, non tanti sunt, quanti mens sana.

35 Der Akkusativ der Richtung

Bei den Präpositionen steht auf die Frage **„wohin?"** stets der Akkusativ. Der Akkusativ signalisiert also die **Richtung.**

Bei Namen von Städten und kleineren Inseln genügt im Lateinischen der bloße Akkusativ ohne Präposition für die Richtungsangabe.

Auf die Frage **„wohin?"** stehen die Namen von **Städten und kleineren Inseln** immer ohne Präposition im **Akkusativ der Richtung**.

Bei Ländern und großen Inseln dagegen bleibt stets die Präposition **in** stehen.

Beispiele

Rom**am** eo.	Ich gehe nach Rom.
Corinth**um** properas.	Du eilst nach Korinth.
Athen**as** navigaverunt.	Sie sind nach Athen gefahren.
Carthagin**em** navigabit.	Er wird nach Karthago segeln.
aber:	
In Italiam navigavimus.	Wir sind nach Italien gesegelt.
In Siciliam properatis.	Ihr eilt nach Sizilien. (Sizilien ist eine *große* Insel!)

Den bloßen Akkusativ der Richtung haben wir schon im ersten Lateinjahr bei der unregelmäßigen Deklination von *domus, domūs, f.* (Haus) kennengelernt:

Dom**um** eo.	Ich gehe nach Hause.

Ausnahme

Die Präposition bleibt bei Städten und kleineren Inseln zur Verdeutlichung stehen, wenn der Ortsname nicht allein steht:

In urbem Romam eo.	Ich gehe in die Stadt Rom.

bung 163 Übersetze ins Lateinische!

1. Ich fahre (gehe) mit meiner Großmutter nach Rom.
2. Wenn wir wieder nach Hause zurückkommen (im Lat. Futur II), werden sich meine Eltern freuen.
3. Wir werden im Sommer nach Athen segeln.

Eule der Athene, Akropolismuseum

Athens Schutzgöttin war Pallas Athene, die griechische Göttin der Weisheit. Die Eule galt als der Athene heiliges Tier.

Zur Verehrung der Pallas Athene waren die attischen Silbermünzen daher mit dem Bild der Eule geschmückt. Sie wurden darum „Eulen" (glaukes) genannt. Das Sprichwort „Eulen nach Athen tragen" bezieht sich darauf: Weil Athen zur damaligen Zeit eine sehr reiche Stadt war, war es unsinnig, noch mehr Eulen (Geld) in die Stadt zu tragen.

4. Morgen fahren (gehen, im Lat. Futur) wir nach Italien.
5. Die Kinder gehen in die Stadt.
6. Die Soldaten eilen nach Korinth.

Übung 164 Übersetze ins Deutsche!

1. Omnes viae Romam ducunt.
2. Cum Alexander navibus in Asiam navigavisset, ibi periit.
3. Spero parentes mox domum redituros esse.
4. In silvam hodie ibimus.

Übung 165 Übersetze!

Solon bemüht sich um die Neuordnung des Staates

1. Quodam tempore viros iustos Athenas navigare non iuvit, cum Athenis solum nobiles magnam potentiam haberent.
2. Pauperes eos superbiae accusantes Solonem implorabant, ut civitatem novis legibus temperaret.
3. Divites enim opes suas augebant, quia agros pauperum minimi emerant.
4. Nunc multi se inopiam diutius tolerare non posse, sed non Corinthum, Delum, in Cretam emigraturos esse dicebant.
5. Qua de causa Solo, qui salutem plebis non neglegebat, omnia commovit, ut pauperes defenderet.
6. Solonem novam et iustam rem publicam creavisse constat: Novas leges in tabulis inscribi iussit, ut omnes cives eas legere possent.
7. His legibus inscriptis iusti libenter Athenas veniebant.

36 Der Ablativus loci

Bei Namen von Städten und kleineren Inseln genügt im Lateinischen der bloße Ablativ ohne Präposition für die **Ortsangabe**, der **Ablativus loci**.

> Auf die Frage **„wo?"** stehen die Namen von **Städten und kleineren Inseln**, die nicht auf -us, -a, -um enden*, ohne Präposition im **Ablativus loci** (Ablativ des Ortes).

* Diese stehen im Lokativ (siehe unten).

Beispiele

Athen**is** sum.	Ich bin in Athen.
Carthagin**e** habitant.	Sie wohnen in Karthago.
Aber: In Sicilia sum.	Ich bin in Sizilien. (Sizilien ist eine *große* Insel!)

Der Alativus loci steht auch häufig bei ***locus*** in Verbindung mit einem Attribut und bei Substantiven, die mit dem Adjektiv ***totus, -a, -um*** verbunden sind.

Beispiele

iniqu**o** loc**o**	an einer ungünstigen Stelle
tot**a** urb**e**	in der ganzen Stadt

Der Lokativ

Du kennst schon Ortsangaben mit der Endung ***-ī***, z. B.:

dom**ī** (*v.* domus, -ūs)	zu Hause
rūr**ī** (*v.* rūs, rūris)	auf dem Land

Hier liegt ein alter siebter Kasus aus der römischen Frühzeit vor, der im Lauf der Zeit fast ganz verschwunden ist: der **Lokativ** mit der Endung *-ī* auf die Frage „wo?". Er hat sich bei den Namen von Städten und kleineren Inseln auf *-us, -a, -um* erhalten, ist aber im Lauf der Zeit lautlich mit dem **Genitiv Singular** zusammengefallen (aus *Romai* wurde *Romae*).

> Auf die Frage **„wo?"** stehen die Namen von **Städten und kleineren Inseln auf -us, -a, -um** im **Lokativ**, der wie der Genitiv Singular aussieht.

Beispiele

Rom**ae** sum.	Ich bin in Rom.
Corinth**i** sum.	Ich bin in Korinth.

Übung 166 Fülle die Lücken! Achte genau darauf, wie du die jeweilige Ortsangabe ausdrücken musst! Für einen Wortzwischenraum lässt du ein Kästchen frei.
Wenn du die Buchstaben der einzelnen dunkelblauen Kästchen in der richtigen Reihenfolge in die erste Zeile einsetzt, ergibt sich das Lösungswort: Wer wohnt in diesen Orten?

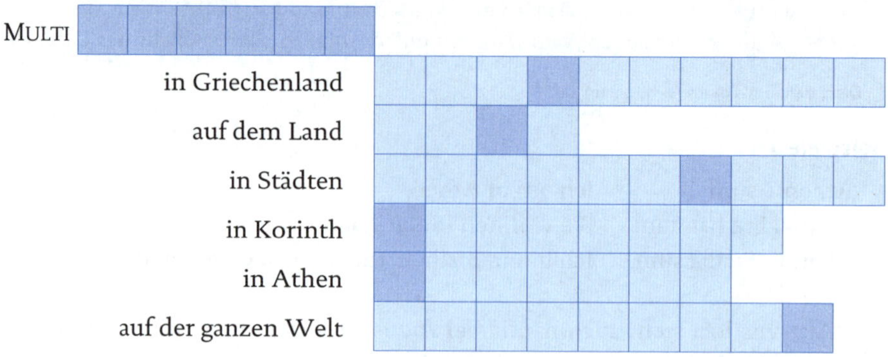

... HABITANT.

Übung 167 Übersetze ins Lateinische und achte dabei sorgfältig auf die richtigen Endungen bei Ortsangaben auf die Frage „wo?“ oder „wohin?“!

1. Wir sind nach Griechenland gefahren, um in Athen die alten Monumente der Griechen zu besuchen (damit wir ... besuchten).
2. Wir sind aber zuerst nach Korinth gegangen; auch diese Stadt ist in Griechenland.
3. Wir sind nach Athen geeilt, nachdem wir in Korinth unseren Onkel besucht hatten.
4. Wenn wir aber in Griechenland in keine Stadt gegangen wären, wären wir auf dem Land gewesen: Das wäre auch nicht schlecht gewesen.

Übung 168 Bloßer Ablativ, Lokativ oder „in“ mit Ablativ?
Übersetze:

1. in Athen
2. in Korinth
3. in Rom
4. in Karthago
5. in Sizilien

37 Der Ablativus temporis

Der Ablativ Ablativus temporis (von *tempus,* die Zeit), der Ablativ der Zeit, gibt den Zeitpunkt an, zu dem etwas geschieht oder geschehen ist.

Zeitangaben auf die Frage **„wann?"** stehen im **Ablativus temporis**.

Beispiele

(multa) nocte	(mitten) in der Nacht
postero die	am folgenden Tag
tricentesimo die	am dreißigsten Tag
hoc anno	in diesem Jahr
solis ortu/occasu	bei Sonnenaufgang/-untergang
Idibus Martiis*	an den Iden des März
primo bello Punico	im ersten punischen Krieg (im ersten Krieg gegen die Punier)

* Martius, -a, -um ist ein Adjektiv

Übung 169 Übersetze ins Deutsche!

1. Homines probi die laborant, nocte somno se dant.
2. Bello Gallico Caesar totam Galliam occupavit.
3. Temporibus antiquis Graeci colonias in Italia habebant.
4. Caesar anno quadragesimo quarto a. Chr. n. necatus est.

Übung 170 Im Jahre 1977 entdeckte der griechische Archäologe Manolis Andronicos das Grab des Königs Philipp von Makedonien.
Übersetze!

1. Multos annos homines docti sepulcrum Philippi regis ignotum putabant.
2. Nostro saeculo autem archaeologi Graeci id sepulcrum Verginae invenerunt.
3. Primo archaeologi illum locum homines celabant[1], ne visitatores labores perturbarent.
   1 celare aliquem aliquid: vor jemandem etwas verbergen
4. Sed mox res pretiosae ex sepulcro in museum translatae sunt.
5. Nunc omnibus licet thesaurum sepulcri in museo expositum videre.

38 Der Ablativus causae

Der Ablativus causae (von *causa,* Grund, Ursache) gibt den Grund für ein Geschehen an. Man nennt ihn darum auch Ablativ des Grundes.

> Der **Ablativus causae** gibt den **Grund** für ein Geschehen an.
> Er beantwortet die Frage **„weswegen?"**.

Beispiele

Labore fessi sumus.	Wir sind **von der Anstrengung** müde.
Multi **fame** interierunt.	Viele gingen **an Hunger** zugrunde.
Canis **morbo** periit.	Unser Hund ist **an einer Krankheit** gestorben.

Besonders häufig tritt der Ablativus causae im Zusammenhang mit **Gefühlsäußerungen** auf. Dabei hängt der Ablativ oft von einem PPP (Partizip Perfekt Passiv) ab, das du beim Übersetzen oft am besten einfach weglässt:

Beispiele

amore adductus	**aus Liebe** (von Liebe veranlasst)
metu coactus	**aus Furcht** (von Furcht gezwungen / übermannt)
Morte canis maestus est.	Er ist traurig **wegen des Todes** unseres Hundes.
Verbis magistri gaudeo.	Ich freue mich **über die Worte** des Lehrers.

Die Ablative des Grundes ***causā*** und ***gratiā*** (m. Gen., wegen, um … willen), die zu einer Art nachgestellter Präposition erstarrt sind, haben ihren kausalen Sinn behalten und geben einen Beweggrund oder eine Absicht an.

Beispiele

amicorum causa	wegen der Freunde, um der Freunde willen
exempli causa	beispielshalber
pudoris gratia	anstandshalber
parentum gratia	um der Eltern willen, den Eltern zuliebe
mea causa	meinetwegen, um meinetwillen

Übung 171 Gib für den folgenden Satz Begründungen an, indem du jedes der angegebenen Substantive im Ablativus causae einsetzt! Übersetze diese Begründungen!

Tum multi { ____________ (fames, -is) / ____________ ; ____________ (amor, -oris) / ____________ ; ____________ (odium hostium) / ____________ ; ____________ (rumores, -um) / ____________ ; ____________ (mors amicorum) / ____________ } infelices erant.

Übung 172 Verbinde folgende Beweggründe, nachdem du die Übersetzung danebengeschrieben hast, mit dem ihm jeweils entsprechenden Verb!

1. ira commotus ____________
2. amore adductus ____________
3. metu coactus ____________ **flevit** ____________
4. odio incensus ____________ **risit** ____________
5. gaudio permotus ____________
6. terrore perturbatus ____________
7. felicitate captus ____________

39 Der Ablativus qualitatis

Oft steht statt eines Genitivus qualitatis ein Ablativus qualitatis (von *qualis,* wie beschaffen), ein Ablativ der Eigenschaft:

> Der **Ablativus qualitatis** gibt ebenso wie der Genitivus qualitatis die **Eigenschaft** von jemandem oder etwas an. Es empfiehlt sich meist eine freiere Übersetzung mit einem Adjektiv.
>
> z. B. vir summō ingeniō: (ein Mann von höchster Begabung), ein **sehr begabter** Mann.

Beispiele

senes magna sapientia	(alte Männer von großer Weisheit,) sehr weise alte Männer
mulier incredibili pulchritudine	eine unglaublich schöne Frau

Übung 173 Übersetze folgende Sätze!

1. Femina longis capillis nigris oculos multorum virorum in se attraxit.
2. Miles maxima fortitudine non cunctabatur se in medios hostes iactare.
3. Miles se in medios hostes iactans maxima fortitudine erat.
4. Viros brevi statura contemnere non decet.
5. Caesar erat ore paulo pleniore.

Übung 174 Versuche bei dem dargestellten Gesicht, das ein junger Römer an eine Hauswand in Pompeji gekritzelt hat, durch einen Ablativus qualitatis auszudrücken, welches Charakteristikum des Mannes dir besonders auffällt.

Vir ______________________________ est.

40 Der Ablativus separativus

Nach dem Ablativus separativus (von *separare,* trennen), dem Ablativ der Trennung, fragst du mit der Frage „Wovon?“

Der **Ablativus separativus** gibt an, **wovon** jemand oder etwas getrennt wird oder ist. Er steht **nach Verben** und **Adjektiven,** die eine Trennung bedeuten, also bei Verben des **Beraubens, Entbehrens (Nicht-Habens), Befreiens** und **Fernhaltens.**

Beispiele

Cives hostes **muris** arcere poterant.
Die Bürger konnten die Feinde von den Mauern abhalten.

Achilles Hectorem occisum **armis** privavit.
Achill beraubte den getöteten Hektor seiner Waffen.

Nonnulli Stoici philosophi sua sponte **vita** cesserunt.
Manche stoische Philosophen sind freiwillig aus dem Leben geschieden.

Folgende Verben der Trennung solltest du dir gut merken. Zum besseren Einprägen ist jeweils ein passendes Substantiv im Ablativus separativus als Beispiel angefügt:

Verben und Adjektive mit Ablativus separativus

prīvāre spē	der Hoffnung berauben
egēre auxiliō	Hilfe brauchen
carēre ratiōne	keine Vernunft haben
līberāre cūrīs	von Sorgen befreien
vacāre cūrīs	frei sein von Sorgen
līber / vacuus (ā) cūrīs	frei von Sorgen
arcēre, prohibēre (ab) impetū	vom Angriff abhalten
abstinēre ab iniūriā	sich des Unrechts enthalten
(dē)pellere (dē) locō	vom Platz vertreiben
cēdere (ē) vitā	aus dem Leben scheiden, sterben
movēre senātū	aus dem Senat ausstoßen
abīre magistrātū	ein Amt niederlegen

Bei der Trennung von einer **Person**, bei Verben der Trennung mit dem Affix (der Vorsilbe) **dis-** und **se-** sowie bei bestimmten Wendungen steht der Ablativ immer mit der Präposition **ab**.

Verben der Trennung mit Ablativ und der Präposition „ab"

differre ab aliīs	sich von den anderen unterscheiden
sēparāre ab amīcīs	von den Freunden trennen
abesse ab urbe	von der Stadt entfernt sein
dēfendere ab hostibus	verteidigen gegen die Feinde
servāre ā perīculō	aus einer Gefahr befreien

Übung 175 Übersetze:

1. Wir brauchen deine Hilfe.
2. Er hat kein Geld
3. Nicht immer sind wir frei von Sorgen.
4. Wir halten den Hund von unseren Füßen ab.
5. Er ist von der Schule verwiesen (vertrieben) worden.
6. Seneca schied freiwillig[1] aus dem Leben. 1 freiwillig: sua sponte
7. In den Ferien werde ich weit[2] von der Stadt entfernt sein. 2 weit: late
8. Du hast dein Amt niedergelegt.
9. Der Arzt befreit uns von einer Krankheit.
10. Catilina wurde aus dem Senat ausgestoßen.

Rechts die Kurie (Curia), in der der Senat tagte, auf dem Forum Romanum.

41 Der Ablativus pretii

Der Ablativus pretii (von *pretium,* Preis) gibt den Preis einer Sache an. Er steht deshalb nach Verben des geschäftlichen Verkehrs.

Der **Ablativus pretii** gibt den **Preis** an, um den eine Sache angeboten, ver- oder gekauft wird. Er steht deshalb nach Verben des Kaufens (emere), Verkaufens (vendere) und Kostens (cōnstāre).

z. B. Servam **magnō** ēmi. Ich habe die Sklavin **teuer** gekauft.

Beispiele

Vilicus agros vicinos **magno** emit.
Der Gutsverwalter hat die benachbarten Äcker **teuer** eingekauft.

Nescio, cur mercator vinum bonum tam **parvo** vendiderit.
Ich weiß nicht, warum der Kaufmann den guten Wein so **billig** verkauft hat.

Pocula in foro solum **decem assibus** constabant.
Die Becher kosteten auf dem Forum nur **zehn Asse** (as, assis: die kleinste römische Geldmünze).

ɔung 176 Suche unter folgenden Sätzen die Sätze mit Ablativus pretii heraus und übersetze sie!

1. Natura nihil magis appetimus quam laudem.
2. Diutius a patria abes quam necesse est.
3. Merces[1] parvo emit, magno vendidit.

   1 merx, mercis: die Ware
4. Fama bona magno labore constare solet.
5. Caesar hostes frumento prohibuerat.
6. Tres victoriae Pyrrho multo sanguine constiterunt.

42 Der Ablativus mensurae

Der Ablativus mensurae (von *mensura,* das Maß) gibt an, um wieviel sich etwas von etwas unterscheidet. Unter dem Begriff „Maß“ ist hier also der messbare Unterschied zwischen zwei Personen oder Gegenständen gemeint.

Der **Ablativus mensurae** gibt das **Maß** an, um das sich zwei Personen, Dinge, … voneinander unterscheiden. Man fragt nach ihm mit der Frage **„um wieviel?“**
Er steht **bei Komparativen und vergleichenden Begriffen**.
z. B. **multō** maior (um vieles größer), viel größer

Merke dir folgende Wendungen:

Wendungen mit Ablativus mensurae	
multō minor	viel kleiner
paulō maior	ein wenig größer
nihilō facilius	um nichts leichter
nōnnūllīs horīs ante / post	einige Stunden vorher, nachher
quō maius, eō melius	je größer, desto besser
quantō maius, tantō melius	je größer, desto besser

Übung 177 Übersetze:

1. Frater duobus pedibus maior est quam ego.
2. Caesar multis mensibus post Pompeium in Graeciam venit.
3. Ego Corneliam visitabam. Paulo antea Gaius advenerat.
4. Fossas urbis tribus partibus altiores faciebant.
5. Asia multis partibus maior est quam Europa.
6. Quo difficilius factum erat, eo praeclarius videtur.
7. Homerus multis annis ante Vergilium libros scripsit.
8. Luna aliquanto minor est quam sol.

43 Der Ablativus comparationis

Nach einem Komparativ kann die Person oder Sache in den Ablativus comparationis (von *comparare,* vergleichen), den Ablativ des Vergleichs treten, das **quam** fällt dann weg.

Beispiel

Cicero war berühmter als sein Bruder Quintus:
Cicero clarior **quam Quintus frater** erat. (Konstruktion mit *quam*)
↓
Cicero clarior **Quinto fratre** erat. (Ablativus comparationis)

Der **Ablativus comparationis** gibt an, womit etwas verglichen wird. Man kann nach ihm fragen mit der Frage „im Vergleich wozu?"
Der Ablativus comparationis steht **nach Komparativen** und **ersetzt** dabei das **quam (als)**.

z. B. Nemo sapientior **Socrate** fuit. Niemand war weiser als Sokrates.
statt: **quam Socrates**

Sehr oft kommt der Ablativus comparationis im Relativsatz vor. Hier gehst du beim Übersetzen am besten so vor:

Die Übersetzung des Ablativus comparationis im Relativsatz

z. B. Omnes Socratem philosophum amant, **quo** nemo sapientior erat.
Abl. (zu **quo**); **Komparativ** (zu sapientior)
= Abl. comparationis

1. Schritt:	Übersetze den **Hauptsatz**! *Alle lieben den Philosophen Socrates.*
2. Schritt:	Stelle fest, worauf sich das Relativpronomen im Ablativ bezieht! Omnes **Socratem philosophum** amant, **quo** nemo sapientior erat.
3. Schritt:	Um den Sinn des Relativsatzes zu erfassen, ersetze das Relativpronomen durch die entsprechende Form des Pronomens **is, ea, id**! **Eo** nemo sapientior erat. *Niemand war weiser als er.*
4. Schritt:	Verbinde die Sätze durch die **Hilfsübersetzung „im Vergleich zu"**! *Alle lieben den Philosophen Sokrates, im Vergleich zu dem niemand weiser war.*
5. Schritt:	Wähle eine **superlativische Wendung**, die den Sinn genau trifft! *Alle lieben den Philosophen Sokrates, den weisesten, den es gegeben hat.*

Beispiel

Multi cives Ciceronem admirabant, quo urbs Roma ingeniosiorem oratorem non genuerat.

1. Hauptsatz: Viele Bürger bewunderten Cicero.
2. Bezugswort: Multi cives **Ciceronem** admirabant, quo …
3. **Eo** urbs Roma ingeniosiorem oratorem non genuerat. Rom hatte keinen begabteren Redner hervorgebracht **als ihn**.
4. Viele Bürger bewundern Cicero, **im Vergleich zu dem** Rom keinen begabteren Redner hervorgebracht hatte.
5. Viele Bürger bewunderten Cicero, **den begabtesten Redner, den** Rom hervorgebracht hatte.

Übung 178

Ersetze den Vergleich in folgenden Sätzen durch einen Ablativus comparationis! Übersetze dann in gutes Deutsch!

1. Miles vetus fortior erat quam adulescens.
2. Helena pulchrior erat quam omnes feminae.
3. Ego rosas magis diligo quam alios flores.
4. Nulla bestia fidelior est quam canis.
5. Nulla pars hominis firmior est quam ratio.

Übung 179

Unterstreiche, bevor du übersetzt, jeweils den Ablativus comparationis!

1. Pater filium magis filia diligebat.
2. Milites Caesaris in proelio fortiores erant hostibus.
3. Rationem, qua dei nobis nihil melius dederunt, recte adhibere debemus.
4. Discipuli maioribus vocibus clamant magistris.
5. Turres urbis multo altiores muris erant.

Übung 180

Hier eine Übung zur Wiederholung aller Ablative, die du bis jetzt gelernt hast!

- Unterstreiche in folgenden Sätzen den **Ablativ**!
- **Übersetze** den jeweiligen Satz!
- Stelle fest, **welcher Ablativ (Fachbegriff)** jeweils vorliegt!

1. Mihi nulli homines cariores sunt liberis meis.
2. Orator orationem optimam habens cives metu liberare poterat.
3. Vacare doloribus discipulis Epicurei magnum gaudium erat.
4. Tribus assibus carius vinum optimum erat.
5. Milites Caesaris hostes celeriter collibus depulerunt.

f) Imaginem pictoris* emi, quo meliorem artificem ignoro. * pictor, -oris: Maler

44 Temporale Nebensätze

Temporale Nebensätze (von *tempus,* Zeit) sind Nebensätze der **Zeitangabe**. Sie werden durch Konjunktionen (Bindewörter) eingeleitet, die jeweils angeben, in welchem Zeitverhältnis der untergeordnete Satz zum übergeordneten Satz steht.

In der folgenden Tabelle findest du die wichtigsten Temporalkonjunktionen. Im Lateinischen ist jede Konjunktion an einen bestimmten Modus gebunden: Manche Konjunktionen ziehen immer den Konjunktiv nach sich, manche immer den Indikativ, manche können im Indikativ oder Konjunktiv stehen. Merke dir daher jeweils genau den Modus des temporalen Nebensatzes!

temporale Konjunktionen

Konjunktion	Modus	Bedeutung
postquam	**Ind. Perfekt**	nachdem (im Dt. m. Plusquamperfekt)
cum (*historicum*)	**Konj.**	als, nachdem
cum	**Ind.**	jedesmal, wenn
dum	**Ind. Präsens**	während (im Dt. mit Präs. oder Impf.)
dum, dōnec, quoad, quamdiu	**Ind.** oder **Konj.**	(solange) als, (solange) bis
antequam, priusquam	**Ind.** oder **Konj.**	ehe, bevor
simul, simulatque, ut (prīmum), ubi (prīmum), cum (prīmum)	**Ind. Perfekt**	sobald (im Dt. m. Plusquamperfekt)

Beispiele

Postquam Caesar in Italiam red**ii**t, bellum civile coepit.
Nachdem Caesar nach Italien zurückgekehrt **war (!)**, begann der Bürgerkrieg.

Cum Caesar cum legionibus in Galliam perven**isse**t, Belgae pro libertate pugnaverunt.
Als Caesar mit seinen Legionen nach Gallien gelangt war, kämpften die Belgier um ihre Freiheit.

Cum (auch: ut) Galli impetum faci**eba**nt, Caesaris legiones eos prohibebant.
Jedesmal wenn (sooft) die Gallier einen Angriff machten, hielten die Legionen Caesars sie ab.

Dum legiones castra colloc**a**nt, ad Caesarem legati venerunt.
Während die Legionen das Lager **errichteten (!)**, kamen Unterhändler zu Caesar.

Antequam Caesar in Galliam pervenit, iam nonnullae gentes socii Romanorum erant.
Bevor Caesar nach Gallien kam, waren schon einige Stämme Bundesgenossen der Römer.

Hostes, **ubi** legiones Caesaris **viderunt**, fuga salutem petiverunt.
Sobald die Feinde die Legionen Caesars **gesehen hatten (!)**, suchten sie ihr Heil in der Flucht.

Übung 181 Ordne jeweils den zweiten Satz durch die in Klammern angegebene Konjunktion dem ersten Satz unter! Übersetze den neu gebildeten Satz!

1. Cives urbem reliquerunt. Hostes appropinquabant. (cum, als)
2. Caesar impetum imperavit. Hostes sub colle apparere viderat. (ubi, sobald)
3. Alexander de moribus suis desperabat. Amicum optimum hasta occiderat. (postquam)
4. Avunculus se dabat itineribus. Ver esse coeperat. (cum, jedesmal wenn)
5. Ad Caesarem Gallorum legati venerunt. Is in castra erat. (dum, während)
6. Augustus Caesar erat. Tum Tiberius imperavit. (antequam, bevor)

Übung 182 Nun alle Konjunktionen in einem zusammenhängenden Text, der den großen Staatsmann Caesar in einer ganz alltäglichen Situation als ganz normalen und gefühlvollen Menschen zeigen wird.

1. Cum canis Caesaris subito abesset, imperator curis et timore captus est.
2. Nam Caesar tristis erat, cum canis e praetorio effugerat.
3. Milites canem quaerere iussit, quoad eum invenirent.
4. Postquam milites castra reliquerunt, Caesar sollicitus reditum eorum exspectabat.
5. Ut primum autem viri canem reportaverunt, Caesar laetissime bestiam basiavit (basiare, küssen).

Die Vorbereitung auf Klassenarbeiten

Die Vorbereitung auf Klassenarbeiten

1. Wiederhole vor jeder Schulaufgabe den gesamten **Wortschatz**, am besten mithilfe von **Karteikarten**!
2. Der Lehrer gibt in der Regel den Grammatikstoff für die Schulaufgabe eine Woche zuvor an. Du kannst dem vorgreifen und davon ausgehen, dass alle zehn bis zwölf Kapitel im Buch eine Schulaufgabe ansteht, und schon **rechtzeitig** mit der **Wiederholung** beginnen. Du solltest dir die Zeit so einteilen, dass du nicht mehr als zwei Kapitel pro Tag wiederholst, diese aber gründlich mit Wortschatz, Grammatik und Besonderheiten.
3. Wiederhole immer alle bisher gelernten **Deklinations- und Konjugationsschemata**! Dabei ist es wichtig, dass du bei den Verben immer die **Stammformen**, bei den Substantiven immer den **Genitiv** mit wiederholst, um den Stamm zu wissen. Lerne immer **alle deutschen Bedeutungen**!

Gewöhne dir beim Übersetzen eine sorgfältige Vorgehensweise an. Folgende Schritte darfst du auf keinen Fall auslassen:

Wichtige Schritte bei der Übersetzung

1. Stelle den **Hauptsatz** fest!
2. Prüfe die Struktur des gesamten Satzes: Kommen bestimmte dem Lateinischen eigentümliche **Konstruktionen** vor, z. B. Partizipium coniunctum, NcI, AcI, Abl. abs., Kasus in bestimmten Funktionen usw.?
3. Achte auf die **Modi**: Indikativ oder Konjunktiv?
4. Übersetze den Satz in **gutes Deutsch**!

Beispiel

Rex Persarum, quem plurimi homines propter potestatem timebant, etiam Graeciam subicere in animo habebat.

1. HS: Rex Persarum etiam Graeciam subicere in animo habebat.
2. Konstruktion: von „in animo habebat“ hängt der Infinitiv „subicere“ ab.
3. Modi: Es liegen nur Indikative vor, also reale Aussagen.
4. Der König der Perser, den die meisten Menschen wegen seiner Macht bewunderten, hatte im Sinn, auch Griechenland zu unterwerfen.

Konjugationstabellen

a-Konjugation

Präsens Indikativ			
Aktiv		Passiv	
laud-ō	ich lobe	laud-o-r	ich werde gelobt
laudā-s	du lobst	laudā-ris	du wirst gelobt
lauda-t	er lobt	laudā-tur	er wird gelobt
laudā-mus	wir loben	laudā-mur	wir werden gelobt
laudā-tis	ihr lobt	laudā-minī	ihr werdet gelobt
laudā-nt	sie loben	lauda-ntur	sie werden gelobt
Präsens Konjunktiv			
laud-e-m	ich möge loben	laud-e-r	ich möge gelobt werden
laud-ē-s	du mögest loben	laud-ē-ris	du mögest gelobt werden
laud-e-t	er möge loben	laud-ē-tur	er möge gelobt werden
laud-ē-mus	wir mögen loben	laud-ē-mur	wir mögen gelobt werden
laud-ē-tis	ihr mögt loben	laud-ē-minī	ihr mögt gelobt werden
laud-e-nt	sie mögen loben	laud-e-ntur	sie mögen gelobt werden
Imperfekt Indikativ			
laudā-ba-m	ich lobte	laudā-ba-r	ich wurde gelobt
laudā-bā-s	du lobtest	laudā-bā-ris	du wurdest gelobt
laudā-ba-t	er lobte	laudā-bā-tur	er wurde gelobt
laudā-bā-mus	wir lobten	laudā-bā-mur	wir wurden gelobt
laudā-bā-tis	ihr lobtet	laudā-bā-minī	ihr wurdet gelobt
laudā-ba-nt	sie lobten	laudā-bā-ntur	sie wurden gelobt
Imperfekt Konjunktiv			
laudā-re-m	ich würde loben	laudā-re-r	ich würde gelobt werden
laudā-rē-s	du würdest loben	laudā-rē-ris	du würdest gelobt werden
laudā-re-t	er würde loben	laudā-rē-tur	er würde gelobt werden
laudā-rē-mus	wir würden loben	laudā-rē-mur	wir würden gelobt werden
laudā-rē-tis	ihr würdet loben	laudā-rē-minī	ihr würdet gelobt werden
laudā-re-nt	sie würden loben	laudā-re-ntur	sie würden gelobt werden
Futur I			
laudā-b-ō	ich werde loben	laudā-b-or	ich werde gelobt werden
laudā-bi-s	du wirst loben	laudā-be-ris	du wirst gelobt werden
laudā-bi-t	er wird loben	laudā-bi-tur	er wird gelobt werden
laudā-bi-mus	wir werden loben	laudā-bi-mur	wir werden gelobt werden
laudā-bi-tis	ihr werdet loben	laudā-bi-minī	ihr werdet gelobt werden
laudā-bu-nt	sie werden loben	laudā-bu-ntur	sie werden gelobt werden
Imperativ			
laudā	lobe!		
laudā-te	lobt!		
PPA			
laudā-ns, -ntis	lobend, einer, der lobt		
Infinitiv Präsens			
laudā-re	loben	laudā-r-ī	gelobt werden

Perfekt Indikativ			
Aktiv		Passiv	
laudā-v-ī	ich habe gelobt	laudā-tus sum	ich bin gelobt worden
laudā-v-istī	du hast gelobt	laudā-tus es	du bist gelobt worden
laudā-v-it	er hat gelobt	laudā-tus est	er ist gelobt worden
laudā-v-imus	wir haben gelobt	laudā-tī sumus	wir sind gelobt worden
laudā-v-istis	ihr habt gelobt	laudā-tī estis	ihr seid gelobt worden
laudā-v-ērunt	sie haben gelobt	laudā-tī sunt	sie sind gelobt worden
Perfekt Konjunktiv			
cum		cum	
laudā-v-eri-m	als ich gelobt habe	laudā-tus sim	als ich gelobt worden bin
laudā-v-eri-s	als du gelobt hast	laudā-tus sīs	als du gelobt worden bist
laudā-v-eri-t	als er gelobt hat	laudā-tus sit	als er gelobt worden ist
laudā-v-eri-mus	als wir gelobt haben	laudā-tī sīmus	als wir gelobt worden sind
laudā-v-eri-tis	als ihr gelobt habt	laudā-tī sītis	als ihr gelobt worden seid
laudā-v-eri-nt	als sie gelobt haben	laudā-tī sint	als sie gelobt worden sind
Plusquamperfekt Indikativ			
laudā-v-era-m	ich hatte gelobt	laudā-tus eram	ich war gelobt worden
laudā-v-erā-s	du hattest gelobt	laudā-tus erās	du warst gelobt worden
laudā-v-era-t	er hatte gelobt	laudā-tus erat	er war gelobt worden
laudā-v-erā-mus	wir hatten gelobt	laudā-tī erāmus	wir waren gelobt worden
laudā-v-erā-tis	ihr hattet gelobt	laudā-tī erātis	ihr wart gelobt worden
laudā-v-erā-nt	sie hatten gelobt	laudā-tī erant	sie waren gelobt worden
Plusquamperfekt Konjunktiv			
laudā-v-isse-m	ich hätte gelobt	laudā-tus essem	ich wäre gelobt worden
laudā-v-issē-s	du hättest gelobt	laudā-tus essēs	du wärst gelobt worden
laudā-v-isse-t	er hätte gelobt	laudā-tus esset	er wäre gelobt worden
laudā-v-issē-mus	wir hätten gelobt	laudā-tī essēmus	wir wären gelobt worden
laudā-v-issē-tis	ihr hättet gelobt	laudā-tī essētis	ihr wärt gelobt worden
laudā-v-isse-nt	sie hätten gelobt	laudā-tī essent	sie wären gelobt worden
Futur II			
laudā-v-er-ō	ich werde gelobt haben usw.	laudā-tus erō	ich werde gelobt worden sein usw.
laudā-v-eri-s		laudā-tus eris	
laudā-v-eri-t		laudā-tus erit	
laudā-v-eri-mus		laudā-tī erimus	
laudā-v-eri-tis		laudā-tī eritis	
laudā-v-eri-nt		laudā-tī erunt	
PFA		**PPP**	
laudā-tūrus, -a, -um	einer, der loben will, einer, der im Begriff ist zu loben	laudā-tus, -a, -um	gelobt; einer, der gelobt worden ist
Infinitiv Perfekt			
laudā-v-isse	gelobt (zu) haben	laudā-tum, -am, -um esse	gelobt worden (zu) sein

e-Konjugation

Präsens Indikativ			
Aktiv		**Passiv**	
mone-ō	ich mahne	mone-o-r	ich werde gemahnt
monē-s	du mahnst	monē-ris	usw.
mone-t	er mahnt	monē-tur	
monē-mus	wir mahnen	monē-mur	
monē-tis	ihr mahnt	monē-minī	
mone-nt	sie mahnen	mone-ntur	
Präsens Konjunktiv			
mone-a-m	ich möge mahnen	mone-a-r	ich möge gemahnt werden
mone-ā-s	du mögest mahnen	mone-ā-ris	usw.
mone-a-t	er möge mahnen	mone-ā-tur	
mone-ā-mus	wir mögen mahnen	mone-ā-mur	
mone-ā-tis	ihr mögt mahnen	mone-ā-minī	
mone-a-nt	sie mögen mahnen	mone-a-ntur	
Imperfekt Indikativ			
monē-ba-m	ich mahnte	monē-ba-r	ich wurde gemahnt
monē-bā-s	du mahntest	monē-bā-ris	usw.
monē-ba-t	er mahnte	monē-bā-tur	
monē-bā-mus	wir mahnten	monē-bā-mur	
monē-bā-tis	ihr mahntet	monē-bā-minī	
monē-ba-nt	sie mahnten	monē-ba-ntur	
Imperfekt Konjunktiv			
monē-re-m	ich würde mahnen	monē-re-r	ich würde gemahnt werden
monē-rē-s	du würdest mahnen	monē-rē-ris	usw.
monē-re-t	er würde mahnen	monē-rē-tur	
monē-rē-mus	wir würden mahnen	monē-rē-mur	
monē-rē-tis	ihr würdet mahnen	monē-rē-minī	
monē-re-nt	sie würden mahnen	monē-re-ntur	
Futur I			
monē-b-ō	ich werde mahnen	monē-b-or	ich werde gemahnt werden
monē-bi-s	du wirst mahnen	monē-be-ris	usw.
monē-bi-t	er wird mahnen	monē-bi-tur	
monē-bi-mus	wir werden mahnen	monē-bi-mur	
monē-bi-tis	ihr werdet mahnen	monē-bi-minī	
monē-bu-nt	sie werden mahnen	monē-bu-ntur	
Imperativ			
monē	mahne!		
monē-te	mahnt!		
PPA			
monē-ns, -ntis	mahnend, einer, der mahnt		
Infinitiv Präsens			
monē-re	mahnen	monē-r-ī	gemahnt werden

Perfekt Indikativ			
Aktiv		Passiv	
mon-u-ī	ich habe gemahnt	moni-tus sum	ich bin gemahnt worden
mon-u-istī	du hast gemahnt	moni-tus es	usw.
mon-u-it	er hat gemahnt	moni-tus est	
mon-ú-imus	wir haben gemahnt	moni-tī sumus	
mon-u-istis	ihr habt gemahnt	moni-tī estis	
mon-u-ērunt	sie haben gemahnt	moni-tī sunt	
Perfekt Konjunktiv			
cum		cum	
mon-ú-eri-m	als ich gemahnt habe	moni-tus sim	als ich gemahnt worden bin
mon-u-eri-s	als du gemahnt hast	moni-tus sīs	usw.
mon-u-eri-t	als er gemahnt hat	moni-tus sit	
mon-u-eri-mus	als wir gemahnt haben	moni-tī sīmus	
mon-u-eri-tis	als ihr gemahnt habt	moni-tī sītis	
mon-ú-eri-nt	als sie gemahnt haben	moni-tī sint	
Plusquamperfekt Indikativ			
mon-ú-era-m	ich hatte gemahnt	moni-tus eram	ich war gemahnt worden
mon-u-erā-s	du hattest gemahnt	moni-tus erās	usw.
mon-u-era-t	er hatte gemahnt	moni-tus erat	
mon-u-erā-mus	wir hatten gemahnt	moni-tī erāmus	
mon-u-erā-tis	ihr hattet gemahnt	moni-tī erātis	
mon-ú-era-nt	sie hatten gemahnt	moni-tī erant	
Plusquamperfekt Konjunktiv			
mon-u-isse-m	ich hätte gemahnt	moni-tus essem	ich wäre gemahnt worden
mon-u-issē-s	du hättest gemahnt	moni-tus essēs	usw.
mon-u-isse-t	er hätte gemahnt	moni-tus esset	
mon-u-issē-mus	wir hätten gemahnt	moni-tī essēmus	
mon-u-issē-tis	ihr hättet gemahnt	moni-tī essētis	
mon-u-isse-nt	sie hätten gemahnt	moni-tī essent	
Futur II			
mon-ú-er-ō	ich werde gemahnt haben usw.	moni-tus erō	ich werde gemahnt worden sein usw.
mon-u-eri-s		moni-tus eris	
mon-u-eri-t		moni-tus erit	
mon-u-eri-mus		moni-tī erimus	
mon-u-eri-tis		moni-tī eritis	
mon-ú-eri-nt		moni-tī erunt	
PFA		**PPP**	
moni-tūrus, -a, -um	einer, der mahnen will, einer, der im Begriff ist zu mahnen	moni-tus, -a, -um	gemahnt; einer, der gemahnt worden ist
Infinitiv Perfekt			
mon-u-isse	gemahnt (zu) haben	moni-tum, -am, -um esse	gemahnt worden (zu) sein

4. Konjugation oder i-Konjugation

Präsens Indikativ			
Aktiv		Passiv	
audi-ō	ich höre	audi-o-r	ich werde gehört
audī-s	du hörst	audī-ris	usw.
audi-t	er hört	audī-tur	
audī-mus	wir hören	audī-mur	
audī-tis	ihr hört	audī-minī	
audi-u-nt	sie hören	audi-u-ntur	
Präsens Konjunktiv			
audi-a-m	ich möge hören	audi-a-r	ich möge gehört werden
audi-ā-s	du mögest hören	audi-ā-ris	usw.
audi-a-t	er möge hören	audi-ā-tur	
audi-ā-mus	wir mögen hören	audi-ā-mur	
audi-ā-tis	ihr mögt hören	audi-ā-minī	
audi-a-nt	sie mögen hören	audi-a-ntur	
Imperfekt Indikativ			
audi-ē-bā-m	ich hörte	audi-ē-ba-r	ich wurde gehört
audi-ē-bā-s	du hörtest	audi-ē-bā-ris	usw.
audi-ē-ba-t	er hörte	audi-ē-bā-tur	
audi-ē-bā-mus	wir hörten	audi-ē-bā-mur	
audi-ē-bā-tis	ihr hörtet	audi-ē-bā-minī	
audi-ē-ba-nt	sie hörten	audi-ē-ba-ntur	
Imperfekt Konjunktiv			
audī-re-m	ich würde hören	audī-re-r	ich würde gehört werden
audī-rē-s	du würdest hören	audī-rē-ris	usw.
audī-re-t	er würde hören	audī-rē-tur	
audī-rē-mus	wir würden hören	audī-rē-mur	
audī-rē-tis	ihr würdet hören	audī-rē-minī	
audī-re-nt	sie würden hören	audī-re-ntur	
Futur I			
audi-a-m	ich werde hören	audi-a-r	ich werde gehört werden
audi-ē-s	du wirst hören	audi-ē-ris	usw.
audi-e-t	er wird hören	audi-ē-tur	
audi-ē-mus	wir werden hören	audi-ē-mur	
audi-ē-tis	ihr werdet hören	audi-ē-minī	
audi-e-nt	sie werden hören	audi-e-ntur	
Imperativ			
audī	höre!		
audī-te	hört!		
PPA			
audi-ē-ns, -entis	hörend, einer, der hört		
Infinitiv Präsens			
audī-re	hören	audī-r-ī	gehört werden

Perfekt Indikativ			
Aktiv		Passiv	
audī-v-ī	ich habe gehört	audī-tus sum	ich bin gehört worden
audī-v-istī	du hast gehört	audī-tus es	usw.
audī-v-it	er hat gehört	audī-tus est	
audī-v-imus	wir haben gehört	audī-tī sumus	
audī-v-istis	ihr habt gehört	audī-tī estis	
audī-v-ērunt	sie haben gehört	audī-tī sunt	
Perfekt Konjunktiv			
cum		cum	
audī-v-eri-m	als ich gehört habe	audī-tus sim	als ich gehört worden bin
audī-v-eri-s	als du gehört hast	audī-tus sīs	usw.
audī-v-eri-t	als er gehört hat	audī-tus sit	
audī-v-eri-mus	als wir gehört haben	audī-tī sīmus	
audī-v-eri-tis	als ihr gehört habt	audī-tī sītis	
audī-v-eri-nt	als sie gehört haben	audī-tī sint	
Plusquamperfekt Indikativ			
audī-v-era-m	ich hatte gehört	audī-tus eram	ich war gehört worden
audī-v-erā-s	du hattest gehört	audī-tus erās	usw.
audī-v-era-t	er hatte gehört	audī-tus erat	
audī-v-erā-mus	wir hatten gehört	audī-tī erāmus	
audī-v-erā-tis	ihr hattet gehört	audī-tī erātis	
audī-v-era-nt	sie hatten gehört	audī-tī erant	
Plusquamperfekt Konjunktiv			
audī-v-isse-m	ich hätte gehört	audī-tus essem	ich wäre gehört worden
audī-v-issē-s	du hättest gehört	audī-tus essēs	usw.
audī-v-isse-t	er hätte gehört	audī-tus esset	
audī-v-issē-mus	wir hätten gehört	audī-tī essēmus	
audī-v-issē-tis	ihr hättet gehört	audī-tī essētis	
audī-v-isse-nt	sie hätten gehört	audī-tī essent	
Futur II			
audī-v-er-ō	ich werde gehört haben	audī-tus erō	ich werde gehört worden sein usw.
audī-v-eri-s		audī-tus eris	
audī-v-eri-t		audī-tus erit	
audī-v-eri-mus		audī-tī erimus	
audī-v-eri-tis		audī-tī eritis	
audī-v-eri-nt		audī-tī erunt	
PFA		**PPP**	
audī-tūrus, -a, -um	einer, der hören will, einer, der im Begriff ist zu hören	audī-tus, -a, -um	gehört; einer, der gehört worden ist
Infinitiv Perfekt			
audī-v-isse	gehört (zu) haben	audī-tum, -am, -um esse	gehört worden (zu) sein

3. Konjugation oder konsonantische Konjugation

Präsens Indikativ			
Aktiv		**Passiv**	
reg-ō	ich leite	reg-o-r	ich werde geleitet
reg-i-s	du leitest	rég-e-ris	usw.
reg-i-t	er leitet	rég-i-tur	
rég-i-mus	wir leiten	rég-i-mur	
rég-i-tis	ihr leitet	reg-i-minī	
reg-u-nt	sie leiten	reg-u-ntur	
Präsens Konjunktiv			
reg-a-m	ich möge leiten	reg-a-r	ich möge geleitet werden
reg-ā-s	du mögest leiten	reg-ā-ris	usw.
reg-a-t	er möge leiten	reg-ā-tur	
reg-ā-mus	wir mögen leiten	reg-ā-mur	
reg-ā-tis	ihr mögt leiten	reg-ā-minī	
reg-a-nt	sie mögen leiten	reg-a-ntur	
Imperfekt Indikativ			
reg-ē-ba-m	ich leitete	reg-ē-ba-r	ich wurde geleitet
reg-ē-bā-s	du leitetest	reg-ē-bā-ris	usw.
reg-ē-ba-t	er leitete	reg-ē-bā-tur	
reg-ē-bā-mus	wir leiteten	reg-ē-bā-mur	
reg-ē-bā-tis	ihr leitetet	reg-ē-bā-minī	
reg-ē-ba-nt	sie leiteten	reg-ē-ba-ntur	
Imperfekt Konjunktiv			
rég-e-re-m	ich würde leiten	rég-e-re-r	ich würde geleitet werden
rég-e-rē-s	du würdest leiten	reg-e-rē-ris	usw.
rég-e-re-t	er würde leiten	reg-e-rē-tur	
reg-e-rē-mus	wir würden leiten	reg-e-rē-mur	
reg-e-rē-tis	ihr würdet leiten	reg-e-rē-minī	
rég-e-re-nt	sie würden leiten	reg-e-re-ntur	
Futur I			
reg-a-m	ich werde leiten	reg-a-r	ich werde geleitet werden
reg-ē-s	du wirst leiten	reg-ē-ris	usw.
reg-e-t	er wird leiten	reg-ē-tur	
reg-ē-mus	wir werden leiten	reg-ē-mur	
reg-ē-tis	ihr werdet leiten	reg-ē-minī	
reg-e-nt	sie werden leiten	reg-e-ntur	
Imperativ			
rege	leite!		
rég-i-te	leitet!		
PPA			
reg-ē-ns, -e-ntis	leitend, einer, der leitet		
Infinitiv Präsens			
rég-e-re	leiten	reg-ī	geleitet werden

Perfekt Indikativ			
Aktiv		Passiv	
rēx-ī	ich habe geleitet	rēc-tus sum	ich bin geleitet worden
rēx-istī	du hast geleitet	rēc-tus es	usw.
rēx-it	er hat geleitet	rēc-tus est	
rēx-imus	wir haben geleitet	rēc-tī sumus	
rēx-istis	ihr habt geleitet	rēc-tī estis	
rēx-ērunt	sie haben geleitet	rēc-tī sunt	
Perfekt Konjunktiv			
cum		cum	
rēx-eri-m	als ich geleitet habe	rēc-tus sim	als ich geleitet worden bin
rēx-eri-s	als du geleitet hast	rēc-tus sīs	usw.
rēx-eri-t	als er geleitet hat	rēc-tus sit	
rēx-eri-mus	als wir geleitet haben	rēc-tī sīmus	
rēx-eri-tis	als ihr geleitet habt	rēc-tī sītis	
rēx-eri-nt	als sie geleitet haben	rēc-tī sint	
Plusquamperfekt Indikativ			
rēx-era-m	ich hatte geleitet	rēc-tus eram	ich war geleitet worden
rēx-erā-s	du hattest geleitet	rēc-tus erās	usw.
rēx-era-t	er hatte geleitet	rēc-tus erat	
rēx-erā-mus	wir hatten geleitet	rēc-tī erāmus	
rēx-erā-tis	ihr hattet geleitet	rēc-tī erātis	
rēx-era-nt	sie hatten geleitet	rēc-tī erant	
Plusquamperfekt Konjunktiv			
rēx-isse-m	ich hätte geleitet	rēc-tus essem	ich wäre geleitet worden
rēx-issē-s	du hättest geleitet	rēc-tus essēs	usw.
rēx-isse-t	er hätte geleitet	rēc-tus esset	
rēx-issē-mus	wir hätten geleitet	rēc-tī essēmus	
rēx-issē-tis	ihr hättet geleitet	rēc-tī essētis	
rēx-isse-nt	sie hätten geleitet	rēc-tī essent	
Futur II			
rēx-er-ō	ich werde geleitet haben usw.	rēc-tus erō	ich werde geleitet worden sein usw.
rēx-eri-s		rēc-tus eris	
rēx-eri-t		rēc-tus erit	
rēx-eri-mus		rēc-tī erimus	
rēx-eri-tis		rēc-tī eritis	
rēx-eri-nt		rēc-tī erunt	
PFA		**PPP**	
rēc-tūrus, -a, -um	einer, der leiten will, einer, der im Begriff ist zu leiten	rēc-tus, -a, -um	geleitet; einer, der geleitet worden ist
Infinitiv Perfekt			
rēx-isse	geleitet (zu) haben	rēctum, -am, -um esse	geleitet worden (zu) sein

i-Stämme der 3. Konjugation

Präsens Indikativ			
Aktiv		Passiv	
capi-ō	ich erfasse	capi-o-r	ich werde erfasst
capi-s	du erfasst	cáp-e-ris	usw.
capi-t	er erfasst	cápi-tur	
cápi-mus	wir erfassen	cápi-mur	
cápi-tis	ihr erfasst	capi-minī	
capi-u-nt	sie erfassen	capi-u-ntur	
Präsens Konjunktiv			
capi-a-m	ich möge erfassen	capi-a-r	ich möge erfasst werden
capi-ā-s	du mögest erfassen	capi-ā-ris	usw.
capi-a-t	er möge erfassen	capi-ā-tur	
capi-ā-mus	wir mögen erfassen	capi-ā-mur	
capi-ā-tis	ihr mögt erfassen	capi-ā-minī	
capi-a-nt	sie mögen erfassen	capi-a-ntur	
Imperfekt Indikativ			
capi-ē-ba-m	ich erfasste	capi-ē-ba-r	ich wurde erfasst
capi-ē-bā-s	du erfasstest	capi-ē-bā-ris	usw.
capi-ē-ba-t	er erfasste	capi-ē-bā-tur	
capi-ē-bā-mus	wir erfassten	capi-ē-bā-mur	
capi-ē-bā-tis	ihr erfasstet	capi-ē-bā-minī	
capi-ē-ba-nt	sie erfassten	capi-ē-ba-ntur	
Imperfekt Konjunktiv			
cáp-e-re-m	ich würde erfassen	cáp-e-re-r	ich würde erfasst werden
cap-e-rē-s	du würdest erfassen	cap-e-rē-ris	usw.
cap-e-re-t	er würde erfassen	cap-e-rē-tur	
cap-e-rē-mus	wir würden erfassen	cap-e-rē-mur	
cap-e-rē-tis	ihr würdet erfassen	cap-e-rē-minī	
cap-e-re-nt	sie würden erfassen	cap-e-re-ntur	
Futur I			
capi-a-m	ich werde erfassen	capi-a-r	ich werde erfasst werden
capi-ē-s	du wirst erfassen	capi-ē-ris	usw.
capi-e-t	er wird erfassen	capi-ē-tur	
capi-ē-mus	wir werden erfassen	capi-ē-mur	
capi-ē-tis	ihr werdet erfassen	capi-ē-minī	
capi-e-nt	sie werden erfassen	capi-e-ntur	
Imperativ			
cape	erfasse!		
cápi-te	erfasst!		
PPA			
capi-ē-ns, -e-ntis	erfassend; einer, der erfasst		
Infinitiv Präsens			
cáp-e-re	erfassen	cap-ī	erfasst werden

Perfekt Indikativ			
Aktiv		Passiv	
cēp-ī	ich habe erfasst	cap-tus sum	ich bin erfasst worden
cēp-istī	du hast erfasst	cap-tus es	usw.
cēp-it	er hat erfasst	cap-tus est	
cēp-imus	wir haben erfasst	cap-tī sumus	
cēp-istis	ihr habt erfasst	cap-tī estis	
cēp-ērunt	sie haben erfasst	cap-tī sunt	
Perfekt Konjunktiv			
cum		cum	
cēp-eri-m	als ich erfasst habe	cap-tus sim	als ich erfasst worden bin
cēp-eri-s	als du erfasst hast	cap-tus sīs	usw.
cēp-eri-t	als er erfasst hat	cap-tus sit	
cēp-eri-mus	als wir erfasst haben	cap-tī sīmus	
cēp-eri-tis	als ihr erfasst habt	cap-tī sītis	
cēp-eri-nt	als sie erfasst haben	cap-tī sint	
Plusquamperfekt Indikativ			
cēp-era-m	ich hatte erfasst	cap-tus eram	ich war erfasst worden
cēp-erā-s	du hattest erfasst	cap-tus erās	usw.
cēp-era-t	er hatte erfasst	cap-tus erat	
cēp-erā-mus	wir hatten erfasst	cap-tī erāmus	
cēp-erā-tis	ihr hattet erfasst	cap-tī erātis	
cēp-era-nt	sie hatten erfasst	cap-tī erant	
Plusquamperfekt Konjunktiv			
cēp-isse-m	ich hätte erfasst	cap-tus essem	ich wäre erfasst worden
cēp-issē-s	du hättest erfasst	cap-tus essēs	usw.
cēp-isse-t	er hätte erfasst	cap-tus esset	
cēp-issē-mus	wir hätten erfasst	cap-tī essēmus	
cēp-issē-tis	ihr hättet erfasst	cap-tī essētis	
cēp-isse-nt	sie hätten erfasst	cap-tī essent	
Futur II			
cēp-er-ō	ich werde erfasst haben usw.	cap-tus erō	ich werde erfasst worden sein usw.
cēp-eri-s		cap-tus eris	
cēp-eri-t		cap-tus erit	
cēp-eri-mus		cap-tī erimus	
cēp-eri-tis		cap-tī eritis	
cēp-eri-nt		cap-tī erunt	
PFA		**PPP**	
cap-tūrus, -a, -um	einer, der erfassen will, einer, der im Begriff ist zu erfassen	cap-tus, -a, -um	erfasst; einer, der erfasst worden ist
Infinitiv Perfekt			
cēp-isse	erfasst (zu) haben	cap-tum, -am, -um esse	erfasst worden (zu) sein

Deklinationstabellen

Kasus	Frage
Nom.	wer oder was?
Gen.	wessen?
Dat.	wem?
Akk.	wen oder was?
Abl.	womit? wodurch? wovon?

Die a-Deklination

	Singular		Plural	
Nom.	domina	bona	dominae	bonae
Gen.	dominae	bonae	dominārum	bonārum
Dat.	dominae	bonae	dominīs	bonīs
Akk.	dominam	bonam	dominās	bonās
Abl.	ā dominā	bonā	ā dominīs	bonīs

Die o-Deklination

	Singular		Plural	
Nom.	dominus	bonus	dominī	bonī
Gen.	dominī	bonī	dominōrum	bonōrum
Dat.	dominō	bonō	dominīs	bonīs
Akk.	dominum	bonum	dominōs	bonōs
Abl.	ā dominō	bonō	ā dominīs	bonīs
Nom.	templum	bonum	templa	bona
Gen.	templī	bonī	templōrum	bonōrum
Dat.	templō	bonō	templīs	bonīs
Akk.	templum	bonum	templa	bona
Abl.	templō	bonō	templīs	bonīs

Die e-Deklination

	Singular		Plural	
Nom.	rēs	bona	rēs	bonae
Gen.	reī	bonae	rērum	bonārum
Dat.	reī	bonae	rēbus	bonis
Akk.	rem	bonam	rēs	bonās
Abl.	rē	bonā	rēbus	bonis

Die u-Deklination

	Singular		Plural	
Nom.	cāsus	bonus	cāsūs[1]	bonī
Gen.	cāsūs[1]	bonī	cāsuum	bonōrum
Dat.	cāsuī	bonō	cāsibus	bonīs
Akk.	cāsum	bonum	cāsūs[1]	bonōs
Abl.	cāsū	bonō	cāsibus	bonīs

1 Im Gen. Sg., im Nom. und Akk. Pl. wird die Endung -us mit langem u gesprochen (also casūs).

Die 3. Deklination

	Singular		Plural	
Nom.	orator	bonus	oratōrēs	bonī
Gen.	oratōris	bonī	oratōrum	bonōrum
Dat.	oratōrī	bonō	oratōribus	bonīs
Akk.	oratōrem	bonum	oratōrēs	bonōs
Abl.	oratōre	bonō	oratōribus	bonīs
Nom.	agmen	bonum	agmina	bona
Gen.	agminis	bonī	agminum	bonōrum
Dat.	agminī	bonō	agminibus	bonīs
Akk.	agmen	bonum	agmina	bona
Abl.	agmine	bonō	agminibus	bonīs

Die i-Stämme der 3. Deklination

	Singular		Plural	
Nom.	nāvis	lata	nāvēs	latae
Gen.	nāvis	latae	nāvium	latārum
Dat.	nāvī	latae	nāvibus	latīs
Akk.	nāvem	latam	nāvēs	latās
Abl.	nāve	latā	nāvibus	latīs

Die Neutra auf -e, -al und -ar

	Singular		Plural	
Nom.	mare	latum	maria	lata
Gen.	maris	latī	marium	latōrum
Dat.	marī	latō	maribus	latīs
Akk.	mare	latum	maria	lata
Abl.	marī	lato	maribus	latīs

Die Adjektive der 3. Deklination

	Singular			Plural		
	mask.	fem.	neutr.	mask.	fem.	neutr.
Nom.	celer	celeris	celere	celerēs	celerēs	celeria
Gen.	celeris	celeris	celeris	celerium	celerium	celerium
Dat.	celerī	celerī	celerī	celeribus	celeribus	celeribus
Akk.	celerem	celerem	celere	celerēs	celerēs	celeria
Abl.	celerī	celerī	celerī	celeribus	celeribus	celeribus

Lösungen

Übung 1

1. **neben** der Tür
2. **vor** dem Haus
3. **nahe** der Stadt
4. **durch** den Wald
5. **nach** dem Tod
6. **an** der Mauer
7. **bei** Caesar
8. **um** die Stadt **herum**
9. **gegen** die Feinde
10. **gegen** die Freundin
11. **unter** sich
12. **wegen** der Soldaten

Übung 2

	Indikativ	Konjunktiv
Präsens	prodest er, sie, es nützt	pro**sit** er, sie, es möge nützen
Imperfekt	pro**derat** er, sie, es nützte	pro**desset** er, sie, es würde nützen
Futur I	pro**derit** er, sie, es wird nützen	
Perfekt	pro**fuit** er, sie, es hat genützt	cum pro**fuerit** als er, sie, es genützt hat
Plusquam-perfekt	pro**fuerat** er, sie, es hatte genützt	pro**fuisset** er, sie, es hätte genützt
Futur II	pro**fuerit** er, sie, es wird genützt haben	

Übung 3

1. ad**sunt**: 3. Pers. Pl. Präs. Ind.; adesse, da sein, helfen
   Die Eltern sind da.
2. af**fuit**: 3. Pers. Sg. Perf. Ind.; adesse, da sein, helfen
   Der Vater hat seinem Sohn geholfen.
3. super**sunt**: 3. Pers. Pl. Präs. Ind.; superesse, übrig sein, überleben
   Nach dem Gastmahl sind viele Speisen übrig.
4. super**fuit**: 3. Pers. Sg. Perf. Ind.; superesse, übrig sein, überleben
   Aeneas hat nach vielen Stürmen überlebt.
5. in**est**: 3. Pers. Sg. Präs. Ind.; inesse, darin sein, stecken in
   In diesem Buch ist ein schönes Bild.
6. ab**erant**: 3. Pers. Pl. Imperf. Ind.; abesse, abwesend sein, entfernt sein
   In diesem Jahr waren die Eltern nicht abwesend.
7. pro**fuerunt**: 3. Pers. Pl. Perf. Ind.; prodesse, nützlich sein, nützen
   Auch hohe Mauern nützten ihnen nichts.

8. deerat: 3. Pers. Sg. Imperf. Ind.; deesse, fehlen, mangeln
   Die Hilfe der Götter fehlte den Römern und ihren Familien nicht.
9. praeest: 3. Pers. Sg. Präs. Ind.; praeesse, vorgesetzt sein, leiten
   In Rom ist der Großvater der Familie vorgesetzt.

Übung 4

1. praefui
2. afuisti
3. affuit/adfuit
4. cum defueritis
5. infuimus
6. profuit
7. superfuerunt

Übung 5

1. afuit, er ist abwesend gewesen
   affui, ich habe geholfen
   cum affueritis, als ihr geholfen habt
   interfuerunt, sie haben teilgenommen
   defuistis, ihr habt gefehlt
   interfueramus, wir hatten teilgenommen
   praefuero, ich werde vorgesetzt gewesen sein
   superfuimus, wir sind übrig geblieben
2. ich bin gewesen, fui
   als ich geholfen habe, cum affuerim
   du hast teilgenommen, interfuisti
   sie waren übrig geblieben, superfuerant
   es ist im Überfluss vorhanden gewesen, superfuit
   sie hätten teilgenommen, interfuissent

Übung 6

1. interesse, dabeisein, teilnehmen: Interesse bedeutet „geistige Teilnahme" an einem Gegenstand
2. abesse, abwesend sein: Absenz ist Abwesenheit
3. praeesse, vorgesetzt sein: präsent bedeutet anwesend (den Blicken jemands „vorgesetzt")
4. prodesse, nützlich sein, nützen: Prosit (oder verkürzt „Prost!") ist der Wunsch beim gemeinsamen Trinken: „Wohl bekomm's!"

Übung 7

1. Präsens Indikativ:

transeo, ich überschreite	transimus, wir überschreiten
transis, du überschreitest	transitis, ihr überschreitet
transit, er überschreitet	transeunt, sie überschreiten

   Präsens Konjunktiv:

transeam, ich möge überschreiten	transeamus, wir mögen überschreiten
transeas, du mögest überschreiten	transeatis, ihr mögt überschreiten
transeat, er möge überschreiten	transeant, sie mögen überschreiten

2. Imperfekt Indikativ:

exi**ba**m, ich ging heraus	exi**ba**mus, wir gingen heraus
exi**ba**s, du gingst heraus	exi**ba**tis, ihr gingt heraus
exi**ba**t, er ging heraus	exi**ba**nt, sie gingen heraus

Imperfekt Konjunktiv:

exi**re**m, ich würde herausgehen	exi**re**mus, wir würden herausgehen
exi**re**s, du würdest herausgehen	exi**re**tis, ihr würdet herausgehen
exi**re**t, er würde herausgehen	exi**re**nt, sie würden herausgehen

3. Futur I:

peri**bo**, ich werde zugrundegehen	peri**bi**mus, wir werden zugrundegehen
peri**bi**s, du wirst zugrundegehen	peri**bi**tis, ihr werdet zugrundegehen
peri**bi**t, er wird zugrundegehen	peri**bu**nt, sie werden zugrundegehen

Übung 8

1.	Akk. Pl. f.	diese, sie
	2. Pers. Sg. Präs. Konj. Aktiv	du mögest gehen
2.	2. Pers. Sg. Perf. Ind. Aktiv	du bist gegangen
3.	Nom. Sg. m.	dieser, er
	2. Pers. Sg. Präs. Ind. Aktiv	du gehst
4.	1. Pers. Sg. Imperf. Ind. Aktiv	ich ging
5.	Abl. Sg. m.	(mit) diesem, ihm
	1. Pers. Sg. Präs. Ind. Aktiv	ich gehe
6.	1. Pers. Sg. Fut. I Aktiv	ich werde gehen
7.	3. Pers. Pl. Präs. Konj. Aktiv	sie mögen gehen
8.	3. Pers. Sg. Präs. Ind. Aktiv	er geht
9.	3. Pers. Pl. Imperf. Konj. Aktiv	sie würden gehen
10.	Akk. Sg. f.	diese, sie
	1. Pers. Sg. Präs. Konj. Aktiv	ich möge gehen

Übung 9

1. a) Hast du alle unbekannten Wörter nachgeschlagen?
   b) ein Hauptsatz und ein Nebensatz: **ut** + Konjunktiv (dass, sodass – konsekutiv wegen tanta voce, mit *so* lauter Stimme)
   c) mercator clamavit, omnes homines adirent
   d) **omnes homines** prope **laborantes** (Leute, die in der Nähe arbeiten)
   e) Neulich hat ein Händler mit so lauter Stimme gerufen, dass alle Leute, die in der Nähe arbeiteten, ihn sofort aufsuchten.
2. b) drei Hauptsätze, ein Nebensatz: **nisi** … (wenn nicht …)
   c) non possum, vir scelestus affuit, peribo, iste vir redibit
   d) **Anulum** gemmis **ornatum** (ein mit Edelsteinen geschmückter Ring)

e) Ich kann den Ring, der mit Edelsteinen geschmückt ist, nicht sehen. Ist etwa ein Verbrecher dagewesen? Ich werde zugrunde gehen, wenn dieser Mann nicht zurückkehren wird.

3\. b) drei Hauptsätze ohne Nebensätze
c) amicus properavit, peribis, tacuisses
d) keine Partizipien
e) Endlich ist sein Freund dorthin gekommen: „Du wirst nicht zugrunde gehen! Hättest du doch geschwiegen!"

4\. b) Hauptsatz, mit postquam eingeleiteter Nebensatz
c) mercator admonitus est, ipse vidit
d) **anulum** in humo **iacentem** (den auf dem Boden liegenden Ring)
e) Nachdem der Händler von jenem ermahnt worden war, hat er selbst den Ring auf dem Boden liegen sehen.

bung 10

1. Korrektur: terra**ru**m; mag**n**is
   Einst war Rom, die Hauptstadt der Welt, selbst in großen Gefahren.
2. Korrektur: fer**ae**; **est** statt sunt
   Die wilden Stämme der Gallier, wie von berühmten Schriftstellern berichtet ist, hatten sich der Stadt genähert und belagerten sie lange Zeit.
3. Korrektur: host**ibus**; tener**e**
   Nachdem die Mauern der Stadt von den Feinden überwunden waren, konnten die Römer nur die Burg auf dem hohen Kapitol halten.
4. Korrektur: auxiliu**m**
   Aber die Hilfe der Götter fehlte den Römern und ihren Familien nicht.
5. Korrektur: redi**bant**
   Als sie den Galliern Geld gegeben hatten, kehrten jene in ihre Heimat zurück.

bung 11

Präsens	Imperfekt	Perfekt	Plusquam-perfekt	Futur I
abeo	abibam	abii	abieram	abibo
redimus	redibamus	rediimus	redieramus	redibimus
obeas	obires	obieris	obisses	–
subeatis	subiretis	subieritis	subissetis	–
intereatis	interiretis	interieritis	interissetis	–
transit	transibat	transiit	transierat	transibit
adeunt	adibant	adierunt	adierant	adibunt
exis	exibas	existi	exieras	exibis
perimus	peribamus	periimus	perieramus	peribimus

Übung 12

1. ich liege
2. ich werde liegen
3. ich bin gelegen
4. sie werden liegen
5. sie sind gelegen
6. er (sie, es) tönt, erklingt
7. er hat getönt, ist erklungen
8. er hatte getönt, war erklungen
9. er hätte getönt, wäre erklungen
10. wir tönten, erklangen
11. ihr werdet tönen, erklingen
12. du hast getönt, du bist erklungen
13. ich möge zähmen, bändigen
14. ich würde zähmen, bändigen
15. als ich gezähmt habe
16. ich hätte gezähmt, gebändigt
17. du wirst gezähmt worden sein
18. ihr habt gescholten
19. ihr scheltet
20. ihr werdet gescholten worden sein
21. wir hatten gescholten
22. sie hätten gescholten
23. als er, sie, es verboten hat
24. du hast verboten
25. sie haben verboten
26. sie hatten verboten
27. ich werde geschnitten
28. ich wurde geschnitten
29. er war geschnitten worden

Übung 13

1. cubu**imus**
2. appropinqua**vi**
3. voca**beris**
4. rapt**etur**
5. dele**verant**
6. vulnera**bamini**
7. cum lauda**ti simus**
8. obtempera**vit**
9. **utinam** vale**at!**

Übung 14

1.	1. Pers. Sg. Präs. Ind. Aktiv	ich liege
2.	3. Pers. Pl. Perf. Ind. Passiv	sie sind verboten worden
3.	3. Pers. Pl. Perf. Ind. Aktiv	sie haben gezähmt
4.	3. Pers. Pl. Präs. Konj. Aktiv	sie mögen tönen, erklingen
5.	3. Pers. Pl. Plusq. Konj. Aktiv	sie hätten getönt
6.	3. Pers. Sg. Perf. Ind. Passiv	sie ist gescholten worden
7.	PFA Nom. Sg. m.	im Begriff zu schneiden
8.	3. Pers. Pl. Impf. Ind. Aktiv	sie schnitten
9.	3. Pers. Sg. Perf. Konj. Passiv	als er gezähmt worden ist
10.	1. Pers. Sg. Präs. Konj. Aktiv	ich möge verbieten
11.	3. Pers. Pl. Perf. Konj. Aktiv	als sie verboten haben
12.	3. Pers. Pl. Plusq. Ind. Aktiv	sie hatten verboten
13.	3. Pers. Sg. Perf. Ind. Aktiv	er hat gescholten
14.	3. Pers. Pl. Präs. Ind. Aktiv	sie schelten
15.	1. Pers. Sg. Fut. Ind. Aktiv	ich werde schelten

bung 15

1.	L	**A**	U	D	**E**	M	U	S									
2.	P	R	O	D	E	**S**	T										
3.	A	F	U	E	R	A	M	U	**S**								
4.	D	A	**N**	S													
5.	**C**	A	**N**	T	A	R	E		P	**O**	T	E	R	I	T	I	S
6.	**M**	O	N	E	R	E	M	U	**R**								
7.	L	**A**	U	D	A	T	I		E	R	U	**N**	T				
8.	**I**	M	P	L	E	T	U	M									
9.	C	U	B	U	I	**S**	T	I	S								
10.	I	S	S	**E**	S												
11.	A	D	I	U	T	U	S		E	R	**O**						
12.	**P**	R	A	E	S	T	I	T	E	R	U	**N**	T				
13.	**A**	M	A	V	I	S	T	I									
14.	P	E	**R**	I	B	A	T										
15.	E	R	**O**														

Lösung: **MENS SANA IN CORPORE SANO!**
Ein gesunder Geist (wohnt) in einem gesunden Körper!

bung 16

1. increpuisti, du hast gescholten
2. ambulavi, ich bin spazieren gegangen
3. sonuerunt, sie sind erklungen
4. secuit, er hat geschnitten
5. vetuistis, ihr habt verboten
6. monstravisti, du hast gezeigt
7. domuimus, wir haben gezähmt

bung 17

1. iuv**i**
2. me adiuv**it**
3. er hätte erfreut
4. sie wäre erfreut worden
5. ich habe erfreut
6. du mögest gewaschen werden
7. sie haben euch geholfen
8. ihr werdet unterstützt
9. wasche!
10. ich werde dir helfen
11. unterstützt / erfreut (zu) haben
12. unterstützt / erfreut worden (zu) sein

Übung 18

1. Wir **haben** dir eine Wohltat **erwiesen**.
2. Pompeius **leitete** mehrere Jahre ein großes Heer.
3. Jeder Konsul **führt** im Krieg einen Tag die Truppen.
4. Caesar **übertraf** alle Feldherrn an Milde (Nachsicht).
5. Rom **drohten** oft große Gefahren.
6. Aber die römischen Soldaten, die den Feinden im Weg standen, **retteten** Rom immer wieder.

Übung 19

1.	praesta**bant**	sie erwiesen
2.	prae**stiti**	ich habe erwiesen
3.	prae**stitissent**	sie hätten erwiesen
4.	praest**et**	er möge erweisen
5.	praesta**bit**	er wird erweisen
6.	prae**stiterant**	sie hatten erwiesen
7.	praesta**ret**	er würde erweisen
8.	prae**stitero**	ich werde erwiesen haben

Übung 20

L	A	U	D	A	T	U	**S**		E	S					
				I	U	V	**I**								
I	N	C	R	E	P	I	**T**	U	S		E	S	T		
		C	O	N	S	T	**A**	R	E						
				C	I	R	**C**	U	M	D	A	N	T		
				S	O	N	**U**	I	S	T	I	S			
				D	E	D	**I**								
			P	R	A	E	**S**	T	A	B	A	N	T		
					I	N	**S**	T	I	T	E	R	A	N	T
						V	**E**	T	O						
		C	U	B	U	I	**S**	T	I						

Sprichwort: **SI TACUISSES**, PHILOSOPHUS MANSISSES!
Wenn du geschwiegen hättest, wärest du Philosoph geblieben.
(D. h. man hätte nicht gemerkt, dass du kein Philosoph bist.)

Übung 21

1.	auct**us es**	du bist gefördert worden
	auct**i estis**	ihr seid gefördert worden
2.	auct**a es**	du bist gefördert worden
	auct**ae estis**	ihr seid gefördert worden
3.	cum auct**us/-a sis**	als du gefördert worden bist
	cum auct**i/-ae sitis**	als ihr gefördert worden seid

Übung 22

1. tort**us eram** — ich war gefoltert worden
   tort**us eras** — du warst gefoltert worden
   tort**us erat** — er war gefoltert worden
2. tort**us essem** — ich wäre gefoltert worden
   tort**us esses** — du wärst gefoltert worden
   tort**us esset** — er wäre gefoltert worden

Übung 23

1.

a) continere	Kontinent	f) augere	Auktion
b) censere	Zensur, zensieren	g) permanere	permanent
c) florere	Flora, florieren	h) sedere	Sessel
d) torquere	Tortur	j) miscere	Mixtur
e) abstinere	abstinent		

2. Abstinenz bedeutet Enthaltsamkeit (von *abstinere,* sich enthalten), meist im Alkoholtrinken. Prohibition (von *prohibere,* abhalten) liegt vor, wenn ein Staat seinen Bürgern verbietet, Alkohol zu trinken (z. B. Schweden). Beide Begriffe gehören zusammen: bei vernünftiger Abstinenz der Bürger braucht es keine staatliche Prohibition.

Übung 24

1. movisti	4. permovit	7. possedi	10. respondimus
2. cavit	5. sederunt	8. invidisti	11. pependi
3. spopondimus	6. vidistis	9. obsederunt	12. cavistis

Übung 25

1. ambulant	5. desperaverunt	8. videbunt	11. nocueramus
2. necabuntur	6. temptamur	9. placuissetis	12. valeat
3. pugnavisse	7. iaceo	10. rideri	13. mansero
4. sperares			

Übung 26

1. ignes a militibus **circumsessi**
2. spopond**issent**
3. cav**imus**
4. vid**isses**
5. urbs **obsessa**
6. cum submo**ti sitis**
7. respond**istis**
8. cum tempestas impend**eret**
9. submove**bo**
10. ne vide**amur**
11. metu (timore) **commotus, -a, -um**
12. respond**etur**
13. **nobis** (!) fav**issent**
14. **fructus** (ex arbore) **pendentes**
15. remov**erunt**
16. fav**erem**
17. obside**atur**
18. posside**bunt**
19. **motus erat**
20. invid**issem**
20. cav**e** canem!

Übung 27

1. (quia tam multa nobis a magistro de Etruscis antiquis narrata sunt)
   ZV: (multa) narrata sunt: (viel) ist erzählt worden
   Ü: Du beneidest uns, weil uns schon so viel von unserem Lehrer über die alten Etrusker erzählt worden ist.
2. Ü: Warum aber ist die Erinnerung an jene Menschen nicht verlorengegangen, warum ist ihr (deren) Leben auch uns bekannt?
3. (quia viri docti sepulcra mortuorum investigaverunt)
   Ü: Das Leben der Lebenden steht (wörtl.: schwebt) uns auch heute noch deutlich vor Augen, weil gelehrte Männer die Gräber der Toten erforscht haben.
4. (ubi sepulcra pro mortuis aedificata erant)
   ZV: aedificata erant: sie waren erbaut worden
   P: pietate **moti Etrusci:** die Etrusker, die von Ehrfurcht bewegt wurden
   Ü: Aus Ehrfurcht hatten die Etrusker in der Nähe der Stadt immer eine Totenstadt, wo Grabmäler für die Toten erbaut worden waren.
5. P: **sepulcra** multis rebus **ornata:** Gräber, die mit vielen Gegenständen geschmückt waren
   Ü: Jene Gräber, die mit vielen Dingen geschmückt waren, hatten die Toten gewissermaßen wie ihre Häuser in Besitz.

Übung 28

1. Herkules ist von den Menschen immer ein tapferer Mann genannt worden.
2. Die Götter hatten ihm ewiges Leben versprochen.
3. Von den Göttern ermahnt zog (ging) er durch alle Länder und ertrug viele Mühen.
4. So hat er an einem Tag aus dem Stall des Augias, eines reichen Königs, eine ungeheuere Menge Mist entfernt.
5. Auch einen in den Wäldern verborgenen Löwen hat er getötet.
6. Auch den Göttern hat Herkules sehr nützen können.
7. Als die Götter einst gegen die Giganten kämpften, war das Kriegsglück lange unentschieden (wörtlich: es schwebte).
8. Durch die Bitten der Göttin Minerva veranlasst versprach Herkules den Göttern seine Hilfe.
9. Als Herkules am Kampf teilnahm, drohte den Giganten die Niederlage.
10. Weil Herkules den Göttern half, konnten die Giganten schließlich in die Flucht geschlagen werden.
11. Der Ruhm des Herkules wird immer strahlen.

bung 29

Aktiv	Indikativ	Konjunktiv
Präsens	munit er befestigt	muniat er möge befestigen
Imperfekt	muniebat er befestigte	muniret er würde befestigen
Futur I	muniet er wird befestigen	
Perfekt	munivit er hat befestigt	cum muniverit als er befestigt hat
Plusquam-perfekt	muniverat er hatte befestigt	munivisset er hätte befestigt
Futur II	muniverit er wird befestigt haben	

Passiv	Indikativ	Konjunktiv
Präsens	munitur er wird befestigt	muniatur er möge befestigt werden
Imperfekt	muniebatur er wurde befestigt	muniretur er würde befestigt werden
Futur I	munietur er wird befestigt werden	
Perfekt	munitus (-a, -um) est er (sie, es) ist befestigt worden	cum munitus sit als er befestigt worden ist
Plusquam-perfekt	munitus erat er war befestigt worden	munitus esset er wäre befestigt worden
Futur II	munitus erit er wird befestigt worden sein	

bung 30

1. ich bin gehört worden
2. ich war gehört worden
3. ich werde gehört worden sein
4. als ich gehört worden bin
5. ich wäre gehört worden

Übung 31

1.	er wird mahnen	Futur Indikativ
2.	er wird befestigen	Futur Indikativ
3.	sie hören	Präsens Indikativ
4.	er hat verborgen	Perfekt Indikativ
5.	er hatte gelobt	Plusquamperfekt Indikativ
6.	sie hatten gewusst	Plusquamperfekt Indikativ
7.	er weiß nicht	Präsens Indikativ
8.	sie mögen beenden	Präsens Konjunktiv
9.	lasst uns festhalten	Präsens Konjunktiv
10.	du wirst bestraft haben	Futur II Indikativ
	du habest bestraft	Perfekt Konjunktiv
11.	sie hätten geschlafen	Plusquamperfekt Konjunktiv
12.	ich möge erweichen	Präsens Konjunktiv
	ich werde erweichen	Futur I
13.	er hätte gehört	Plusquamperfekt Konjunktiv

Übung 32

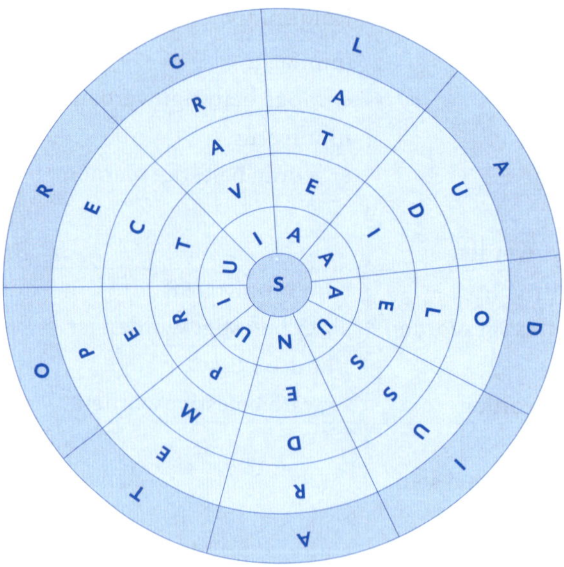

Lösungswort:
GLADIATOR

Übung 33

aper**ui**, ich habe geöffnet
aper**uisti**, du hast geöffnet
aper**uit**, er hat geöffnet
aper**uimus**, wir haben geöffnet
aper**uistis**, ihr habt geöffnet
aper**uerunt**, sie haben geöffnet

aper**tus sum**, ich bin geöffnet worden
aper**tus es**, du bist geöffnet worden
aper**tus est**, er ist geöffnet worden
aper**ti sumus**, wir sind geöffnet worden
aper**ti estis**, ihr seid geöffnet worden
aper**ti sunt**, sie sind geöffnet worden

bung 34

1. saepi**ens**, saepi**entis**; saep**tus, -a, -um**; saep**turus, -a, -um**
2. audi**ens**, audi**entis**; audi**tus, -a, -um**; audi**turus, -a, -um**
3. hauri**ens**, hauri**entis**; haus**tus, -a, -um**; haus**turus, -a, -um**
4. senti**ens**, senti**entis**; sens**us, -a, -um**; sens**urus, -a, -um**
5. vinci**ens**, vinci**entis**; vinc**tus, -a, -um**; vinc**turus, -a, -um**

bung 35

1. er würde fesseln
2. sie zäunten ein
3. gefesselt
4. als er gewusst hat
5. er wird getrunken werden
6. ich würde bestrafen
7. er kommt / er ist gekommen
8. sentient
9. sanctum est
10. circumventi erunt
11. invenimus

bung 36

1. er erfindet	inveni**tur**	er wird erfunden
2. er fand	reperieba**tur**	er wurde gefunden
3. du wirst einzäunen	saepie**ris**	du wirst eingezäunt werden
4. ihr würdet beenden	finire**mini**	ihr würdet beendet werden
5. er, sie, es hätte gewusst	sci**tum esset**	es wäre gewusst worden
6. sie öffnen	aperi**untur**	sie werden geöffnet
7. wir werden erziehen	erudi**emur**	wir werden erzogen werden
8. er kommt ans Ziel	perveni**tur**	man gelangt ans Ziel
9. du hast gefesselt	vinc**tus es**	du bist gefesselt worden

bung 37

1. audi**unt**	reperi**unt**	4. audi**ebamur**	reperi**ebamur**
2. audi**ent**	reperi**ent**	5. audi**ti estis**	reper**ti estis**
3. audi**vero**	repper**ero**	6. audi**vissem**	repper**issem**

bung 38

1. V: cum necavisset: 3. Pers. Sg. Plusqu. Konj., als er getötet hatte
   persuasit: 3. Pers. Sg. Perf. Ind., er hat überredet, überzeugt
   ut iret: 3. Pers. Sg. Imperf. Konj., dass sie ginge
   P: Minotaurum saevientem: den tobenden Minotaurus
   N: (Theseus cum Minotaurum saevientem necavisset)
   Ü: Als Theseus den tobenden Minotaurus getötet hatte, hat er Ariadne überredet, dass sie mit ihm ginge (schöner: mit ihm zu gehen).
2. V: cum transirent: 3. Pers. Pl. Imperf. Konj., als sie überquerten
   inflammatus est: 3. Pers. Sg. Perf. Ind. Passiv, er ist entflammt worden
   N: (Sed cum mare transirent)
   Ü: Aber als/während sie über das Meer fuhren, ist Theseus in Liebe zu Phaedra, der Schwester der Ariadne, entbrannt.

3. V: reliquit: 3. Pers. Sg. Perf. Ind., er hat zurückgelassen
   mansit: 3. Pers. Sg. Perf. Ind., sie ist geblieben
   P: Ariadnam dormientem: die schlafende Ariadne (Ariadne, die schlief)
   Ü: Er ließ die schlafende Ariadne auf der Insel Naxos zurück, das Mädchen blieb allein auf der Insel.
4. V: vidit: 3. Pers. Sg. Perf. Ind., er hat gesehen
   fecit: 3. Pers. Sg. Perf. Ind., er hat gemacht
   Ü: Nun aber sah der Gott Bacchus die schöne Frau und machte sie zu seiner Gemahlin.
5. V: erat: 3. Pers. Sg. Imperf. Ind., sie war
   P: Ariadna a Theseo relicta, die von Theseus verlassene Ariadne (oder: Ariadne, die von Theseus verlassen worden war)
   Ü: So war Ariadne, nachdem sie von Theseus zurückgelassen worden war, die glückliche Gemahlin eines mächtigen Gottes.

Übung 39
1. siv**istis**
2. triv**erunt**
3. sev**eris**
4. sprev**it**
5. decrev**imus**
6. strav**eritis**

Übung 40
1. appetiv**eram**
2. repetiv**isses**
3. quaesiv**eratis**
4. requisiv**issemus**
5. arcessiv**erant**
6. lacessiv**erat**

Übung 41
1. audi**es**
2. ter**es**
3. pet**es**
4. leni**es**
5. repet**es**
6. arcess**es**
7. spern**es**
8. molli**es**

Übung 42
1. sci**or**
2. senti**or**
3. sin**or**
4. aperi**or**
5. dom**or**
6. reg**or**
7. mone**or**
8. terre**or**

Übung 43
1. repert**i sunt**
2. strat**i sunt**
3. invent**i sunt**
4. saept**i sunt**
5. petit**i sunt**
6. punit**i sunt**
7. discret**i sunt**
8. spret**i sunt**

Übung 44
1. tere**remini**
2. sere**remini**
3. cerne**remini**
4. rege**remini**
5. lauda**remini**
6. dele**remini**
7. admone**remini**
8. sine**remini**
9. exspecta**remini**

Übung 45
1. audiv**erint**
2. vid**erint**
3. rex**erint**
4. domu**erint**
5. decrev**erint**
6. sev**erint**
7. quaesiv**erint**
8. mans**erint**
9. repetiv**erint**
10. custodiv**erint**

bung 46

	Inf. Präs.	Inf. Perf. Passiv:
1.	dari	datum, -am, -um esse
2.	timeri	–
3.	audiri	auditum, -am, -um esse
4.	regi	rectum, -am, -um esse

bung 47

	PPA	PPP	PFA
1.	sperans, sperantis	speratus, -a, -um	speraturus, -a, -um
2.	quaerens, quaerentis	quaesitus, -a, -um	quaesiturus, -a, -um
3.	delens, delentis	deletus, -a, -um	deleturus, -a, -um
4.	sciens, scientis	scitus, -a, -um	sciturus, -a, -um
5.	leniens, lenientis	lenitus, -a, -um	leniturus, -a, -um
6.	petens, petentis	petitus, -a, -um	petiturus, -a, -um

bung 48

1. supererant
2. spernebant
3. vetuerat
4. mixtum est
5. cum torti essent
6. decernes
7. maneret
8. respondisti
9. repetivissent
10. quaesiti estis
11. compleverunt

bung 49

1. Veto: **vetare**, verbieten
2. Mixtur: **miscere**, mischen
3. Prohibition: **prohibere**, abhalten, hindern
4. Aperitif: **aperire**, öffnen
5. Konsens: **consentire**, übereinstimmen
6. Dezernat: **decernere**, entscheiden
7. Munition: **munire**, verwahren, sichern, schützen
8. Petition: **petere**, erstreben, erbitten, fordern, angreifen

bung 50

1. Als einst das römische Heer von den Feinden bedrängt wurde, haben die Bürger Cincinnatus zum Diktator gewählt.
2. (**eum** trans Tiberim parvum agrum **habuisse**) Die Schriftsteller berichten, dass er jenseits des Tibers einen kleinen Acker besaß.
3. Dort haben ihn die Gesandten des Senats beim Pflügen gefunden.
4. (**legatos venire**) (**uxorem** togam statim e villa **portare**) Als Cincinnatus die Gesandten kommen sah, befahl er, dass seine Frau sofort seine Toga aus dem Haus hole.
5. Als er sich gewaschen hatte und mit der Toga geschmückt war, verlangte er die Aufträge des Senates zu hören.

6. (**Cincinnatum imperatorem** exercitus Romani **esse** et hostes **arcere**)
   Der Senat hatte befohlen, dass Cincinnatus der Befehshaber des römischen Heeres sein und die Feinde abhalten solle.
7. (**eum** statim ad agrum suum **redisse**)
   Die Schriftsteller berichten, dass Cincinnatus, als er in der Tat nach kurzer Zeit die Feinde besiegt hatte, sofort auf seinen Acker zurückgekehrt ist.

Übung 51

	regere	audire	movere
1. laudamus	reg**imus**	aud**imus**	move**mus**
Passiv	reg**imur**	aud**imur**	move**mur**
2. laudavisti	re**xisti**	audi**visti**	mo**visti**
Passiv	rec**tus es**	audi**tus es**	mo**tus es**
Präsens	reg**is**	aud**is**	move**s**
3. laudabitur	reg**etur**	aud**ietur**	move**bitur**
Aktiv	reg**et**	aud**iet**	move**bit**
4. laudati sunt	rec**ti sunt**	audi**ti sunt**	mo**ti sunt**
Aktiv	rex**erunt**	audiv**erunt**	mov**erunt**
Präsens	reg**untur**	aud**iuntur**	mov**entur**
5. laudavissent	re**xissent**	audi**vissent**	mo**vissent**
Passiv	rec**ti essent**	audi**ti essent**	mo**ti essent**
6. laudetis	reg**atis**	aud**iatis**	move**atis**
Imperfekt	reg**eretis**	aud**iretis**	mov**eretis**
7. laudabuntur	reg**entur**	aud**ientur**	move**buntur**
Plusquamperf.	rec**ti erant**	audi**ti erant**	mo**ti erant**
Aktiv	reg**ent**	aud**ient**	move**bunt**
8. laudatus sum	rec**tus sum**	audi**tus sum**	mo**tus sum**
Aktiv	re**xi**	audi**vi**	mo**vi**
9. laudas	reg**is**	aud**is**	mov**is**
Futur	reg**es**	aud**ies**	move**bis**
10. laudaretis	reg**eretis**	aud**iretis**	mov**eretis**
Passiv	reg**eremini**	aud**iremini**	mov**eremini**

Übung 52

Aktiv	Indikativ	Konjunktiv
Präsens	ducis du führst	ducas du mögest führen
Imperfekt	ducebas du führtest	duceres du würdest führen
Futur I	duces du wirst führen	
Perfekt	duxisti du hast geführt	cum duxeris als du geführt hast
Plusquam-perfekt	duxeras du hattest geführt	duxisses du hättest geführt
Futur II	duxeris du wirst geführt haben	

Passiv	Indikativ	Konjunktiv
Präsens	dúceris du wirst geführt	ducaris du mögest geführt werden
Imperfekt	ducebaris du wurdest geführt	ducereris du würdest geführt werden
Futur I	ducēris du wirst geführt werden	
Perfekt	ductus, -a es du bist geführt worden	cum ductus, -a sis als du geführt worden bist
Plusquam-perfekt	ductus, -a eras du warst geführt worden	ductus, -a esses du wärst geführt worden
Futur II	ductus, -a eris du wirst geführt worden sein	

Übung 53

1.	3. Pers. Pl. Plusqu. Konj. Aktiv	sie hätten zusammengezogen
2.	2. Pers. Sg. Perf. Konj. Passiv	als du gemahnt worden bist
3.	2. Pers. Sg. Perf. Ind. Aktiv	du hast verteilt, geordnet
4.	2. Pers. Sg. Futur I Aktiv	du wirst fortfahren (etwas zu tun)
5.	3. Pers. Pl. Futur I Aktiv	sie werden mahnen
6.	3. Pers. Pl. Präs. Ind. Aktiv	sie lenken, leiten
7.	3. Pers. Pl. Präs. Konj. Aktiv	sie mögen lenken, leiten
8.	3. Pers. Pl. Futur I Aktiv	sie werden lenken, leiten

9.	3. Pers. Pl. Futur II Aktiv	sie werden vermehrt haben
10.	3. Pers. Pl. Perf. Ind. Aktiv	sie haben geraten
11.	3. Pers. Pl. Präs. Ind. Passiv	sie werden verbessert
12.	3. Pers. Pl. Präs. Konj. Passiv	sie mögen verstanden werden
13.	3. Pers. Pl. Futur I Passiv	sie werden verstanden werden
14.	1. Pers. Pl. Präs. Konj. Aktiv	wir mögen verlassen
15.	1. Pers. Pl. Perf. Ind. Aktiv	wir haben erleichtert
16.	3. Pers. Pl. Futur II Passiv	sie werden geleitet worden sein
17.	2. Pers. Pl. Präs. Konj. Passiv	ihr mögt beendet werden
18.	2. Pers. Sg. Futur II Aktiv	du wirst gelebt haben
19.	2. Pers. Sg. Futur I Aktiv	du wirst gesund sein
20.	3. Pers. Pl. Plusqu. Konj. Passiv	sie wären besiegt worden
21.	2. Pers. Sg. Futur I Passiv	du wirst gepflanzt werden
22.	3. Pers. Sg. Präs. Ind. Passiv	er wird gepflanzt

Übung 54

1. serere, reihen
2. vehere, fahren
3. corrigere, verbessern
4. gerere, ausführen
5. dicere, sprechen
6. scribere, schreiben
7. consulere, sorgen, beraten
8. producere, hervorbringen
9. protegere, schützen
10. fluere, fließen
11. dividere, teilen
12. coniungere, verbinden
13. pellere, schlagen
14. tradere, überliefern
15. defendere, verteidigen
16. diffundere, zerstreuen

Bild: Nivea: nix, nivis (Schnee); Penaten: Penates (Hausgötter); Atrix: ater (schwarz); Lux: lux, -cis (Licht)

Übung 55

1. Präsens Indikativ Aktiv:

mitt**o**, ich schicke	mitt**imus**, wir schicken
mitt**is**, du schickst	mitt**itis**, ihr schickt
mitt**it**, er schickt	mitt**unt**, sie schicken

Präsens Konjunktiv Aktiv:

mitt**am**, ich möge schicken	mitt**amus**, wir mögen schicken
mitt**as**, du mögest schicken	mitt**atis**, ihr mögt schicken
mitt**at**, er möge schicken	mitt**ant**, sie mögen schicken

2. Plusquamperf.Indikativ Aktiv

cess**eram**, ich war gegangen	cess**eramus**, wir waren gegangen
cess**eras**, du warst gegangen	cess**eratis**, ihr wart gegangen
cess**erat**, er war gegangen	cess**erant**, sie waren gegangen

Plusquamperfekt Konjunktiv Aktiv

cess**issem**, ich wäre gegangen	cess**issemus**, wir wären gegangen
cess**isses**, du wärst gegangen	cess**issetis**, ihr wärt gegangen
cess**isset**, er wäre gegangen	cess**issent**, sie wären gegangen

3. Futur II Aktiv (Futur II kannst du im Deutschen besser im Perfekt oder Präsens wiedergeben.)

access**ero**, ich bin herangetreten*	access**erimus**, wir sind herangetreten
access**eris**, du bist herangetreten	access**eritis**, ihr seid herangetreten
access**erit**, er ist herangetreten	access**erint**, sie sind herangetreten

ung 56

1. permittere, erlauben	Erlaubnis
2. succedere, nachfolgen	Nachfolge, Erfolg
3. invadere, eindringen, angreifen	Angriff
4. procedere, vorrücken	vorgehen, fortfahren

ung 57

1. Einst wollte ein dummer Esel mächtiger als alle anderen Tiere sein.
2. Deshalb heftete er an seinen Rücken das Fell eines Löwen.
3. Seine Verkleidung hat alle Tiere getäuscht.
4. Wo jener falsche Löwe stehengeblieben ist, gerieten auch wilde Tiere in große Furcht und bemühten sich, seinen scharfen Zähnen zu entfliehen.
5. So hatte der Esel lange Zeit die wilden Tiere und die Menschen mit dem Fell des Löwen getäuscht.
6. Aber irgendwann einmal ist der Esel seinem Herrn begegnet, der lächelnd zu ihm sagte:
7. „Auch ich würde den Löwen fürchten, wenn nicht deine Ohren mir den Esel zeigen würden."
8. Die langen Ohren des Esels ragten nämlich aus dem Fell des Löwen heraus.

ung 58

1. scribo	4. tangit	7. spondet	9. cado *oder* caedo
2. sto	5. consisto	8. reperitis	10. occidimus
3. tendis	6. desistunt		

ung 59

1. constiterunt	4. discretum erat	7. petes	10. intenderentur
2. pende!	5. caesus esset	8. tactum esse	11. desisteremus
3. contendit	6. lacessamus	9. accidit	

ung 60

1. Imperfekt Konjunktiv Aktiv

arce**rem**, ich würde abwehren	arce**remus**, wir würden abwehren
arce**res**, du würdest abwehren	arce**retis**, ihr würdet abwehren
arce**ret**, er würde abwehren	arce**rent**, sie würden abwehren

2. Imperfekt Konjunktiv Passiv
   arce**rer**, ich würde abgewehrt — arce**remur**, wir würden abgewehrt
   arce**reris**, du würdest abgewehrt — arce**remini**, ihr würdet abgewehrt
   arce**retur**, er würde abgewehrt — arce**rentur**, sie würden abgewehrt

Übung 61

1. 3. Pers. Sg. Perf. Konj. (oder Futur II) Aktiv
2. 2. Pers. Sg. Präs. Ind. oder Futur I Passiv
3. 2. Pers. Pl. Perf. Ind. Aktiv
4. 3. Pers. Sg. Plusqu. Konj. Passiv
5. 3. Pers. Pl. Präs. Ind. Passiv
6. 3. Pers. Pl. Perf. Konj. (oder Futur II) Aktiv
7. 2. Pers. Sg. Präs. Konj. Aktiv
8. 3. Pers. Sg. Imperf. Konj. Aktiv

Übung 62

			Q	U	A	E	R	O				
	E	R	**U**	N	T							
		C	**O**	N	T	R	A	X	I			
Q	U	I	**D**	A	M							
P	O	R	**R**	E	X	I	T					
		D	**A**	T	U	M						
	S	C	**R**	I	B	U	N	T				
A	D	D	**U**	X	E	R	U	N	T			
	C	O	**M**	P	O	N	A	M	U	S		
R	E	G	**E**	R	E	R	I	S				
		A	**S**	C	E	N	D	E	N	T		
	M	I	**T**	T	E	B	A	S				
	S	U	**C**	C	E	D	E	N	T			
		C	**A**	N	O							
	P	E	**R**	D	I	T	I		S	U	N	T
		S	**U**	S	T	U	L	I				
		I	**M**	P	O	N	O					
	C	A	**E**	D	E	T	I	S				
		A	**S**	C	E	N	D	A	N	T		
	A	T	**T**	I	G	I	S	T	I			

Lösung:

QUOD RARUM EST, CARUM EST!

Was selten ist, ist teuer!

ung 63

1. Nachdem Ödipus einige Jahre gut für die Thebaner gesorgt hatte, löschte plötzlich eine gefährliche Seuche die Stadt fast aus.
2. Ödipus mühte sich stets, die niedergeschlagenen Bürger aufzurichten.
3. Als er lange vergeblich ein Heilmittel gegen dieses Unglück gesucht hatte, hat er zuletzt einen Priester herbeigeholt.
4. Er fragte ihn, was der Grund für die Seuche wäre.
5. „Du selbst", sagt jener, „hast dieses Übel gesät."
6. Da hat Ödipus erfahren, dass er seinen Vater getötet hatte und von seiner Frau einst geboren worden war; dass er also der Grund für die Seuche sei.
7. Aber Ödipus, der das Heil der Heimat seinem Heil voranstellte, entschloss sich, ins Exil zu gehen.
8. Antigone aber, die Tochter des Königs, hat den armen Vater nicht verlassen, sondern ist mit ihm gegangen und hat ihn bis zum Tod gepflegt.

ung 64

1. egit
2. emunt
3. coactus, -a, -um
4. electi erant
5. neglegebatur
6. dilecta est
7. sumpsisset
8. subacti eramus
9. intellegeretis
10. consedisti
11. exigent

ung 65

1. Aktion, aktiv, Agent, Agentur, agieren
2. Fraktur, Fraktion
   Lektor, Lektion, Lektüre
4. Intelligenz, intelligent, Intellekt, intellektuell
5. Reliquie, Relikt
6. korrupt, Korruption

ung 66

	demere	agere
1. laudamus	dem**imus**	ag**imus**
2. lauder	dem**ar**	ag**ar**
3. lauda	dem**e**	ag**e**
4. laudaretis	dem**eretis**	ag**eretis**
5. laudemini	dem**amini**	ag**amini**
6. laudaverunt	demps**erunt**	eg**erunt**
7. laudati erant	demp**ti erant**	ac**ti erant**
8. laudaverimus	demps**erimus**	eg**erimus**
9. laudaverant	demps**erant**	eg**erant**
10. laudatur	dem**itur**	ag**itur**
11. laudari	dem**i**	ag**i**
12. laudavisti	demps**isti**	eg**isti**
13. laudaverint	demps**erint**	eg**erint**

	cogere	diligere
14. laudamus	cog**imus**	dilig**imus**
15. lauder	cog**ar**	dilig**ar**
16. lauda	cog**e**	dilig**e**
17. laudaretis	coge**retis**	dilige**retis**
18. laudemini	cog**amini**	dilig**amini**
19. laudaverunt	coeg**erunt**	dilex**erunt**
20. laudati erant	coac**ti erant**	dilec**ti erant**
21. laudaverimus	coeg**erimus**	dilex**erimus**
22. laudaverant	coeg**erant**	dilex**erant**
23. laudatur	cog**itur**	dilig**itur**
24. laudari	cog**i**	dilig**i**
25. laudavisti	coeg**isti**	dilex**isti**
26. laudaverint	coeg**erint**	dilex**erint**

Übung 67

1. Die Kinder schrieben in ihre Tafeln und die Mutter las ein Buch.
2. Dieses Buch hatte der Vater in der Stadt gekauft.
3. In diesem Buch beschrieb der Dichter Ovid Menschen, welche von der Liebe besiegt worden waren.
4. Als die Kinder ihre Aufgabe beendet hatten, legte auch die Mutter das Buch, die Geschichten Ovids nun vernachlässigend, weg.
5. Nachdem sie die Tafeln und das Buch im Haus zurückgelassen hatten, ging die Mutter mit den Kindern in den Garten.

Übung 68

C	O	N	S	T	I	T	U	I	T	
V	**O**	L	V	I	S	S	E	N	T	
M	I	**N**	U	E	R	A	T	I	S	
D	I	S	**S**	O	L	V	U	N	T	
A	V	E	R	**T**	E	N	T	U	R	
E	V	E	R	T	**A**	M	U	S		
T	R	I	B	U	A	**N**	T	U	R	
R	E	S	T	I	T	U	**T**	U	M	
I	N	D	U	E	B	A	T	**I**	S	
S	T	A	T	U	I	S	S	E	**N**	T

Lösung:

C	O	N	S	T	A	N	T	I	N

Übung 69

1. Rhea Silvia, die Mutter von Romulus und Remus, hat ihre Kinder in einem Wald **geboren**.
2. Weil die Kinder ihrem Lehrer **gehorcht** und ihre Aufgaben gemacht haben, lobt sie der Lehrer sehr.
3. Weil der Herr Gäste erwartete, haben die Sklaven ein Essen **vorbereitet**.
4. Multae bestiae multos pullos **pariunt**, elephantus autem solum unum pullum **parit** velut homo.
5. **Paruistis**ne magistro et munera scripsisti?
6. **Pare** et **para** cenam, serva!

Übung 70

Präsens Indikativ Passiv:	iaci**or**	iaci**mur**
	iac**eris**	iaci**mini**
	iaci**tur**	iaci**untur**
Präsens Konj. Passiv:	iaci**ar**	iaci**amur**
	iaci**aris**	iaci**amini**
	iaci**atur**	iaci**antur**

Übung 71

1.	3. Pers. Sg. Präs. Ind. Aktiv	er sorgt für ihn
2.	3. Pers. Sg. Plusqu. Ind. Passiv	es war untersagt worden
3.	3. Pers. Sg. Perf. Ind. Aktiv	er hat geöffnet
4.	3. Pers. Pl. Perf. Ind. Passiv	sie sind an die Spitze gestellt worden
5.	1. Pers. Pl. Imp. Ind. Aktiv	wir behandelten
6.	2. Pers. Sg. Präs. Konj. Passiv	du mögest gefasst werden
7.	3. Pers. Pl. Futur I Aktiv	sie werden vollenden
8.	3. Pers. Pl. Präs. Konj. Aktiv	sie mögen unterwerfen
9.	3. Pers. Pl. Perf. Ind. Aktiv	sie haben bewirkt
10.	3. Pers. Pl. Präs. Konj. Aktiv	sie mögen fliehen
11.	2. Pers. Sg. Futur I Passiv	du wirst geleitet werden
12.	2. Pers. Sg. Futur I Aktiv	du wirst entfliehen
13.	3. Pers. Sg. Plusqu. Konj. Passiv	er wäre vollendet worden

Übung 72

1. **consentire,** -sentio, -sensi, -sensum (übereinstimmen): Übereinstimmung
2. **sentire,** sentio, sensi, sensum (fühlen, meinen): empfindlich
3. **credere,** credo, credidi, creditum (glauben, anvertrauen): Glaubensbekenntnis
4. **relinquere,** relinquo, reliqui, relictum (zurücklassen, verlassen): sterbl. Überreste eines Heiligen
5. **agere,** ago, egi, actum (handeln): Tätigkeit
6. **figere,** figo, fixi, fixum (befestigen): Befestigung

7. **mittere,** mitto, misi, missum (schicken): Auftrag, zu dem man ausgeschickt wird
8. **credere,** credo, credidi, creditum (glauben, anvertrauen): auf Treu und Glauben gegebenes Darlehen
9. **petere,** peto, petivi, petitum (erstreben, erbitten, fordern, ...): Forderung
10. **dare,** do, dedi, datum (geben): (gegebener) Kalendertag
11. **statuere,** statuo, statui, statutum (aufstellen, feststellen): Körperbau
12. **audire,** audio, audivi, auditum (hören): Zuhörerschaft
13. **delectare,** delecto, delectavi, delectatum (erfreuen): Genussmittel
14. **facere,** facio, feci, factum (machen, tun); manus (Hand): Handwerksbetrieb

Übung 73

1. Plato philosophus Athenis vivens multos alios magistros philosophiae sapientia superavit (oder: multis aliis magistris sapientia praestitit).
2. Custodes latrones deprehensos vinxerunt.
3. Non omnia, quae magistri discipulos docent, ad vitam pertinent.
4. Secundum leges rei publicae vivere Romanis summum bonum erat.
5. Magistri optant, ne officia vestra neglegatis, ut etiam sententias difficillimas intellegatis.
6. Aliquis dixit hominem quendam vos relicturum esse.
7. Illi homini, qui me offenderat, respondi: „Tu ipse quondam veniam meam petes."
8. Fortasse discipuli scholam sapientiores relinquent quam eam intraverunt.
9. Cum Cimbri patriam relinquissent, ut Italiam incursarent (oder statt cum-Satz Participium coniunctum mit PFA: Cimbri ... incursaturi), Romani terrore inflammati magnum exercitum delegerunt.
10. Saepe magna pericula homines timidos audaces et fortes faciunt.
11. Hodie homines saepe, quia multa consumunt, consumentes nominantur.
12. Vir quidam alicui dicenti: „Ego maior sum quam tu", respondit: „Non maior, sed longior solum es."
13. Romani in architectura summas res effecerunt.

Übung 74

1. Nimm die Medizin, damit die Krankheit sich nicht verschlimmert; dann wirst du bald gesund werden.
2. Als der schreckliche Sturm das Dach zerstörte, gerieten die Kinder in Furcht und weinten.
3. Die Menschen des Altertums wurden früher alt als in unserer Zeit.

Übung 75

1.	2. Pers. Sg. Perf. Ind. Aktiv	du hast geführt
2.	2. Pers. Sg. Futur I Aktiv	du wirst aufstehen
3.	3. Pers. Pl. Präs. Ind. Passiv	sie werden geschützt

4.	3. Pers. Pl. Perf. Ind. Passiv	sie sind erdichtet worden
5.	2. Pers. Pl. Plusqu. Ind. Aktiv	ihr hattet unterschieden
6.	2. Pers. Sg. Plusqu. Konj. Passiv	du wärest geschickt worden
7.	1. Pers. Sg. Imperf. Konj. Passiv	ich würde entlassen werden
8.	3. Pers. Pl. Präs. Konj. Aktiv	sie mögen gehen
9.	3. Pers. Pl. Plusq. Ind. Passiv	sie waren getrennt worden
10.	Infinitiv Präs. Aktiv	eindringen, angreifen
11.	2. Pers. Sg. Imperf. Konj. Passiv	du würdest untergetaucht werden
12.	3. Pers. Pl. Präs. Konj. Passiv	sie mögen erdrückt werden
13.	2. Pers. Pl. Futur I Aktiv	ihr werdet euch anstrengen
14.	3. Pers. Pl. Perf. Ind. Aktiv	sie haben gehauen / sie sind gefallen
15.	3. Pers. Sg. Perf. Ind. Aktiv	er hat gefordert
16.	1. Pers. Sg. Perf. Ind. Aktiv	ich habe verziehen
17.	3. Pers. Pl. Präs. Ind. Aktiv	sie werden alt
18.	3. Pers. Pl. Futur I Passiv	sie werden gezogen werden
19.	3. Pers. Sg. Plusqu. Ind. Passiv	er war geschützt worden
20.	2. Pers. Pl. Präs. Ind. Aktiv	ihr verbindet
21.	2. Pers. Sg. Perf. Konj. Passiv	als du gemalt worden bist
22.	3. Pers. Sg. Imperf. Ind. Aktiv	er strömte
23.	3. Pers. Sg. Plusqu. Konj. Aktiv	er hätte gelebt
24.	2. Pers. Pl. Imperf. Konj. Aktiv	ihr würdet verachten
25.	3. Pers. Sg. Futur II Passiv	es wird versprochen worden sein
26.	2. Pers. Sg. Plusq. Konj. Aktiv	du hättest geschlossen
27.	PPP Sg. n. Nom. *oder* n./m. Akk.	gebogen
28.	3. Pers. Sg. Futur I Passiv	er wird gespannt werden
29.	Imperativ Pl.	zeigt!
30.	3. Pers. Pl. Perf. Ind. Aktiv	sie sind gefallen *oder* sie haben gehauen

ung 76

1. Viele Schriftsteller haben geschrieben, wie die Römer die Frauen der Sabiner raubten.
2. Weil jenen Frauen fehlten, hatten sie mit einer List den Sabinern die Frauen entführt.
3. Bald drangen die Sabiner, weil sie gegen die Römer Krieg führen wollten (um ... zu führen/ in der Absicht, ... zu führen), mit Waffen in Rom ein.
4. Jetzt aber haben die sabinischen Frauen, die zwischen die Soldaten der zwei Völker vorrückten, den Streit geschlichtet, indem sie sagten:
5. „Mäßigt (Schont) euren Zorn! Wir lieben unsere Männer und Kinder. Unsere Ehemänner wollen uns nicht unterdrücken."
6. So sind von den Frauen zwei Völker in Freundschaft vereint worden.

Übung 77

1.

noluimus	wir haben nicht gewollt
cum noluerimus	als wir nicht gewollt haben
nolueramus	wir hatten nicht gewollt
noluissemus	wir hätten nicht gewollt
noluerimus	wir werden nicht gewollt haben

2.

a) volunt	e) vult	h) volent
b) velimus	f) voluerunt	j) velis
c) volebatis	g) voluissem	k) volebamus
d) vis		

Übung 78

1. Rühr mich nicht an!
2. Jetzt willst du, was du einst nicht wolltest.
3. Nolo te avum cras visitare.
4. Malo te me adiuvare.
5. Die Römer wollten im Krieg nicht an der Rettung verzweifeln.
6. Ich will dich immer sehen.
7. Der Herr will an dem schönen Tag mit seinem Hund spazierengehen.
8. Damals habe ich lieber Rom sehen wollen als zu Hause zu bleiben.
9. Ihr habt nicht am Kampf teilnehmen wollen, obwohl ihr die Heimat liebtet.

Übung 79

1. Ich habe keine Wahl, ich muss etwas tun.
2. Archimedes, der berühmte Mathematiker.
   „Störe meine Kreise nicht!"

Übung 80

Denk ans Sterben! (D. h.: Vergiss nie, dass du ein sterblicher Mensch bist.)

Übung 81

1.

oderam	ich hasste
oderas	du hasstest
oderat	er hasste
oderamus	wir hassten
oderatis	ihr hasstet
oderant	sie hassten

2.

meminero	ich werde mich erinnern
memineris	du wirst dich erinnern
meminerit	er wird sich erinnern
meminerimus	wir werden uns erinnern
memineritis	ihr werdet euch erinnern
meminerint	sie werden sich erinnern

bung 82

1. Marcus erinnert sich: „Morgen", sagt er, „werden wir unseren Großvater besuchen."
2. Gedenkt der Toten!
3. Der Kaiser Tiberius ermahnte die Bürger immer: „Nichts möge uns so wichtig sein," sagte er, „wie die Eintracht."
4. Wenn wir an Syrakus denken, werden wir auch an das Los des Archimedes, eines berühmten Mannes, erinnert.
5. Eine römische Hausfrau pflegte immer zu Hause zu sein.
6. Ich kannte den Philosophen Sokrates schon lange, bevor ich Platon kennen lernte.
7. Ich hasse den Winter, weil es immer kalt ist.
8. Ein Krieg pflegt zu allen Zeiten viele Tote zu fordern.
9. Ich würde gerne mir bisher unbekannte Länder kennen lernen.

bung 83

2 Buchstaben:	tu, an, is, vi	3 Buchstaben:	odi, ait, eam
4 Buchstaben:	suam, urat, sint	5 Buchstaben:	sciet, novit, cordi
6 Buchstaben:	inquit, odisti	7 Buchstaben:	odisset
9 Buchstaben:	consuevit, aliquorum, odissemus, mementote	11 Buchstaben:	consuevisti, consueverit

C	O	N	S	U	**E**	V	I	S	T	I		**M**
O		O		R			N					E
N		V		A	L	I	Q	U	O	R	U	M
S	C	**I**	E	T			U		**D**			**E**
U		T			O	**D**	I		I			N
E					D		T		S	I	N	T
V	I			A	I	T			S			O
I		**C**	O	N	S	U	E	V	E	R	I	**T**
T		O			**S**				M			E
		R			E				U		E	
	O	**D**	I	S	T	**I**			S	U	A	M
		I				S					M	

DIES DIEM DOCET. Ein Tag lehrt den anderen. (D. h. jeden Tag lernen wir etwas hinzu.)

Übung 84 agis: Indikativ Präsens
agas: Konjunktiv Präsens
respice: Imperativ
Was immer du tust, mögest du klug handeln und schau auf das Ende (das heißt auf das, was dabei herauskommt)!

Übung 85

1. Wenn ich doch nie meine Eltern verlassen hätte.
   Optativ: unerfüllbarer Wunsch für die Vergangenheit
2. Deine Freunde mögen dich immer lieben, deine Feinde dich hassen.
   Optativ: erfüllbarer Wunsch für die Gegenwart (der Potentialis ergibt hier keinen Sinn)
3. Wenn ich dich gesehen hätte, hätte ich dich gescholten.
   Irrealis der Vergangenheit
4. Guten Göttern dürften nur gute Menschen gefallen.
   Potentialis der Gegenwart (der Optativ ergibt hier keinen Sinn)
5. Nisi laborarem, vivere non possem.
   Irrealis der Gegenwart
6. Quis haec nesciat?
   Potentialis der Gegenwart. Den Potentialis der Gegenwart in einer Frage nennt man auch Deliberativ (von deliberare, abwägen, überlegen).
7. Utinam nos omnes immortales essemus.
   Optativ : unerfüllbarer Wunsch für die Gegenwart
8. Hoffentlich ist der Freund nach Rom gekommen, hoffentlich sehe ich ihn.
   Optativ: erfüllbarer Wunsch für die Vergangenheit (venerit) und Gegenwart (videam)
   Es könnte auch ein Potentialis der Gegenwart vorliegen:
   Der Freund könnte vielleicht nach Rom kommen, vielleicht sehe ich ihn.

Übung 86

1. Laboro, **ut** magistrum delect**e**m.
2. Laboramus, **ne** magister nos increp**e**t.
3. In urbem iimus, **ut** novas merces vide**re**mus.
4. Romani deis hostias immolabant, **ut** in pugna contra Germanos victores **esse**nt.
5. Sacerdotes aurum servabant (custodiebant), **ne** ab hostibus rapta**re**tur.

Übung 87

1. **ne**; Die Natur wünscht, dass die Menschen sich nicht von ihren Leidenschaften beherrschen lassen.
2. **ut**; Caesar forderte, dass die Feinde sich ohne Bedingungen ergaben.
3. **ne**; **ut**; Kleopatra hatte Caesar überredet, nicht mehr an seine Pflichten zu denken, damit er mit ihr in Alexandria bleibe.

4. **ut**; Der Freigelassene bat seinen Herrn, ihn mit Geld zu unterstützen.
5. **ne**; Wir alle beten zu den Göttern, **dass** die Freunde in dem grausamen Krieg **nicht** zugrunde gehen.
6. **ne**; Die Götter mögen verhindern, **dass** die Freunde in dem grausamen Krieg zugrunde gehen.
7. **ne**; Wir fürchteten, **dass** die Freunde in dem grausamen Krieg zugrunde gingen.

bung 88

1. Timeo, **ne** avum non iam vide**a**m.
2. Properamus, **ut** avum vide**a**mus.
3. Timebam, **ne** furem non capere pos**se**mus.
4. Furem prohibebamus, **ne** se ex vico serv**are**t.

bung 89

1. Das Mädchen war **so** wagemutig, **dass** es auch nachts durch die Stadt spazierte.
2. Die Großmutter erzählte ein trauriges Märchen, **sodass** die Knaben und Mädchen weinten.
3. Der Hund ist gefährlich, **sodass** ihn alle Nachbarn fürchten.
4. Der Hund ist lieb, **sodass** ihn niemand fürchtet.
5. Manche Menschen sind **so** geldgierig, **dass** sie auch ein Verbrechen nicht scheuen.
6. Das Mädchen weinte **so, dass** es alle aufmuntern wollten.

bung 90

1. Hannibal war nach Cannae geeilt, um dort die Römer zu besiegen.
2. Weil er nach dem Sieg hoffte, dass die Bundesgenossen von den Römern abfallen würden, wollte er nicht sofort nach Rom ziehen.
3. Die Römer aber sagten sich: „Es ist besser, dass wir an der Rettung nicht verzweifeln. Das Glück hilft den Tüchtigen.
4. Es gehört sich, dass wir alle Mühen auf uns nehmen, dass wir von den Feinden nicht unterjocht werden.
5. Wir wollen lieber untergehen als Hannibal dienen“.
6. Als aber die Bundesgenossen den Römern die Treue hielten, war Hannibal in großer Not.
7. Als er schließlich nach Rom kam, um die Stadt zu erobern, war es für ihn ein großer Schaden, dass er zu lange gezögert hatte.
8. Die Römer hatten nämlich inzwischen so viele Soldaten ausgehoben, dass sie Hannibal leicht abwehren konnten.
9. Ein General Hannibals sagte: „Zu siegen verstehst du, Hannibal, den Sieg zu nutzen verstehst du nicht.“

Übung 91

	Inf. Präs. Passiv	Inf. Perf. Passiv	Inf. Fut. Passiv
1. administrare	administra**ri**	administra**tum esse**	administra**tum iri**
2. domare	doma**ri**	domi**tum esse**	domi**tum iri**
3. dare	da**ri**	da**tum esse**	da**tum iri**
4. delere	dele**ri**	dele**tum esse**	dele**tum iri**
5. flere	fle**ri**	fle**tum esse**	fle**tum iri**
6. videre	vide**ri**	vi**sum esse**	vi**sum iri**
7. ridere	ride**ri**	ri**sum esse**	ri**sum iri**
8. reperire	reperi**ri**	reper**tum esse**	reper**tum iri**
9. invenire	inveni**ri**	inven**tum esse**	inven**tum iri**
10. saepire	saepi**ri**	saep**tum esse**	saep**tum iri**

Übung 92

Inf. Präs. Aktiv	Inf. Perf. Aktiv	Inf. Fut. Aktiv
1. administrare	administrav**isse**	administra**turum esse**
2. domare	domu**isse**	domi**turum esse**
3. dare	ded**isse**	da**turum esse**
4. delere	delev**isse**	dele**turum esse**
5. flere	flev**isse**	fle**turum esse**
6. videre	vid**isse**	vis**urum esse**
7. ridere	ris**isse**	ris**urum esse**
8. reperire	repper**isse**	reper**turum esse**
9. invenire	inven**isse**	inven**turum esse**
10. saepire	saeps**isse**	saep**turum esse**

Übung 93

1. Audio **te ridere.**
2. Audiebam **te clamare.**
3. **Avum** a medico **sanatum esse** gaudemus.
4. Gaudemus **te** avum mox **visitaturum esse.**
5. Cogitas **te** multa **vidisse** et **videre** et **visurum esse.**
6. **Te pulchram esse** putabam.
7. **Liberos** bene **laboravisse** videt.
8. Serva domino nuntiat **parentes advenisse.**
9. **Nos** (Akk. des AcI) vos mox **visuros esse** putamus.
10. **Vos** domi **fuisse** constat.
11. **Te** domi **futurum esse** spero, si te visitabo.
12. Spero **me** a magistro **non vituperatum iri.**

bung 94 1. Viele glauben, dass Caesar der größte Feldherr gewesen ist.
2. Warum hast du gesagt, dass ich dumm sei?
3. Sokrates lehrte, dass die Seele nicht zerstört werden könne und immer leben werde.
4. Obwohl ich weiß, dass alle Menschen sterblich sind, ist es nicht erlaubt, dass ich am Leben verzweifle.
5. Es ist besser, dass die Menschen Unrecht erdulden als tun.

bung 95 1. Cicero sciebat **se** optimum oratorem Romanorum esse.
2. Cicero sciebat **eum** non meliorem oratorem esse quam **se (ipsum).**

bung 96 1. Ü: Magister discipulos rogat, quis de bello Troiano narrare possit.
2. AcI: dass ein Streit der Göttinnen den Krieg eröffnet hat; ZV: Vorzeitigkeit
Ü: Statim Claudia: „Scio **certamen** dearum bellum **aperuisse.“**
3. AcI: dass Venus die schönste Göttin sei; ZV: Gleichzeitigkeit
Ü: Cum enim Iuno, Venus, Minerva de praemio pulchritudinis certarent, Paris iudicavit **Venerem pulcherrimam deam esse.**
4. AcI: se ei mulierem pulcherrimam daturam esse; ZV: Nachzeitigkeit
Ü: Jetzt sagt Benedikt: „Deshalb hat Venus Paris versprochen, **dass sie** ihm die schönste Frau **geben werde.“**
5. Ü: „Das war Helena“, sagte Katharina, „die Gemahlin des Menelaos, des Königs der Lakedämonier.
6. AcI: Helenam a Paride Troiam deductam Graecos ad bellum commovisse; ZV: Vorzeitigkeit
Ü: Es steht fest, **dass Helena,** die von Paris nach Troja entführt wurde, die Griechen zum Krieg **bewegt hat.“**
7. AcI: tum etiam deos pugnae interfuisse; ZV: Vorzeitigkeit
Ü: Aber Simon meint: „Wir wissen, **dass** darauf auch **die Götter** am Kampf **teilnahmen**.
8. Ü: Venus aber wurde, als sie in den Kampf eintrat, verletzt.“

ung 97 a) Ü: Viele Arbeiten hatte Hercules schon auf sich genommen, als Eurystheus ihm eine neue Aufgabe befahl.
b) AcI: virum fortem … superare; ZV: Gleichzeitigkeit
Ü: Eurystheus hat befohlen, **dass der tapfere Mann** die Vögel, die am See Stymphalus wohnten, **besiege.**
c) AcI: has aves a Marte deo educatas esse; ZV: Vorzeitigkeit
Ü: Es geht das Gerücht, **dass diese Vögel** vom Gott Mars **erzogen worden sind**.
d) AcI: aves Stymphalias pennas suas … iactavisse, ZV: Vorzeitigkeit

Ü: Einige Schriftsteller erzählen, **dass die Stymphalischen Vögel** ihre Federn als Pfeile **schossen**.

e) AcI: saepe magnam multitudinem avium ut nubem atram caelum et solem occultavisse, ZV: Vorzeitigkeit

Ü: Sie erzählen auch, **dass oft eine große Menge** der Vögel wie eine schwarze Wolke den Himmel und die Sonne **verdeckte**.

f) AcI: aves eos devoravisse, ZV: Vorzeitigkeit

Ü: Ein gewisser Schriftsteller berichtet, **dass die Vögel**, wenn sie Menschen getötet hatten, diese **auffraßen**.

Übung 98

1. Constat **Herculem virum fortem fuisse**.
2. Avus narrat **omnes labores** ab Hercule **finitos esse**.
3. Speramus **fratrem** mox **venturum esse.**
4. Nonne vides **plantas** sole **deleri**?
5. Cicero spopondit **se** Catilinam **superaturum esse**.
6. Femina putabat **se** hac nocte **dormire non posse**.
7. Romani sciebant **se** dominos orbis terrarum **esse**.

Übung 99

Das eroberte Griechenland soll den wilden Sieger (seinerseits) unterworfen haben.

(Mit dem „wilden Sieger" ist Rom gemeint, das sich der überlegenen Kultur Griechenlands, obwohl militärisch der Sieger, beugen musste.)

Übung 100

1. Die Bewohner von Misenum sahen, dass sich schwarze Wolken am Himmel zusammenballten.
2. Caesar befahl den Soldaten, eine Brücke zu bauen.
3. Viele Schriftsteller sagen, dass der Dichter Homer blind gewesen sei.
4. Livius schreibt, dass Hannibal mit einem großen Heer mitten im Winter die Alpen überquert habe.
5. Der Dichter Horaz erzählt, dass er auf dem Land am glücklichsten sei.
6. Velleius Paterculus überliefert, dass der Kaiser Augustus die Sitten der Vorfahren erneuert habe.
7. Der Großvater hat uns geschrieben, dass die Großmutter vom Arzt von der schweren Krankheit befreit worden sei.

Übung 101

1. Nubes atrae in coelo convolvi videbantur. Man sah, dass sich schwarze Wolken am Himmel zusammenballten.
2. Milites pontem aedificare iussi sunt. Die Soldaten erhielten den Befehl, eine Brücke zu bauen.

3. Homerus poeta caecus fuisse dicitur. Der Dichter Homer soll blind gewesen sein.
4. Hannibal exercitu magno media hieme Alpes transisse scribitur. Man schreibt, dass Hannibal mit einem großen Heer mitten im Winter die Alpen überquert habe (Hannibal soll …).
5. Horatius poeta ruri beatissimus esse narratur. Es wird erzählt, dass der Dichter Horaz auf dem Land am glücklichsten sei.
6. Augustus imperator mores maiorum renovavisse traditur. Es wird überliefert, dass der Kaiser Augustus die Sitten der Vorfahren erneuert habe (Der Kaiser Augustus soll …).
7. Avia a medico morbo gravi liberata esse scribitur. Man schreibt, dass die Großmutter vom Arzt von einer schweren Krankheit befreit worden sei.

bung 102

	PPA	PPP	PFA
necare töten	necans tötend	necatus, -a, -um getötet	necaturus, -a, -um im Begriff zu töten
videre sehen	videns sehend	visus, -a, -um gesehen	visurus, -a, -um im Begriff zu sehen
scire wissen	sciens wissend	scitus, -a, -um gewusst	sciturus, -a, -um im Begriff zu wissen
emere kaufen	emens kaufend	emptus, -a, -um gekauft	empturus, -a, -um im Begriff zu kaufen
facere machen	faciens machend	factus, -a, -um gemacht	facturus, -a, -um im Begriff zu machen
domare zähmen	domans zähmend	domitus, -a, -um gezähmt	domiturus, -a, -um im Begriff zu zähmen
miscere mischen	miscens mischend	mixtus, -a, -um gemischt	mixturus, -a, -um im Begriff zu mischen
vincire fesseln	vinciens fesselnd	vinctus, -a, -um gefesselt	vincturus, -a, -um im Begriff zu fesseln

ung 103

1. puella ride**ns**
2. matres mortuos fle**ntes**
3. milites neca**ti**
4. Galli Romam expugna**turi**
5. canes a domino moni**ti**
6. canes furem capta**turi**

ung 104

1. der Vater, der den Fleiß seiner Söhne sieht
2. die von ihrem Vater wegen ihres Fleißes oft gelobten Söhne (die Söhne, die von ihrem Vater wegen ihres Fleißes oft gelobt worden sind)
3. der Vater, der sie mit Geschenken erfreuen will
4. die Mutter, die Belohnungen beschaffen will

Übung 105

1. **PFA:** Der Großvater erwartete Larisa, **die** ihn besuchen wollte, voll Freude.
   Der Großvater erwartete Larisa voll Freude, **weil** sie ihn besuchen wollte.
2. **PPP:** Larisa, **die** vom Großvater eingeladen worden ist, ist voller Freude.
   Larisa ist voller Freude, **nachdem/weil** sie vom Großvater eingeladen worden ist.
3. **PPA:** Larisa, **die** den Freunden eine Geschichte erzählte, ist von den Eltern gerufen worden.
   Larisa ist von den Eltern gerufen worden, **während/als** sie den Freunden eine Geschichte erzählte.

Übung 106

1. P: **Pater** in horto otio se **dans**: der sich im Garten der Ruhe hingebende Vater
   HS: Der Vater ist bald erfrischt worden.
   Ü: **Als/weil** der Vater sich im Garten der Ruhe hingab, ist er bald erfrischt worden.
2. P: **aviae** fabulas **narranti**: der Märchen erzählenden Oma
   HS: Die Kinder hören immer zu (wörtl: sie geben die Ohren).
   Ü: Die Kinder hören der Oma immer zu, **wenn** sie Geschichten erzählt.
3. P: **Ovidius poeta** ab Augusto ex urbe Roma **fugatus**: der aus der Stadt Rom von Augustus vertriebene Dichter Ovid
   HS: Ovid war bis zu seinem Tod am Schwarzen Meer im Exil.
   Ü: **Nachdem** der Dichter Ovid von Augustus aus der Stadt Rom vertrieben worden war, war er bis zu seinem Tod am Schwarzen Meer im Exil.
4. P: **vinum** multos annos in cella **servatum**: der viele Jahre im Keller aufbewahrte Wein
   HS: Der Wein wird unsere Herzen am Festtag erfreuen.
   Ü: Der Wein, **der (weil er)** viele Jahre im Keller aufbewahrt wurde, wird unsere Herzen am Festtag erfreuen.
5. P: **multa templa** in honorem deorum ab hominibus piis **collocata**: viele zur Ehre der Götter von frommen Menschen errichtete Tempel
   HS: Viele Tempel verherrlichen die unsterblichen Götter.
   Ü: Viele Tempel, **die** zu Ehren der Götter von frommen Menschen errichtet wurden, verherrlichen die unsterblichen Götter.
6. P: **Puer** a patre valde **admonitus**: der vom Vater sehr gescholtene Knabe
   HS: Der Junge widmet sich im Zimmer den Aufgaben und studiert die Bücher.
   Ü: **Nachdem/weil** der Junge vom Vater sehr gescholten worden ist, widmet er sich im Zimmer den Aufgaben und studiert die Bücher.

7. P: **hostes** muros arcis iam **superaturos**: Feinde, die bereits die Mauern der Burg überwinden wollten
   HS: Die Soldaten konnten die Feinde abwehren.
   Ü: Die Soldaten konnten die Feinde, die (obwohl sie) bereits im Begriff waren, die Mauern der Burg zu überwinden, abwehren.

bung 107

1. Junge römische Männer haben plötzlich die Töchter der Sabiner geraubt, **als** diese an einem Festtag auf dem Marktplatz saßen. **(PPA)**
2. **Nachdem** die Mädchen von den jungen Männern geraubt worden waren, haben sie Tränen geweint. **(PPP)**
3. **Als/weil** die Mädchen Tränen weinten, wurden sie von den jungen Männern gebeten, dass sie nicht am Leben verzweifeln mögen. (PPA)
4. **Weil** Hersilia ihre Kinder retten wollte, hat sie die Väter und Brüder der Sabiner gebeten, dass sie nicht kämpften. (**Um** ihre Kinder **zu** retten, hat Hersilia ..., **PFA**)
5. **Als (obwohl)** die Sabiner und Römer schon im Begriff standen, um die Frauen Krieg zu führen, kämpften sie nicht mehr. **(PFA)**
6. Die Römer und Sabiner betraten den Tempel, **weil** sie die Götter anflehen wollten (**um** die Götter an**zu**flehen). **(PFA)**

bung 108

1. laudan**s,** laudan**tis**
2. monen**s,** monen**tis**
3. audien**s,** audien**tis**
4. ien**s,** eu**ntis**
5. viden**s,** viden**tis**

bung 109

PPA	PPP	PFA
audiens, audientis hörend monens, monentis mahnend operiens, operientis bedeckend desiliens, desilientis herabspringend clamans, clamantis schreiend muniens, munientis befestigend	scitus, -a, -um gewusst munitus, -a, -um befestigt monitus, -a, -um ermahnt expugnatus, -a, -um erobert	laudaturus, -a, -um im Begriff zu loben, loben wollend consensurus, -a, -um im Begriff zuzustimmen moniturus, -a, -um im Begriff zu mahnen auditurus, -a, -um im Begriff zu hören

Übung 110

1. P: ab liberis (ad cenam) properantibus: **PPA**
   von Kindern, die zum Essen eilen ...
   V: completae sunt: sie sind erfüllt worden
   Ü: Von Kindern, die zum Essen eilten, sind die Straßen mit lautem Geschrei erfüllt worden.
2. P: senex (nocte clamore) excitatus: **PPP**
   ein alter Mann, der nachts von Geschrei aufgeweckt worden ist
   adulescentes (magna voce in via) clamantes: **PPA**
   junge Männer, die mit lauter Stimme auf der Straße schreien
   V: properavit: er ist geeilt
   ut ... vituperaret: damit er tadelte, um zu tadeln
   Ü: Als/weil ein alter Mann nachts von Geschrei aufgeweckt worden war, ist er zum Fenster geeilt, um die Jünglinge, die mit lauter Stimme auf der Straße schrien, zu tadeln.
3. P: templa ab hostibus deleta: **PPP**
   Tempel, die von Feinden zerstört worden sind
   homines a militibus vexatos: **PPP**
   Menschen, die von den Soldaten gequält worden sind
   V: renovabit: er wird wiederherstellen
   servabit: er wird retten
   Ü: Wer wird die von den Feinden zerstörten Tempel wiederherstellen, wer wird die von den Feinden gequälten Menschen retten?
4. P: Gallos (arcem urbis iam) oppugnantes: **PPA**
   die Gallier, die bereits die Burg der Stadt angreifen
   V: fugaverunt: sie haben in die Flucht geschlagen
   Ü: Die Römer haben die Gallier, als (obwohl) sie bereits die Burg der Stadt angriffen, in die Flucht geschlagen.
5. P: a Romanis (hostes) arcentibus: **PPA**
   von den die Feinde abwehrenden Römern
   V: fugati sunt: sie sind in die Flucht geschlagen worden
   Ü: Weil die Römer die Feinde abhielten, sind die Gallier von ihnen in die Flucht geschlagen worden.
6. P: pauperes (prope thermas) habitantes: **PPA**
   arme Leute, die in der Nähe der Thermen wohnen
   V: non desiderabant: sie vermissten nicht
   Ü: Arme Leute, die in der Nähe der Thermen wohnen, vermissten ein eigenes Bad nicht.

7. P: Mars (cupiditate) inflammatus: **PPP**
Mars, der von Leidenschaft entflammt war
V: desiderabat: er sehnte sich nach
Ü: Als (weil) Mars, der Kriegsgott, von Leidenschaft entflammt war, sehnte er sich nach der Liebe der Venus.
8. P: multa animalia (fame) vexata: **PPP**
viele Tiere, die von Hunger gequält waren
V: peribunt: sie werden zugrunde gehen
Ü: Auch diesen Winter werden viele von Hunger gequälte Tiere zugrunde gehen.
9. P: mater (puellis dona) portatura: **PFA**
die Mutter, die ihren Mädchen Geschenke bringen will
V: festinabat: sie eilte
Ü: Weil die Mutter ihren Mädchen Geschenke bringen wollte, eilte sie nach Hause (oder: Um ihren Mädchen Geschenke zu bringen, ...)
10. P: pater (miseros) adiuturus: **PFA**
der Vater, der die Armen unterstützen will
V: dedit: er hat gegeben
Ü: Der Vater hat viel Geld gegeben, um die Armen zu unterstützen.

Übung 111
1. ambulaturus
2. portans
3. usti
4. commotus
5. scribens
6. laesus
7. exstructus
8. instructuri

Übung 112
1. Romanis pacem facientibus
2. Pace facta
3. Convivis intraturis
4. Puellis cantantibus
5. His verbis a Caesare dictis
6. Senatoribus consilio consulis consentientibus

Übung 113
1. unter der Führung Hannibals
2. auf Veranlassung des Priesters
3. unter der Regierung des Tarquinius
4. unter dem Konsulat Ciceros

5. zu Lebzeiten Caesars
6. ohne Wissen des Vaters
7. gegen den Willen der Mutter
8. nach dem Tod des Großvaters

Übung 114

1. Als Alexander starb, waren zahlreiche Soldaten anwesend.
   Beim Tod Alexanders waren zahlreiche Soldaten anwesend.
2. Nachdem diese Antwort gegeben worden war, entfernte sich der Gesandte.
   Nach dieser Antwort entfernte sich der Gesandte.
3. Nachdem diese Worte gesprochen worden waren, schwiegen alle.
   Nach diesen Worten (auf diese Worte hin) schwiegen alle.
4. Während Hannibal (sie) führte, überquerten die karthagischen Soldaten die Alpen.
   Unter der Führung Hannibals überquerten die karthagischen Soldaten die Alpen.
5. Weil die Mutter (sie) ermahnte, eilten die Kinder in die Schule.
   Auf die Mahnung der Mutter hin eilten die Kinder in die Schule.
6. Als Cicero Konsul war, wurde die Verschwörung Catilinas niedergeworfen.
   Unter dem Konsulat Ciceros wurde die Verschwörung Catilinas niedergeworfen.
7. Nachdem viele Schiffe verloren worden waren, kehrten die Händler heim.
   Nach dem Verlust vieler Schiffe kehrten die Händler heim.
8. Weil keiner den Feinden Widerstand leistete, wurde die Stadt eingenommen. (Hier ist kein Präpositionalausdruck möglich).
9. Die Römer glaubten, dass sie, weil die Götter halfen, gesiegt hätten.
   Die Römer glaubten, mithilfe der Götter gesiegt zu haben.
10. Nachdem die Feinde besiegt worden waren, wurde die Stadt befreit.
    Nach dem Sieg über die Feinde wurde die Stadt befreit.
11. Nachdem Troja zerstört worden war, segelten die Griechen nach Hause.
    Nach der Zerstörung Troias segelten die Griechen nach Hause.
12 Nachdem der Angeklagte verurteilt worden war, drang die Menge auf die Richter ein.
    Nach der Verurteilung des Angeklagten drang die Menge auf die Richter ein.
13. Wenn der Winter zurückkehrt, fliegen die meisten Vögel fort.
    Bei Rückkehr (Einbruch) des Winters fliegen die meisten Vögel fort.
14. Nachdem viele Händler ermordet worden waren, übertrug das römische Volk Pompejus den Oberbefehl über den Krieg gegen die Piraten.
    Nach der Ermordung vieler Händler übertrug das römische Volk Pompejus den Oberbefehl über den Krieg gegen die Piraten.

15. Nachdem die Nachricht gehört worden war, waren alle fröhlich.
    Nach Erhalt der Nachricht waren alle fröhlich.
16. Nachdem Rom gegründet worden war, tötete Romulus den Remus.
    Nach der Gründung Roms tötete Romulus den Remus.
17. Nachdem eine große Zahl Löwen und Elefanten im Amphitheater getötet worden war, schrie die Menge mit lauter Stimme.
    Nach dem Tod einer großen Zahl Löwen und Elefanten im Amphitheater schrie die Menge mit lauter Stimme.
18. Wenn der Vater kommt, freuen wir uns.
    Wir freuen uns über das Kommen des Vaters.
19. Wenn der Frühling beginnt, gehen die Mädchen in den öffentlichen Gärten spazieren.
    Bei Frühlingsanfang gehen die Mädchen in den öffentlichen Gärten spazieren.
20. Als Hannibal nach Afrika zurückkehrte, freuten die Römer sich sehr.
    Über die Rückkehr des Hannibal nach Afrika freuten die Römer sich sehr.
21. Nachdem die Gefangenen freigelassen worden waren, wurde mit den Feinden Frieden geschlossen.
    Nach Freilassung der Gefangenen wurde mit den Feinden Frieden geschlossen.
22. Nachdem ein Zeichen gegeben worden war, griffen die Legionäre die Feinde an.
    Auf ein Zeichen hin griffen die Legionäre die Feinde an.

bung 115

1. Iussu consulis, **qui** copias Corinthum misit, urbs expugnata est.
2. Iter, **quod** nonnullas dies durabat, pulchrum erat.
3. Agricola, **cuius** ager aratus non est, senex est.
4. Puellae, **quas** iuvabamus, callidae erant.
5. Amici, **quibuscum** semper ludimus, domi habitant.

bung 116

1. **cuius** (dessen) …
   cui (dem) …
   quem (den) …
   a **quo** (von dem) …
2. **quarum** (deren) …
   quibus (denen) …
   quas (die) …
   a **quibus** (von denen) …

bung 117

1. **quae:** Das Haus, **das** im Wald steht, ist sehr dunkel.
2. **quam:** Die Geschichte, **die** ich dir erzählt habe, habe ich aus einem alten Buch.
3. **cuius:** Larisa, **deren** Nachbarn wir sind, hat den Dieb gefasst.

4. **de quo:** Der Mann meiner Schwester, **von dem** jene dir erzählt hat, ist gestorben.
5. **qui:** Die Seeleute, **die** die Hilfe der Götter erfleht hatten, sind nach Italien gekommen.
6. **qui:** Der Mann, **der** vor der Tür stand, war der Konsul.

Übung 118

1. Reprobus, ein Soldat, der höchste Körperkräfte hatte, hatte beschlossen, nur dem mächtigsten Herrn treu zu dienen.
2. Zunächst begab er sich zu einem gewissen König, der mit höchster Macht herrschte.
3. Als er aber einmal bemerkt hatte, dass der König die Macht des Teufels fürchtete, verließ er ihn schnellstens, um sich dem Teufel, dessen Macht größer zu sein schien, zu unterwerfen.
4. Aber nach mehreren Jahren hat ihm der Teufel selbst gestanden, dass er mit all seiner Macht Jesus Christus, welcher der Herr der ganzen Welt sei, nicht besiegen könne.
5. Dem Reprobus, der nun Jesus standhaft suchte, hat schließlich ein Einsiedler, dem er zufällig begegnet war, geraten:
6. „Trage die Wanderer über diesen reißenden Fluss, in dessen Fluten schon viele ihr Leben verloren haben. Wenn du hier der Diener aller Menschen sein wirst, wirst du Jesus Christus bald sehen."

Übung 119

Einem geschenkten Gaul schaut man nicht ins Maul.

Übung 120

1. ali**qui** libri
2. in ali**quo** horto
3. ante ali**quam** portam
4. ali**qua** nave
5. tectum ali**cuius** domus
6. ali**quibus** furibus

Übung 121

1. Ich fürchte, dass mich **irgendwer** beleidigt.
2. Ich fürchte, dass Paulus, wenn **einer (irgendwer)** lacht, zornig ist.
3. Wird denn **irgendein** Feind mich besuchen wollen?
4. Ich hoffe, wenn ich **irgendeinen** Menschen sehe, dass er mir helfen wird.
5. Ich fürchte, dass ich, wenn ich **etwas** trinke, nicht schlafen kann.

Übung 122

1. hominis **alicuius**
2. equis **aliquibus**
3. matre **aliqua**
4. servus **aliqui**
5. villam **aliquam**
6. animalium **aliquorum**
7. templa **aliqua**
8. mulieres **aliquae**
9. consuli **alicui**
10. exercitibus **aliquibus**

bung 123 1. Von einem **gewissen** Feldherrn wurde Krieg gegen die Römer geführt.
2. Ich werde dir eine **bestimmte** Fabel erzählen, damit du ein Beispiel hast.
3. **Manche** Männer können wir überzeugen, andere nicht.
4. Ich habe eine **gewisse** Frau in meinem Haus begrüßt.

bung 124 1. **Irgendein** Feldherr hat Krieg an den Grenzen Asiens geführt.
2. Ein **gewisser** Feldherr wollte Caesar von Rom fernhalten.
3. **Irgendwelche** Männer sind in die Stadt gekommen, um ihre Waren zu verkaufen.
4. **Gewisse** Männer sind in der Stadt, deren Pläne wir zu kennen glauben.
5. In **irgendeiner** Stadt Spaniens war ein großer Brand.
6. Catilina hatte im Sinn, **einen (gewissen)** Brand in der Stadt selbst zu legen (anzuzünden).

bung 125 Hinweis: Im Lateinischen wird quidam und aliqui viel häufiger gebraucht als im Deutschen: Wenn das „gewisser“ oder „irgendein“ zu gesucht erscheint, setze es einfach in Klammern.
1. Gyges war ein (gewisser) Hirte des Königs der Lyder.
2. Eines Tages war das Land von (gewissen) gewaltigen Regengüssen überschwemmt worden, sodass durch die Fluten an (irgend)einem Ort sich ein breiter Spalt öffnete.
3. Als Gyges in jenen Spalt hinabschaute, sah er ein (bestimmtes) Pferd aus Eisen.
4. Gyges stieg in den Spalt hinunter und entdeckte am Körper des Pferdes einige (irgendwelche) Türen.
5. Als er (irgend)eine Tür durchschritten hatte, sah er einen toten Mann; an (irgend)einem Finger von diesem sah er einen (bestimmten) Ring.
6. Diesen Ring raubte er jenem Menschen und steckte ihn an seine Hand.
7. Plötzlich bemerkte er etwas Wunderbares: Wenn er den Ring drehte, konnte er von keinem Menschen gesehen werden. Wenn er den Ring wieder drehte, wurde er wieder von allen gesehen.
8. Von dieser Kraft des Ringes veranlasst (wörtlich: überredet), beging er ein (gewisses) gewaltiges Verbrechen.
9. In (irgend)einer Nacht betrat er, durch den Ring geschützt, heimlich das Haus seines Königs und tötete ihn, um selbst König zu werden.

bung 126 1. feminas **easdem**, dieselben Frauen
2. equorum **eorundem**, derselben Pferde
3. mulieris **eiusdem**, derselben Frau

4. carmina **eadem**, dieselben Lieder
5. equitibus **eisdem**, denselben Reitern
6. amico **eidem**, demselben Freund
7. campi **eiusdem**, desselben Feldes
8. orationem **eandem**, dieselbe Rede
9. regum **eorundem**, derselben Könige
10. vas **idem**, dasselbe Gefäß

Übung 127

1. Gen. Sg.
2. Nom. Sg./Nom. Pl.
3. Abl. Sg.
4. Dat. Pl./Abl. Pl.
5. Akk. Sg.
6. Abl. Sg.
7. Akk. Sg.
8. Dat. Pl./Abl. Pl.
9. Gen. Pl.
10. Nom. Sg./Nom. Pl.

Übung 128

1. Als einmal ein gewisser, sehr armer Schüler, zu seinem Lehrer gekommen war, sah er, dass andere reichere junge Männer jenem große Geschenke übergaben.
2. Derselbe sagte zu dem Jungen: „Nicht Reichtümer bilden.
3. Auch ohne dieselben werde ich dich lehren.“
4. Manche sagen, dass derselbe ein wahrer Lehrer gewesen sei.

Übung 129

1.	cuiusdam	Gen. Sg.	quidam: ein gewisser
2.	quibus	Dat. / Abl. Pl.	qui, quae, quod: der, die, das
3.	aliquo	Abl. Sg.	aliqui: irgendeiner
4.	isdem	Nom. Sg. m., Dat. / Abl. Pl.	idem, eadem, idem: derselbe, dieselbe, dasselbe
5.	quam	Akk. Sg.	quae: die
6.	quoquo	Abl. Sg.	quisquis: wer auch immer
7.	quemlibet	Akk. Sg.	quilibet: jeder
8.	quemque	Akk. Sg.	quisque: jeder
9.	unicuique	Dat. Sg.	unusquisque: (ein)jeder
10.	eodem	Abl. Sg.	idem: derselbe
11.	quos	Akk. Pl.	qui: welcher
12.	quibusquam	Dat. / Abl. Pl.	quisquam, quicquam: irgendwer, -etwas
13.	quandam	Akk. Sg.	quaedam: eine gewisse
14.	aliquorum	Gen. Pl.	aliqui: irgendein

Übung 130

1. aliquod. Wir machen oft irgendeinen Fehler.
2. quaedam. Gewisse Frauen sind tüchtiger als ihre Männer.
3. quos. Denen, die wir lieben, gestehen wir alles zu.

bung 131

1. Die, die wir lieben, sind meistens dieselben, einige von ihnen lieben wir aber mehr.
2. Jeden von euch habe ich persönlich ermahnt.
3. Was auch immer der Feldherr sagte, er konnte die Soldaten nicht überzeugen.
4. Nachdem die Schlacht geschlagen war, gab der Feldherr jedem Soldaten 100 Sesterzen.
5. Nero war jedem Bürger wegen seiner Grausamkeit so verhasst, dass, welchen Bürger er auch immer zu sich rief, dieser von größtem Schrecken erfüllt wurde. (schöner: dass jeder Bürger, den er zu sich rief, von …)

bung 132

m.	f.	n.
quicumque	quaecumque	quodcumque
cuiuscumque	cuiuscumque	cuiuscumque
cuicumque	cuicumque	cuicumque
quemcumque	quamcumque	quodcumque
quocumque	quacumque	quocumque

bung 133

1. wer auch immer
2. jeder einzelne
3. jeder, der
4. derselbe
5. irgendwer
6. ein gewisser
7. jeder, der
8. irgendwer
9. irgendein
10. jeder, der
11. (er) selbst

bung 134

1. Alle vier Jahre (in jedem 5. Jahr) stellen die Burschen einen Maibaum auf.
2. Jeder Bürger wird durch dieses Schauspiel erfreut.
3. Jeder (Beliebige) kann an den Spielen teilnehmen.

bung 135

1. **Niemandem außer**/**Nur** dem Vater ist es erlaubt, die Kinder zu tadeln.
2. **Nichts außer** einem lieben Geschenk/**Nur** ein liebes Geschenk wird den Großvater versöhnen können.
3. **Nichts** hassen die Menschen mehr als den Krieg.
4. **Durch nichts** werden die Menschen mehr erschreckt als durch Gespenster.
5. Der kluge Mann fürchtet **niemanden außer** Jupiter.
6. Im Charakter Catilinas gab es **nichts** Gutes.
7. In dieser Wüste kann **niemand** länger leben.
8. Nachts habe ich **niemanden**, keinen Mann und keine Frau, auf der Straße gesehen.
9. Ulixes hatte zu Poliphem gesagt, dass er **„Niemand“** genannt werde.
10. Der Wert **von nichts** kann das Leben eines Menschen aufwiegen.

Übung 136

A									
M	E								
O	R	A							
R	E	G	E						
E	R	A	N	T					
M	O	N	I	T	A				
O	R	A	T	O	R	I			
T	E	R	R	E	T	U	R		
U	R	B	S	C	L	A	R	A	
S	I	M	U	L	A	T	U	R	A

Lösung:
NULLA RE HOMO, QUI **AMORE MOTUS** AGIT, TERRETUR, A NULLO RETINETUR.

Übersetzung:
Durch nichts lässt sich ein Mensch, der aus Liebe handelt, erschrecken, von niemandem lässt er sich zurückhalten!

Übung 137

1. welche von zwei Frauen?
2. kein Mann
3. Antigone allein
4. der ganze Erdkreis
5. der eine Mann … der andere Mann
6. beide Mädchen (jedes von beiden)
7. kein Hund
8. allein der Konsul

Übung 138

1. utrique
2. totam
3. soli
4. alter, alter

Übung 139

1. der Mutter fehlen
2. sich vor dem Feind hüten
3. am Feind vorbeiziehen
4. dem Soldaten entgehen
5. dem Großvater helfen
6. in die Stadt einfallen
7. dem Tod begegnen
8. sich an den Senat wenden
9. die Freunde besuchen
10. es macht jemandem Freude

Übung 140

1. Amic**um**. Dem Freund werden wir auch in höchster Gefahr helfen.
2. Exercit**um**. Dem Heer begann in dem lang dauernden Krieg das Getreide auszugehen.
3. mort**em**. Die ganze Familie hat über den Tod des Vaters geweint.
4. salut**em**. Auch wenn ihr von schweren Sorgen bedrückt seid, verzweifelt nicht an der Rettung!
5. Imperator**em**. Dem Feldherrn war es entgangen, dass die Feinde schon vor den Toren der Stadt waren.
6. Magistr**um**. Dem Lehrer ziemt es nicht, wie Knaben zu lachen und rumzuspringen.
7. can**em**. Hüte dich vor dem Hund!

bung 141
1. Der Familienvater muss für die ganze Familie sorgen.
2. Der Seher wird auch die Zukunft vorhersehen.
3. Mäßige deinen Zorn immer!
4. Caesar schonte seine besiegten Feinde meistens.
5. Die Konsulen pflegten bei bedeutenden Angelegenheiten den Senat um Rat zu fragen.
6. Die Konsulen sorgten mit höchstem Eifer für das Volk.
7. Der Familienvater sorgte mit allen seinen Kräften für seine Familie.
8. Der Feldherr konnte die Niederlage auf keine Weise voraussehen.
9. Der Dichter Catull mäßigte in der Liebe weder Hass noch Leidenschaft.
10. Die Philosophen lehren die Herrscher, wie sie den Staat gut leiten.

bung 142
1. av**um**: Gestern haben Antonia und Julia dem Großvater im Garten geholfen.
2. senat**ui**: Caesar hat den Senat überredet, dass er mehrere Legionen über die Alpen schickte.
3. ir**ae**: Der Vater konnte seinen Zorn nicht mäßigen.
4. equ**is**: Die Reiter schonten beim Angriff auf die Feinde ihre Pferde nicht.
5. Apollin**em**: Viele Griechen besuchten das Orakel, um Apoll über die Zukunft zu befragen.
6. pericul**a**: Bemühe dich immer Gefahren vorauszusehen.
7. discipul**is**: Plato wollte seine Schüler davon überzeugen, dass Gott existiert.
8. exercit**um**: Im Winter begannen dem Heer die Lebensmittel auszugehen.
9. vir**o**: Wenn eine Frau einen Mann heiratet, wird die Hilfe der Götter erfleht.
10. amor**em** amiss**um**: Das Mädchen klagte über die verlorene Liebe.
11. imperator**em**: Es ist dem Felherrn nicht entgangen, dass die Soldaten die Feinde fürchteten.
12. homin**em**; ali**um**: Immer freut es einen Menschen, anderen geholfen zu haben.
13. nemin**em**: Für niemand ziemt es sich, nur auf sich selbst zu vertrauen und die Götter zu verachten.
14. mor**ibus** bon**is**: Bemüht euch immer um einen guten Charakter und ihr werdet glücklich sein.

bung 143
1. Der Vatermörder bereute später sein Verbrechen.
2. Der Schüler schämte sich nicht wegen seiner Faulheit.
3. Caesar bereute seine Taten nicht.
4. Er schämte sich auch nicht seiner Taten.
5. Dem Kaiser Augustus lag sehr viel daran, dass das römische Volk zu den Sitten der Vorfahren zurückkehrte.

Übung 144

1. Paulo/Paulae: Paulus/Paula hatte einen treuen Hund.
2. Paulo: Der Knabe heißt Paulus.
3. Paulae: Das Mädchen heißt Paula.
4. Paulo; Paulae: Paulus fehlt die Lust auf Wein, auch Paula ist die Lust auf Wein unbekannt.
5. Paulo/Paulae: Paulus/Paula hat ein glückliches Leben.
6. Paulo/Paulae: Paulus/Paula hatte eine Zeitlang Umgang mit schlechten Menschen.
7. Paulo/Paulae: Paulus/Paula hat es jetzt mit mir zu tun.

Übung 145

1. Es ist Pflicht der Freunde, uns auch im Unglück zu helfen.
2. Es ist ein Zeichen von Klugheit, sich in Gefahren nicht allzu sehr erschrecken zu lassen.
3. Es ist Aufgabe der Konsuln, immer für die Bürger zu sorgen.
4. Es ist Aufgabe des Vaters, für die Familie zu sorgen.
5. Es ist Sache der Lehrer, die Sitten der Schüler zu verbessern.
6. Es war immer ein Zeichen menschlicher Vernunft, den Krieg abzuwehren, den Frieden zu bewahren.

Übung 146

1. **multorum civium:** Viele Bürger hatten unter den Kaisern eine bessere Lage als in der freien Republik.
2. **orationis et vitae, sanguinis:** Die Gemeinschaft der Sprache und des Lebens verbindet die Menschen oft mehr als die Gemeinschaft des Blutes.
3. **deorum:** An Festtagen schmückten die Bürger die Tempel der Götter mit Blumen.
4. **maiorum, vitae:** Die Sitte der Vorfahren war auch für die späteren Bürger Lebensgesetz.
5. **naturae, hominum:** Das Gesetz der Natur ist der Seele der Menschen von den Göttern eingepflanzt.
6. **Catilinae:** Die Verschwörung Catilinas hätte die freie Republik beinahe zerstört.

Übung 147

1. Der Mensch ist nicht für sich allein geboren (auf der Welt).
2. Cicero sagte im Senat: „Beschließt für das ganze Volk, Senatoren (Cicero benützt hier den offiziellen Titel „patres conscripti"), erlasst das Gesetz für den ganzen Staat."
3. Für die Gesundheit unseres Körpers müssen wir einen guten Arzt haben.
4. Eltern pflegen immer für das Glück ihrer Kinder zu fürchten.
5. Auch für schlechte Menschen muss von den Göttern gesorgt werden.

6. Die Römer haben den Konsul gemahnt, dass er gut für den Staat sorge.
7. Wir sind nicht nur für uns, sondern auch für alle Mitbürger geboren (auf der Welt).
8. Für dich möge das Leben immer glücklich sein.

bung 148

1. Die Freundin **hat** mir ein Buch **als Geschenk gegeben** (oder einfach: Die Freundin hat mir ein Buch geschenkt).
2. Die Medizin des Arztes hat mir **Rettung gebracht** (hat mich gerettet, geheilt).
3. Die hohen Türme der Stadt **erregten** bei den Besuchern **große Bewunderung.**
4. Den Eltern **bereitet es große Sorge** (sie kümmern sich sehr darum), dass ihr Kinder glücklich sind.
5. Der Reichtum **war** dem König **von Nutzen** (nützte dem König).
6. Die Bürger **rechneten** dem Redner die auf dem Forum gehaltene Rede **als Fehler an.**
7. Caesar **schickte** den Freunden unter den Galliern die Reiterei **zu Hilfe.**
8. Schönheit **macht** die Frauen **berühmt**.
9. Der Richter fragt: Wer **hatte den Nutzen** davon?
10. Du hast mir **sehr große Sorgen bereitet**.

bung 149

1. Mater mihi ignaviam **crimini dat.**
2. Flores pulchrae omnibus hospitibus **admirationi erant.**
3. Dei nautis in tempestates iactatis Mercurium deum **auxilio miserunt.**

bung 150

- Seni timor mortis dedecori est.
  Einem Greis gereicht Furcht vor dem Tod zur Schande.
- Iuveni modestia honori est.
  Einem jungen Mann gereicht Bescheidenheit zur Ehre.
- Ciceroni tota vita honori erat.
  Cicero gereichte sein ganzes Leben zur Ehre.
- Catilinae coniuratio dedecori erat.
  Für Catilina war die Verschwörung eine Schande.
- Matronis pudor honori est.
  Für Ehefrauen ist Anstand eine Ehre.
- Militibus fortitudo honori est.
  Soldaten gereicht ihre Tapferkeit zur Ehre.
- Militibus ignavia dedecori est.
  Für Soldaten ist Feigheit eine Schande.

- Servis industria honori est.
  Sklaven bringt Fleiß Ehre.
- Consuli providentia honori est.
  Für einen Konsul bedeutet Voraussicht Ehre.
- Magistro stultitia dedecori est.
  Für einen Lehrer ist Dummheit eine Schande.

Übung 151

1. Der glühende Hass **der** Feinde hat die Stadt zerstört (Gen. subiect.).
2. Aus Hass **auf die** Römer eilten die Gallier freudig in den Kampf (Gen. obiect.).

Übung 152

1. Gen. subiect.: der Hass **der** Soldaten
   Gen. obiect.: der Hass **auf die** Soldaten
2. Gen. subiect.: die Hoffnung **der** Römer
   Gen. obiect.: die Hoffnung **auf die** Römer
3. Gen. subiect.: die Furcht **der** Feinde
   Gen. obiect.: die Furcht **vor den** Feinden

Übung 153

1. Die Furcht **vor dem** Tod erschreckt auch mitten im Leben die Seelen der Menschen.
2. Die Gier **nach** Macht hat schon viele Gerechte in Verbrechen getrieben.
3. Die von Hoffnung **auf** Rettung erfüllten Seeleute überlebten das Unwetter.
4. Aus Liebe **zu** Aeneas beendete Dido ihr Leben mit dem Schwert.

Übung 154

1. cupiditas pecuni**ae**; Gier nach Geld
2. cupiditas glori**ae**; Gier nach Ruhm
3. cupiditas honor**is**; Gier nach Ehre
4. cupiditas potestat**is**; Gier nach Macht
5. cupiditas vit**ae**; Gier nach Leben
6. cupiditas felicitat**is**; Gier nach Glück
7. cupiditas amor**is**; Gier nach Liebe

Übung 155

1. ein Mädchen von zehn Jahren: puella **decem annorum**
2. ein Herr von höchstem Geiz: dominus **summae avaritiae**
3. ein Haus von großer Schönheit: domus **magnae pulchritudinis**
4. ein Tempel von unglaublicher Größe: templum **incredibilis magnitudinis**
5. Bauwerke von sehr hohem Alter: aedificia **summae antiquitatis**
6. eine Flotte von 300 Schiffen: classis **trecentarum navium**
7. eine Tiefe des Flusses von drei Fuß: altitudo fluminis **trium pedum**

bung 156

1. ein Garten **mit** (von) **bunten und schönen Blumen**
2. **höchst gefährliche** Reisewege (Wege **von höchster Gefahr**)
3. ein **unglaublich reicher** Mann (ein Mann **von unglaublichem Reichtum**)
4. eine **sehr mächtige** Stadt (eine Stadt **von großer Machtfülle**)

bung 157

1. Catilina war von großer Körper- und Geisteskraft (hatte große …), aber ebenso von schlechter und verderbter Veranlagung.
2. Das römische Forum auszugraben, bedeutete viel Arbeit.
3. Die Stadt Rom war unglaublich groß.
4. Dinge dieser Art gefallen mir nicht.
5. Menschen von großem Jähzorn (sehr jähzornige Menschen …) werden oft auch ihre Freunde erschrecken.
6. Diese Insel von so großer Schönheit (diese so schöne Insel) hält mich immer zurück, sodass ich nicht nach Hause zurückkehren will.

bung 158

1. argent**i**: Wir haben etwas Silber.
2. auxili**i**: Wir haben etwas Unterstützung.
3. ration**is**: Wir haben etwas Verstand.
4. pan**is**: Wir haben etwas Brot.
5. aqu**ae**: Wir haben etwas Wasser.
6. timor**is**: Wir haben etwas Furcht, Angst.

bung 159

1. Accuso, iudices, Catilinam necis.
2. Damnabimus Catilinam adulterii.
3. Convici Catilinam proditionis.

bung 160

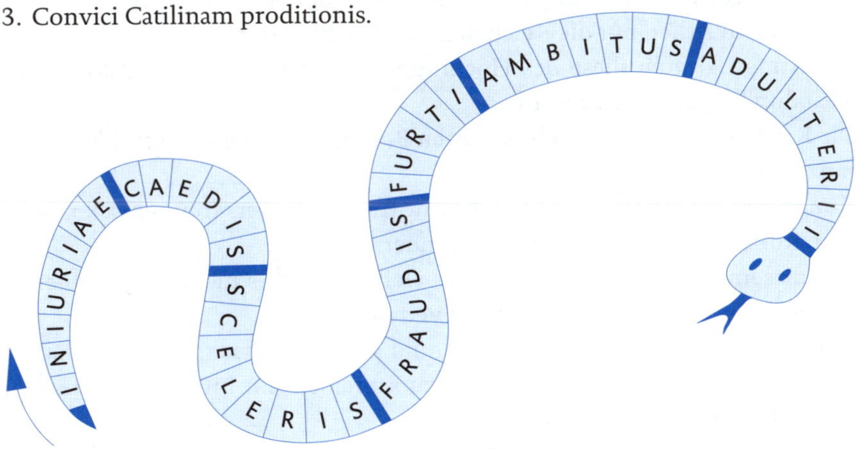

bung 161

1. magni pretii
2. plurimi

3- plurimi
- tanti, quanti

Übung 162

1. Harte Worte von Freunden sind oft mehr wert als süßliche.
2. Wie hoch ein Mensch sich selbst einschätzt, so hoch pflegt er auch oft von anderen eingeschätzt zu werden.
3. Weisheit schätzten viele Römer weniger als Tapferkeit.
4. Wer sich selbst wenig schätzt, kann auch den anderen nicht hoch schätzen.
5. In Zeiten der Not verkauften die Kaufleute das Getreide sehr teuer.
6. Tapferkeit wird nicht nur im Krieg hoch geschätzt.
7. Reichtum, den viele am höchsten schätzen, ist oft nicht so viel wert wie ein gesunder Verstand.

Übung 163

1. Cum avia **Romam** eo.
2. Si rursus **domum** redierimus, parentes mei laeti erunt (gaudebunt).
3. Aestate **Athenas** navigabimus.
4. Cras **in Italiam** ibimus.
5. Liberi **in urbem** eunt.
6. Milites **Corinthum** properant.

Übung 164

1. Alle Wege führen **nach Rom.**
2. Als Alexander mit seinen Schiffen **nach Asien** gesegelt war, ist er dort zugrunde gegangen.
3. Ich hoffe, dass die Eltern bald **nach Hause** zurückkommen (werden).
4. Wir werden heute **in den Wald** gehen.

Übung 165

1. Zu einer gewissen Zeit freute es gerechte Männer nicht, nach Athen zu segeln, da in Athen nur die Reichen große Macht hatten.
2. Die Armen klagten diese des Hochmuts an und baten Solon, dass er den Staat durch neue Gesetze ordne.
3. Die Reichen nämlich vermehrten ihren Besitz, weil sie die Äcker der Armen ganz billig aufgekauft hatten.
4. Nun sagten viele, dass sie ihre Not nicht länger ertragen könnten, aber nicht nach Korinth, Delos oder Kreta auswandern wollten.
5. Aus diesem Grund hat Solon, der das Heil des Volkes nicht vergaß, alles in Bewegung gesetzt, um die Armen zu verteidigen.
6. Es steht fest, dass Solon einen neuen und gerechten Staat geschaffen hat: Er befahl, die neuen Gesetze auf Tafeln zu schreiben (im Lateinischen Passiv), damit alle Bürger sie lesen konnten.
7. Nach Niederschreibung dieser Gesetze kamen gerechte Männer (wieder) gerne nach Athen.

ung 166

MULTI	**G**	**R**	**A**	**E**	**C**	**I**										
							I	N		**G**	R	A	E	C	I	A
							R	U	**R**	I						
							I	N		U	R	B	**I**	B	U	S
							C	O	R	I	N	T	H	I		
							A	T	H	E	N	I	S			
							T	O	T	O		O	R	B	**E**	

... HABITANT.

ung 167

1. **In Graeciam** navigabamus, ut **Athenis** monumenta antiqua Graecorum visitaremus.
2. Sed primum **Corinthum** iimus, etiam haec urbs **in Graecia** est.
3. **Athenas** properavimus, cum avunculum **Corintho** visitavissemus.
4. Si autem **in Graecia** in nullam urbem issemus (oder: nullam urbem adissemus), **ruri** fuissemus: Neque hoc malum fuisset.

ung 168

1. Athenis
2. Corinthi
3. Romae
4. Carthagine
5. in Sicilia

ung 169

1. Anständige Menschen arbeiten **am Tag**, **nachts** geben sie sich dem Schlaf hin.
2. **Im Gallischen Krieg** hat Caesar ganz Gallien besetzt.
3. **In alten Zeiten** hatten die Griechen Kolonien in Italien.
4. Caesar ist **im Jahr 44 v. Chr.** ermordet worden.

ung 170

1. Viele Jahre lang hielten die Gelehrten das Grab des Königs Philipp für unbekannt.
2. In unserem Jahrhundert aber haben griechische Archäologen dieses Grabmal in Vergina (in Makedonien) gefunden.
3. Zuerst haben die Archäologen jenen Ort vor den Menschen geheim gehalten, damit Besucher die Arbeiten nicht störten.
4. Aber bald wurden die wertvollen Gegenstände aus dem Grab in ein Museum gebracht.
5. Jetzt ist es allen möglich, den Grabschatz im Museum ausgestellt zu sehen.

Übung 171

Damals waren viele
fame – **wegen** des Hungers
amore – **aus** Liebe
odio hostium – **aus** Hass auf die Feinde
rumoribus – **wegen** Gerüchten
morte amicorum – **wegen** des Todes von Freunden
unglücklich.

Übung 172

1. vor Zorn
2. aus Liebe
3. vor Furcht
4. aus Hass
5. vor Freude
6. vor Schreck
7. vor Glück

weinte er
lachte er

Übung 173

1. Die Frau mit den langen schwarzen Haaren zog die Augen vieler Männer auf sich.
2. Der sehr tapfere Soldat zögerte nicht, sich mitten in die Feinde zu werfen.
3. Der Soldat, der sich mitten in die Feinde warf, war sehr tapfer.
4. Es ist nicht anständig, Männer von kleinem Wuchs zu verachten.
5. Cäsar hatte einen ein wenig vollen Mund.

Übung 174

Der Mann fällt durch seine große Nase auf, also:
Vir **magno naso** est.

Übung 175

1. Auxilio egemus.
2. Pecunia caret.
3. Non semper curis vacamus.
4. Canem pedibus prohibemus.
5. Schola depulsus est.
6. Seneca sua sponte e vita cessit.
7. Feriis late ab urbe abero.
8. Magistratu abisti.
9. Medicus nos a morbo servat.
10. Catilina senatu motus est.

Übung 176

1. (Von Natur aus erstreben wir nichts mehr als Anerkennung.)
2. (Du bleibst länger von der Heimat weg als notwendig.)

3. Er kaufte die Ware billig und verkaufte sie teuer.
4. Ein guter Ruf pflegt viel Mühe zu kosten.
5. (Caesar hatte die Feinde von der Getreideversorgung abgeschnitten.)
6. Drei Siege kosteten Pyrrhus viel Blut.

ung 177
1. Mein Bruder ist um zwei Fuß größer als ich.
2. Caesar kam viele Monate nach Pompeius nach Griechenland.
3. Ich besuchte Cornelia. Gaius war ein wenig vorher angekommen.
4. Sie machten die Gräben der Stadt um drei Teile tiefer (drei Mal so tief).
5. Asien ist um ein Vielfaches (wörtlich: um viele Teile) größer als Europa.
6. Je schwieriger eine Tat war, um so herrlicher erscheint sie.
7. Homer hat viele Jahre vor Vergil seine Bücher geschrieben.
8. Der Mond ist um einiges kleiner als die Sonne.

ung 178
1. Miles vetus fortior erat **adulescente**. Der alte Soldat war tapferer als der junge Mann.
2. Helena pulchrior erat **omnibus feminis**. Helena war schöner als alle Frauen.
3. Ego rosas magis diligo **aliis floribus**. Ich liebe Rosen mehr als andere Blumen.
4. Nulla bestia fidelior est **cane**. Kein Tier ist treuer als der Hund.
5. Nulla pars hominis firmior est **ratione**. Kein Teil des Menschen ist stärker als die Vernunft.

ung 179
1. filia: Der Vater liebte seinen Sohn mehr als seine Tochter.
2. hostibus: Die Soldaten Cäsars waren in der Schlacht tapferer als die Feinde.
3. qua: Wir müssen unsere Vernunft richtig anwenden, das Beste, was uns die Götter geschenkt haben. (Hilfsübersetzung: im Vergleich zu der uns die Götter nichts besseres gegeben haben.)
4. magistris: Die Schüler schreien lauter (mit lauteren Stimmen) als die Lehrer.
5. muris: Die Türme der Stadt waren viel höher als die Mauern.

ung 180
1. **liberis meis**. Mir sind keine Menschen lieber als meine Kinder.
   Ablativus **comparationis**
2. **metu**. Der Redner, welcher eine ausgezeichnete Rede hielt, konnte die Bürger von der Furcht befreien.
   Ablativus **separationis**
3. **doloribus**. Von Schmerzen frei zu sein, bedeutete für die Schüler des Epikur eine große Freude.
   Ablativus **separationis**

4. **Tribus assibus**. Der beste Wein war um zehn As teurer.
   Ablativus **mensurae**
5. **collibus**. Die Soldaten Caesars haben die Feinde schnell von den Hügeln herabgetrieben.
   Ablativus **separationis**
6. **quo**. Ich habe das Bild eines Malers gekauft, im Vergleich zu dem ich keinen besseren Künstler kenne (freier: des besten Künstlers, den ich kenne).
   Ablativus **comparationis**

Übung 181

1. Cives urbem relinquerunt, **cum** hostes appropinqua**re**nt.
   Die Bürger verließen die Stadt, als die Feinde sich näherten.
   (Natürlich kann der temporale Nebensatz jeweils auch vor dem Hauptsatz stehen: Cum hostes appropinquarent, cives urbem reliquerunt.)
2. Caesar impetum imperavit, **ubi** hostes sub colle apparere vid**era**t.
   Caesar befahl den Angriff, sobald er die Feinde am Fuß des Hügels hatte auftauchen sehen.
3. Alexander de moribus suis desperabat, **postquam** amicum optimum hasta occid**i**t.
   Alexander verzweifelte an seinem eigenen Charakter, als er seinen besten Freund mit der Lanze getötet hatte.
4. **Cum** ver esse coeperat, avunculus se dabat itineribus.
   Immer wenn der Frühling begonnen hatte, widmete sich der Onkel seinen Reisen.
5. **Dum** Caesar in castra est,ad eum Gallorum legati venerunt.
   Während Caesar im Lager verweilte, kamen Boten der Gallier zu ihm.
6. Augustus Caesar erat, **antequam** Tiberius imperavit.
   Augustus war Kaiser, bevor Tiberius herrschte.

Übung 182

1. Als der Hund Caesars plötzlich fort war, wurde der Feldherr von Sorge und Angst erfasst.
2. Denn Caesar war jedesmal traurig, wenn der Hund aus dem Feldherrnzelt weggelaufen war.
3. Er befahl den Soldaten, den Hund solange zu suchen, bis sie ihn fanden.
4. Nachdem die Soldaten das Lager verlassen hatten, erwartete Caesar ihre Rückkehr.
5. Sobald die Männer aber den Hund zurückgebracht hatten, küsste Caesar überglücklich das Tier.

Bildnachweis

S. 6, 15, 126, 149: *www.visipix.com*; S. 9: Rheinisches Bildarchiv, Köln; S. 18: Voutsas, Athen; S. 24: © Rathaus shop Augsburg; Foto: Walter Käsmair; S. 28, 69, 160: Elisabeth Metzger; S. 47, 66, 72, 119, 139: C. Fischer; S. 51: Ekdotike Athenon S. A.; S. 61, 148, 153, 168: Nadine Baumgart; S. 89: Prof. G. Hafner; S. 99: © Prähistorische Staatssammlung München, Foto: Manfred Eberlein; S. 100: British Museum; S. 122, 158: Ute Sauer; S. 123: Dr. A. Thannheimer; S. 166: Nachzeichnung: Librairie Hachette

Leerseiten verbilligen in diesem Fall die Herstellung des Buches!

Notizen

Ihre Meinung ist uns wichtig!

Ihre Anregungen sind uns immer willkommen. Bitte informieren Sie uns mit diesem Schein über Ihre Verbesserungsvorschläge!

Titel-Nr.	Seite	Vorschlag

Bitte hier abtrennen

13-V1M

Bitte ausfüllen und im frankierten Umschlag an uns einsenden. Für Fensterkuverts geeignet.

Zutreffendes bitte ankreuzen!

Die Absenderin/der Absender ist:

- ☐ Lehrer/in in den Klassenstufen: ____
- ☐ Fachbetreuer/in
  Fächer: ____
- ☐ Seminarlehrer/in
  Fächer: ____
- ☐ Regierungsfachberater/in
  Fächer: ____
- ☐ Oberstufenbetreuer/in
- ☐ Schulleiter/in
- ☐ Referendar/in, Termin 2. Staatsexamen: ____
- ☐ Leiter/in Lehrerbibliothek
- ☐ Leiter/in Schülerbibliothek
- ☐ Sekretariat
- ☐ Eltern
- ☐ Schüler/in, Klasse: ____
- ☐ Sonstiges: ____

Unterrichtsfächer: **(Bei Lehrkräften!)**

STARK Verlag
Postfach 1852
85318 Freising

Kennen Sie Ihre Kundennummer?
Bitte hier eintragen.

Absender **(Bitte in Druckbuchstaben!)**

Name/Vorname

Straße/Nr.

PLZ/Ort

Telefon privat

Geburtsjahr

E-Mail-Adresse

Schule/Schulstempel **(Bitte immer angeben!)**

Bitte hier abtrennen

(Bitte blättern Sie um)